U0815365

一 个 人 ， 遇 见 一 本 书

TopBook
饕书客

特战
典争
020

TopBook
饕书客

豐臣秀吉

丰臣秀吉

代路 著

陕西新华出版传媒集团
陕西人民出版社

图书在版编目（CIP）数据

丰臣秀吉 / 代路著. —西安：陕西人民出版社, 2021.12（战争特典）
ISBN 978-7-224-14238-9

Ⅰ. ①丰… Ⅱ. ①代… Ⅲ. ①丰臣秀吉(Toyotomi Hideyoshi 1536-1598)—传记 Ⅳ. ①K833.135.2=331

中国版本图书馆CIP数据核字（2021）第140404号

出品人：赵小峰
总策划：刘景巍
出版统筹：关宁　韩琳
策划编辑：王倩　晏藜
责任编辑：王凌　武晓雨
封面设计：哲峰
内文设计：李阳

战争特典：丰臣秀吉

作　者　代路
出版发行　陕西新华出版传媒集团　陕西人民出版社
（西安北大街147号　邮编：710003）
印　刷　陕西金和印务有限公司
开　本　787毫米×1092毫米　1/16
印　张　18.75
字　数　280千字
版　次　2021年12月第1版
印　次　2021年12月第1次印刷
书　号　ISBN 978-7-224-14238-9
定　价　69.80元

丰臣秀吉

序

“丰功伟业无名起，一统天下号群雄。”短短的一句话，成为世间无数出身平凡的男子一生的志向与奋斗的目标。

而纵观古今中外，能够达成这一飞跃的人，每一个时代也只有那么几个。汉高祖刘邦、宋武帝刘裕、明太祖朱元璋，在这些由平民登上帝王宝座的奇男子身上，我们都能够看到奋力拼搏而展现出的强大人生力量，和上升过程中的时代变迁风景，了解这些伟人的人生历程，有助于人们去积极进取，笑对生活中的种种难关。

日本的中世纪，是一个严格区分公卿、武士、平民等级的时代，但是在 1467 年以后长达 100 多年的战国乱世，曾涌现出无数商人、僧侣、下级武士出身，却能夺取一国一城、叱咤一时的英雄豪杰。如果我们想要解读现代日本人的精神形成，那么日本战国时代就是一个不可忽略的时代。

在日本那个前所未有的大动荡时代中，最大的成功者、最引人瞩目的男子是丰臣秀吉，最不可思议的奇迹都发生在他的身上。

丰臣秀吉的一生，有着多重角色。

最开始，他只是尾张的一个农民，出身卑微，相貌猥琐，为了跳出“农”门，一展抱负，秀吉选择流浪四方，寻找机遇。

有幸的是，他遇到了全日本最具传奇色彩的人物织田信长。织田信长以尾张的一介小诸侯为起点，在乱世中突飞猛进，奠定了统一全日本的基础。秀吉跟在织田信长的身边，随着织田家的成长而展现出自己的光辉，从一介杂役做起，转身为武士、城主，直至成为信长称霸天下的得力干将和一方诸侯。

如果织田信长真的统一了日本，秀吉或将以一方诸侯和织田家臣子的身份终此一生。但命运又开了一个玩笑。在本能寺的烈火中，织田信长退出了历史舞台。

风云突变之际，唯有秀吉在最关键的时刻，接住了上天转手过来的权柄。从西国大反转，到山崎合战、清洲会议、贱岳合战、小牧长久手之战，经过惊心动魄的争战与权谋，秀吉最终由一介家臣翻身成为织田信长基业的承接者和天下的霸主。

在秀吉的推动下，日本统一的车轮滚滚向前。从四国征伐、到九州征伐，再到小田原征伐、奥羽平定，丰臣秀吉最终完成了织田信长未竟的事业，成为全日本之主。

丰臣秀吉所统治的时代，成为一个灿烂时代的代名词。他所建造的辉煌壮丽的大坂城，成为日本至今仍然无可替代的大都市。

传奇的巅峰，伴随着疯狂。丰臣秀吉也以举世罕见的狂妄野心，发起了两次侵朝战争，在中日朝关系史上写下了丑陋的一笔。

本书讲述的，正是丰臣秀吉传奇的一生。

丰臣秀吉 —— · —— 目录

丰臣秀吉 · 目录

丰臣秀吉 —— · —— 目录

卷之一：木下藤吉郎

丰／臣／秀／吉

第 1 章

日吉丸

“大政所”，是日本贵族社会中天皇赐给身为摄政·关白者母亲的称号。

日本的摄政·关白之职，出自中国的《汉书·霍光传》：“上（汉宣帝）谦让不受，诸事皆先关白（霍）光，然后奏御天子。”换句话说，就是“代天皇执政之人”。

平安时代以来，担任摄政·关白的多是天皇的外戚“五摄家”近卫、鹰司、九条、二条、一条，这五家是日本历来家格仅次于天皇与皇子的高级贵族。所以，能成为“关白”之母“大政所”的，不是公卿家族出身的女子，便是天皇的皇女，只有一位日本战国时代的大政所是平民百姓的女儿，名字叫“阿仲”。

阿仲的父亲，是尾张国爱知郡御器所村的铁匠关弥五郎兼员。关兼员的父亲关孙六兼元，是全日本数一数二的名铁匠，他所制作的以“关孙六”或“兼元”为铭的大刀，乃是众多武将不惜重金求购的至宝。关兼员却没有得到父亲的真传，只是在尾张的小村中度过了籍籍无名的一生。

在等级森严的日本社会中，铁匠作为手工艺者排在了“天皇—公卿—武士—僧侣”之下，处于金字塔最底层。

身为铁匠之女，阿仲嫁给了尾张中村的下级武士木下弥右卫门昌吉。木下弥右卫门有自己的土地，平时在田间耕作，一旦有了战事，就得作为足轻组头应征奔赴战场。他的主君，是尾张半国国主清洲织田家旗下的重臣织田信秀。

在一次合战中，木下弥右卫门的腿部被砍伤，落下了残疾，最后只能辞去职务，回到田间务农。

木下弥右卫门与阿仲生下了一男一女，长子日吉丸生于天文六年（1537）二月六日。据说因为阿仲怀上这个孩子时，出现梦日入怀的吉兆，生下孩子之后就给取了“日吉”这个名字。

日吉丸自小便长得“猴头猴脑”，外加一副十分老成的面孔，还有一只手多长了一根手指，后来被切掉了。日吉丸的童年也并非如他的名字这般吉利。木下弥右卫门在日吉丸七岁那年（1543）去世，阿仲不得不带着孩子改嫁给了织田信秀的“同朋众”竹阿弥。

所谓的“同朋众”，乃是以僧人身份为领主提供猿乐、连歌、茶道、围棋等表演的弄臣。这个竹阿弥出自织田家臣水野氏的庶家，竹阿弥成为同朋众之后就失去了武士的身份，他与阿仲后来又生下了一个儿子小一郎和一个女儿阿里。

竹阿弥为了把木下弥右卫门留下的土地传给自己的儿女，和阿仲成亲后便常常虐待日吉丸。阿仲在万般无奈之下，只好把日吉丸送到邻近的光明寺出家当了一个小沙弥。

但是日吉丸既无心于禅法，也没想过把僧人当成自己的终生职业。在他眼里，光明寺内住着的只不过是一群靠施主的施舍供养着的乞丐而已。在寺中一年多的时间里，日吉丸从来不守和尚的清规戒律，每天只是上山打鸟、下河抓虾，和周边的孩童一起嬉闹。久而久之，僧人们将他视为寺中的魔障，但是一旦有人抄起家伙要打他，日吉丸就毫不畏惧地说道：“总有一天，我必烧掉此寺，格杀汝等！”听到这种豪言，寺僧们反而不敢下手，最后只能好言好语地把日吉丸送回了竹阿弥家。

接下来日吉丸又在竹阿弥的打骂之下，度过了一段在田间耕地、到河里捕鱼贴补家用的岁月。到了 15 岁的时候，他终于厌倦了农家生活，从母亲手中要来一点儿亡父的遗产做路费，独自踏上了四处流浪的旅途。

既不想做农民，又不想当僧侣，日吉丸的目标是要像父亲木下弥右卫门一样，当一个金字塔中下层的武士。为了实现这一目标，他为自己取名为木下藤吉郎，并开始寻找主家仕官。

日吉丸少年时修行的光明寺

在此以前，在尾张若要说到人人景仰的武将，无疑是有“尾张之虎”外号的名将织田信秀。尾张共有上下八郡，织田信秀本来只是下四郡领主清洲织田家的家老，最后却在乱世中崛起，不断攻城略地，逐渐取代主家，成为下四郡的真正主人。但是这个织田信秀，却在天文二十年（1551）去世了。继任者，是信秀的长子织田信长。这个信长早年由于行事怪诞，得到一个“尾张的大傻瓜”的外号。当时国内的民众也都不看好由这个傻瓜接信秀的班，认为织田家的家业定会败在信长的手上。在这样的背景下，藤吉郎自然不会仕官于织田家，他最先试图攀附的，是东海道第一的强者今川氏。

今川家是与武家首领足利将军家同族的名门，一直以来担任着骏河、远江的国主。进入战国时代之后，今川家向西扩张领国，压服了三河的松平氏，一度将势力延伸到尾张。名将织田信秀后半生的主题，便是对今川的和与战。可以说骏河的今川氏，也是让尾张人闻风变色的强者。

然而像今川这样的名族，自然不会收纳藤吉郎做自己的直属家臣。藤吉郎最先投靠的，是远江国的头陀寺城城主——松下加兵卫之纲。

头陀寺城是远江引马城的支城，松下之纲的顶头上司是引马城主饭尾连龙，饭尾氏之上，才是骏府的今川家，故而头陀寺的松下氏只能算是今川家的一个陪臣。一个在远江没有土地与家名的庶民，要想成为武士，不啻白日做梦，至少需要与武士身份相称的功勋。只是松下之纲性格温厚，经不住藤吉郎的苦苦哀求，才把他收在门下当了一个杂役。

不过藤吉郎很快就发现，松下之纲这位性格虽好，但却风格保守、能力平庸，

头陀寺城中藤吉郎洗镰刀用的水池

家门也只是一般的主君，在极为讲求实力与门第的今川家是难有出头之日的。自己跟着松下家，要想立下足以晋身为武士的功勋，也是可望而不可即的事。正好有一天，松下加兵卫交给藤吉郎一点钱，让他前往尾张购买武具，藤吉郎拿着钱离开了松下家，同时打定主意，不再回来。

第2章

风云际会

木下藤吉郎离开松下家之后，一直在尾张与美浓之间游荡。

传说有一天当藤吉郎在尾张境内的矢作川大桥上睡午觉时，一个野武士从桥上经过，一不留神踩到了他的头，于是藤吉郎便不依不饶地和这个野武士争执起来。

这个野武士，就是尾张与美浓边境上的盗贼集团“川并众”之首领蜂须贺小六。尽管小六孔武有力，却辩不过藤吉郎的油嘴滑舌。平日里一般人见到蜂须贺小六都唯恐避之不及，眼前这个小个子居然毫不畏惧地抓住他的枪杆铆足劲儿讲理，这让蜂须贺小六不禁对藤吉郎的胆识与气性产生了些许敬意，一番吵闹过后，两人竟然结成了好朋友。

在尾张与美浓北部的木曾川与长良川之间，是尾张国主织田氏与美浓国主斋藤氏都无法渗透的三不管地带。“川并众”就是在这几条河川上既做运输又干打劫勾当的河霸。不过，其主要组成来源却是两河周边的本地豪族，蜂须贺小六就是这些豪族中的最有实力者。作为“川并众”的首领，蜂须贺家之主代代都以“小六”为名，实际上与藤吉郎相遇的这位蜂须贺小六，本名是叫“蜂须贺正胜”。

这段强盗家史就算是在蜂须贺家成为阿波德岛藩主之后也无法掩盖。明治维新时代，明治天皇曾经为侯爵蜂须贺茂韶赐宴，蜂须贺茂韶在酒足饭饱之后，偷偷将一只银杯揣入怀中，准备拿回去做个纪念，让子孙后代都感受到当天的荣耀。但是这个小动作却被天皇看在了眼里，天皇当场就说道："看来蜂须贺还是没有摆脱乃家先祖的盗贼习气呀！"

由于蜂须贺正胜既有土地，又有做河上生意攒起的大量财富，故而在家中一直供养着近千名的庄客。这些庄客多是各地来的浪人和无赖，一旦发生豪族间的火并，就可以充当蜂须贺家的战力。类似的小豪族还有前野、青山、稻田等家族，这些豪族都奉蜂须贺家为首领。

此时，在尾张北部还有两个大一点的豪族，也与蜂须贺氏关系密切。一个是尾张丹羽郡浅野村的浅野氏，这个家族一直担任着织田家的弓众（弓箭队长）。浅野家主名为浅野长胜，由于没有亲生儿子，便迎来妹夫安井弥兵卫重继的儿子小弥兵卫长吉当了婿养子。而这位安井重继，乃是蜂须贺正胜的亲舅舅。另一个家族是与蜂须贺有着密切生意来往的生驹氏。生驹氏居于尾张柳桥乡的小折村，代代以卖油和马匹出租为业，家境富裕，也在家内建起长屋（武士居住的公寓式房屋），供养着十多名浪人。

与蜂须贺正胜结识之后，木下藤吉郎受邀到蜂须贺的庄内混吃混喝，同时与浅野家的浅野弥兵卫长吉、生驹家的生驹家长共周旋。浅野家和生驹家，在藤吉郎后来的人生中，都起到了重要作用。

生驹氏除了经商与武士的双重身份，还是织田家的外戚。织田信秀的正室、下尾张现任领织田信长的母亲土田夫人，就是生驹家家主生驹亲重（原名土田政久）的女儿。后来织田信长娶了生驹家长的妹妹吉乃做侧室。

吉乃本来已嫁与土田家的土田弥平治为妻，但是弥平治却在天文二十三年（1554）对美浓大泽家的战斗中阵亡，还不到 20 岁的吉乃回到娘家为亡夫守孝。据说织田信长在打猎时路过生驹屋敷，一见吉乃便被迷得神魂颠倒。尽管按辈分来讲，吉乃是他的从妹，但信长还是二话不说将她纳为侧室。织田信长的正室归蝶夫人没有为他生下孩子，而吉乃则在弘治三年（1557）为信长生下了长子奇妙丸（织田信忠），后又生了次子茶筅丸（织田信雄）和长女五德姬。

生驹屋敷的正门

按照《武功夜话》的说法，吉乃在生驹屋敷内把木下藤吉郎推荐给了织田信长。但是藤吉郎侍奉信长的时间是在 1554 年左右，而这一年吉乃的亡夫才刚去世。另外信长与吉乃的长子奇妙丸诞生的时间是在 1557 年，可以推测吉乃嫁给信长的时间是在 1555—1556 年之间。而在此之前，木下藤吉郎更有可能是以自我推荐的方式成为信长的家臣。

按照《丰臣秀吉谱》的说法，某日织田信长外出野游之后骑马回城，在清洲城下的大路旁看到有一个男子长跪不起，似乎是有什么冤情，于是便打马上前询问。这个男子便是木下藤吉郎，他说道："某之父侍奉前代的织田大和守（信秀）多年，而某却衣食无着，常年受奴隶之耻，虽然不能投入殿下的门下，但是还是希望您进行一点资助。"那张老成的脸上同时泛起凄凉之色，让人见之不禁恻然。

织田信长愣了一下，立刻就看穿了藤吉郎的意图，他笑着说道："没想到你长得像个猴子，心思却这般机灵，便留在我身边吧。"于是藤吉郎在织田信长身边当了一个小小的杂役。由于他是竹阿弥的继子，信长常常称他为"小竹"，因为他面容短小，长得像猴，信长也常随口称藤吉郎为"猿""秃鼠"。然而对于藤吉郎而言，能够直接侍奉一国之主，总比侍奉国主下面的陪臣，或是跟着蜂须贺在河上打劫更有前途。

第3章

乘风而起

这位织田信长，并非如先前人们所说的那样是一个“大傻瓜”，在他的手中，尾张织田家的历史不断翻出新的篇章。

弘治元年（1555）四月，织田信长与叔父织田信光联合，一举消灭了名义上的主家——清洲城主织田信友，并将清洲城作为自己的新居城。

弘治二年（1556）四月，信长的背后支持者、岳父美浓国主斋藤道三被其子斋藤义龙所杀，尾张的反信长势力乘势起兵。当年八月，信长在稻生合战中击破谋反的亲弟弟、末森城主织田信行，又压服了与斋藤义龙串通的庶兄织田信广，并在第二年毫不留情地将织田信行处死。

永禄二年（1559）三月，织田信长在浮野原击破尾张上四郡的国主织田信贤，夺取其居城岩仓城，统一了尾张上下八郡。

永禄三年（1560）五月，统领东海道三国的霸主今川义元，率领25000人的大军西上攻入尾张，但是织田信长却通过精密的情报网找到义元的主力，并施计将义元拖在了桶狭间。趁着今川方前后兵力分散的空隙，信长于5月19日以3000人长途奔袭，穿越了几乎整个战场，最后借着风雨的掩护向桶狭间的今川义元发动突袭，一战将义元斩杀。是为日本战国三大奇袭战之一的“桶狭间合战”。

织田信长画像

桶狭间合战之后，织田信长武名响震天下。人们终于发现，在“尾张的大傻瓜”外号下，织田信长竟是一个不可思议的军事奇才。

另一方面，失去主将的今川家随后全军崩溃，其部下三河领主松平元康乘机占据三河冈崎城独立，并与信长结成了攻守同盟。由于继任者今川氏真的庸弱，此后的今川家在西方松平与北方武田的侵攻中逐渐衰败下去。

一直在信长身边当杂役的木下藤吉郎或许比别人更早一步看到了信长的才干与器量，所以在织田旗下，藤吉郎不再像在光明寺与松下家那般心不在焉，而是使尽浑身解数来博得这位英主的认同。

织田信长的作息习惯，与一般人不大相同，他经常在天还没亮的时候就起床出去遛马放鹰。每次挟着寒气跑到田野里，身边总有一个小厮跟随，信长免不了会问：“何人相从？”得到的总是嗓音嘹亮的回答：“藤吉郎在此！”时间一长，信长开始对藤吉郎另眼相看。

弘治元年（1555），信长取得清洲城之后，经过激战的城墙有近百间（一间合 1.8 米）的一段崩塌。信长命令属下的武士修补，结果众人忙活了 20 多天，才刚刚完成了准备工作。看到信长有不满之色，藤吉郎便乘机在其身边阴阳怪气地挑事：“方今东有今川义元、武田信玄，北有朝仓义景、斋藤义龙，西有六角义贤，此乃危急存亡之秋也，而城墙崩坏却不赶紧修好，这不是招祸么！”

信长回问道：“猿，你说这话是何意思？”这下子藤吉郎开始卖关子，不肯马上回答。信长便一把抓住他的手臂，施力装作要折断的样子，藤吉郎大痛之下才连忙说道：“修城墙之事，请让在下一试！”信长虽然有些愕然，但还是抱着姑且试一试的态度让藤吉郎放手去做。

拿到信长的授命状之后，藤吉郎便去找原来监工的重臣们要来监工权，又把修城墙的民夫与工匠们聚集起来分作十队，将近百间的城墙分成十段同时进行修补。结果织田信长早上出去放鹰，傍晚归来时便发现城墙已经修好了，惊喜之下重重赏赐了藤吉郎。

还有一天，织田信长询问台所奉行：家内一年耗费的炭薪是多少，后者回答1000石以上，这相当于一个小领主一年的收入，所以信长惊怒之余，命令村井贞胜推荐新的台所奉行。而村井推荐的人都不能让信长满意，最后信长又让藤吉郎试着去干一干。结果藤吉郎每天亲自生火并监督炭薪的使用，如此一个月下来得出的结论是，家中炭薪一年的用量，不到1000石的三分之一便够了。对于这个结果，信长满意之余又感叹道："让你这样的人去监管炭薪之事，或许就如同把良马派去拉盐一样大材小用了。"

永禄四年（1561）五月，强敌斋藤义龙去世，美浓的新主人是义龙的幼子斋藤龙兴。借着这个机会，织田信长展开了对美浓的侵攻。

从永禄四年到永禄五年之间，信长数度越过长良川攻入美浓，虽然偶有胜利，却往往无法保住战果，其原因一是织田家在长良川附近没有据点，即使胜利也时常被斋藤军截断后方退路。二是从下尾张的清洲城向美浓出兵，要穿越整个上尾张，不仅长途奔袭有损士气，而且尾张东北部的犬山城主织田信清（信长之堂弟）近年来与斋藤家互为声援，一着不慎信长便会被信清抄略粮道。在此背景下，织田信长于永禄六年（1563）在尾张北部的小牧山建造了新城，并由清洲移居该地。

在织田信长向家臣们表明移筑小牧山城的意图之前，藤吉郎曾暗地里向信长进言："当下以清洲为居城，进出多有不便，应该把居城移到小牧山去。"信长闻言大怒道："我尚未询问你便自出主意，而且也不顾筑城的万众之劳，其罪该死，暂且饶过你一回！"

事后，信长却对家臣们宣布将把居城移到犬山城附近的二宫山上去。由于二宫山不仅地势陡峭而且距离敌方甚近，要在该处筑城，乃是众人难以逾越的难题，于是大家同声劝阻。随后信长又装作妥协的样子："那就移到近一点的小牧山好了。"

木下藤吉郎类似这样由于过早说出信长心中的意图而遭到责骂的事还有不少，旁边的人看到便会暗地里笑他的脸皮有十层铠甲那么厚。而信长表面上虽然骂藤吉郎，心里却一直认可他的见识，而且也知道这个一无所有的男子急于说出意见，是为了表现出忠心与殷勤，故而从不深加怪责。

永禄六年秋，织田信长率兵攻入西美浓，洗劫了当地的村庄之后，在长良川河中的小洲上扎营。当晚，信长身边的侍卫武士福富平左卫门发现自己一支镶有金龙的发簪被人乘夜盗走。天亮之后，周围的武士们一致认定藤吉郎就是小偷。

对此，藤吉郎愤愤地说道：“我只是因为贫穷就被大家视作小偷，此事虽然难以忍受，但却不该死在这个地方，请大家宽限几天，我一定把真正的盗贼捉到你们面前。”随后藤吉郎借了几两黄金，到河对岸的津岛，找当地的富人们说道：“如果村内有宝物，可以拿来一观，若能看到称心如意的东西，定有重赏。”并把黄金寄放到富户堀田孙右卫门家中。村内的富户闻讯之后纷纷向周边发出悬赏搜求珍宝，结果第二天便有人以金龙簪做抵押求取五贯铜钱，藤吉郎闻讯之后，立刻赶过来将来人抓住。

此时织田信长尚不知道事情的原委，看到藤吉郎押了这么一个人，便召来询问，了解了事情经过之后不禁也有些恻然，便提升藤吉郎为足轻队长。从此，木下藤吉郎成了织田信长旗下一个正式的武士。

第4章

建功东美浓

永禄四年（1561）八月，木下藤吉郎娶了浅野长胜的养女祢祢为妻。“祢祢”是她的小名，正式的文书中通常称她为“宁”或“宁子”。

祢祢的亲生父亲，名为杉原定利，母亲与浅野长胜的妻子是亲姐妹。由于浅野长胜没有亲生子嗣，所以收了杉原定利的两个女儿祢祢与芽芽作为养女。而祢祢是两姐妹中的姐姐。

可以得到的一个结论是：祢祢与木下藤吉郎的这场婚姻，是在政治婚姻盛行的武士家族中一场极为罕见的 “自由恋爱”，甚至可以说成是私奔。

在日本，由于家门存续为先的传统，过继过来的养子养女在礼法上的继承权与亲生子女无异。因为祢祢是浅野家的长女，按理说她的夫婿应该被浅野家收为养嗣子（养子兼继承人），很不幸的是木下藤吉郎婚后却与“浅野”这个姓无缘。出于对这桩婚姻的不满，浅野长胜废除了祢祢的继承权，后来他迎来武士门第出身的安井重继（蜂须贺正胜的舅舅）之子弥太郎当养嗣子。弥太郎与祢祢的妹妹芽芽成亲，并改名为“浅野长吉”（后又改名浅野长政），

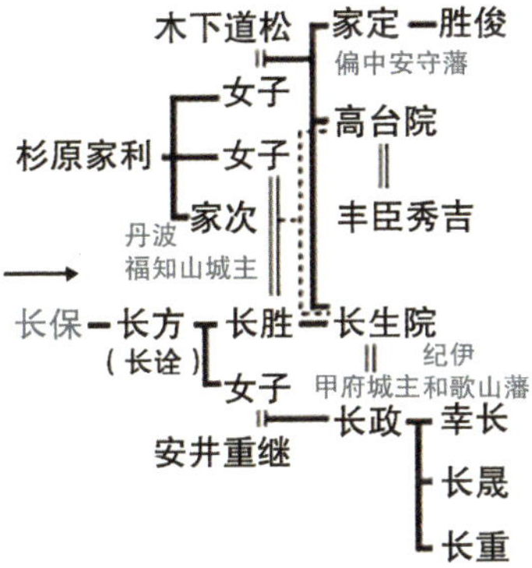

杉原、浅野、安井关系图
（木下道松即祢祢之父杉原定利，
后来女婿发达之后也跟着姓了木下）

祢祢的铜像

继承了浅野的家门。

尽管如此，蜂须贺连带着安井已经是木下藤吉郎的至交，加上这么一场极不情愿的婚姻，浅野也难独善其身与这只猴子撇清关系了。

另外可以从侧面反映这场婚姻的私奔性质的，是有记载说，藤吉郎的母亲阿仲与姐姐阿友看到他带回这么一个武士之家的女儿后，也害怕自己家配不上而极力反对这门亲事，不过最终藤吉郎与祢祢还是结合在了一起。这一年藤吉郎 24 岁，祢祢 19 岁，而他后来的妻弟浅野长政才 14 岁。

永禄七年（1564）五月，织田信长向织田信清的犬山城发动了进攻。

此时的犬山城，已经由尾张织田家的东北屏障，变成了美浓斋藤氏的前沿壁垒。这座城坐落在高山之上，不仅易守难攻，而且还隔着木曾川与斋藤方的两个豪族——伊木山城主伊木清兵卫忠次及鹈沼城主大泽治郎左卫门正秀互为声援。特别是大泽正秀，乃是号称“东美浓之虎”的猛将，多次率兵出援犬山城，给织田军造成了大量伤亡。

由于伊木清兵卫与川并众交往颇深，战前藤吉郎向信长进言，可以去调略伊木山城，一旦获得该城，既能截断犬山的后援，又能取得向东美浓进攻的通道。

得到信长的许可后，木下藤吉郎便与岳父浅野长胜、弟弟小一郎等率领 130 名足轻（徒步士兵）从木曾川中段渡河，进入织田家在北岸的据点松仓城。

川并众与松仓城主坪内利定关系密切，此前已答应随藤吉郎加入织田家旗下，不久蜂须贺正胜、前野长康便带了300名川并众与60艘船前来会合。这样一支小队伍，足以将伊木山城包围。但是在开战之前，蜂须贺正胜与前野长康先行上山谈判，最终促使伊木清兵卫开城投降。

随后木下藤吉郎又率领川并众在伊木山下以小船相连，建起一座河桥，横跨在木曾川上，伊木山城由此摇身一变，成为织田信长进入美浓的桥头堡。而在后来犬山城落城之际，由于河桥截断了向西的水路，犬山城主织田信清只能向东逃，最后去甲斐当了武田家臣。

永禄八年（1565），美浓东北部的豪族加治田城主佐藤纪伊守忠能受到织田家丹羽长秀的策反，答应臣从于信长之下。随后丹羽长秀进入加治田城，并奇袭了东面的猿啄城。此时，大泽正秀的鹈沼城就被西面的伊木山城、南面的犬山城、北面的群山与东面的猿啄城包围了。

趁此机会，木下藤吉郎带领伊木众、川并众、松仓城的坪内一族进逼至鹈沼城下。由于坪内家的坪内为定、坪内利定兄弟与大泽正秀之子大泽基康素有交情，藤吉郎派这兄弟二人入城劝降。而大泽正秀提出的要求很简单：只希望保全自己与儿子大泽基康的性命，因为经过数次的犬山合战，他的手上已经沾满了织田家的鲜血，至少吉乃的前夫土田弥平治便是死在他的手上。

得到回复后，藤吉郎让坪内利定前去向织田信长请示，自己独自进入鹈沼城当人质。对他而言，这是一场赌博，和先前的小寨主伊木清兵卫相比，大泽正秀堪称是斋藤家在东美浓的大将，能降伏敌方大将的人，事后必然也会被提拔为本家的大将。赌赢了就飞黄腾达，赌输了就赔上自己的区区性命，对于藤吉郎来说，反正自己从来都是一无所有，也就没什么怕失去的了。

左边犬山，右边伊木山

坪内利定去向信长报告后，信长一度表示：“大泽正秀乃是两三度援救犬山城，给我方造成无谓伤亡之人，此番定要取下他的首级，以儆效尤。”坪内利定正要返回鹈沼，中途又听说藤吉郎亲自入城为质的消息，顿时手足无措，又跑到生驹八右卫门家长的阵中求救。这个生驹家长既是藤吉郎的好友，又是吉乃之兄、信长的大舅子，于是他又带着坪内利定去织田信长处劝解，最终信长允许大泽正秀、大泽基康父子归降。

由于木下藤吉郎一连立下了劝降伊木清兵卫、架设河桥、劝降大泽正秀父子三件大功，事后织田信长封赏给他镜野、巾上、苧濑三处合计 600 贯的领地。

在日本战国时代，为了统计年收入，通常以石高制或贯高制来计算。“石高制”即计算谷物的数量，1 石合 10 斗，约 120 斤，“贯高制”即将收入换算成钱币来计算。由于日本各地米价的差异，所以换算标准也各不相同，在尾张的 1 贯约合 2 石 5 斗，600 贯，即 1500 石的领地，当时信长的尾张国，总石高数约为 57 万石，就此来看，藤吉郎已算是织田家下属的一个中级领主了。

事实上藤吉郎此后在织田家中的地位，并不能够按他的收入来衡量。伊木与鹈沼之役，已经确立了他在木曾川与长良川两川之间的影响力。“川并众”蜂须贺、前野等家，以及浅野、生驹、安井等豪族都是藤吉郎能够直接动员的战力。投降过来的坪内利定、伊木清兵卫与大泽正秀也被信长安排为藤吉郎的助手。

两川之间的这些势力或者无任何节操可言，在以前美浓与尾张交战时期，常常拿到哪一方的钱便倒向哪一边；或者本来就是信长的死敌，而藤吉郎的出现却把他们都整合到了织田家这一方。以笼络人心的能力去改变敌我实力对比，这是主公织田信长都不及藤吉郎的地方。

第5章

墨俣一夜城

永禄八年(1565),取得鹈沼城之后,织田信长继续向北,深入美浓腹地,攻取堂洞城与关城,乘势进逼至斋藤家居城稻叶山城下。

九月二十九日,稻叶山的斋藤龙兴与由关城败退出来的长井道利会合,以3000人发动突袭,将织田军击败。由于稻叶山城东、南两面被长良川包围,受地势所限,织田信长不仅无法从东美浓大举攻城,还会不时遭斋藤军突袭,故而稍后只留下少量守军防守东美浓,自己退回了小牧山城。

要想正面进攻稻叶山城,就必须在稻叶山西部的平原上展开兵力。而大河长良川,却是横在西美浓与尾张之间的天险。几次进军失败之后,信长开始调整战略方向,将美浓攻略的重心转移为在长良川附近建一个据点。他选定的地点是长良川与支流犀川之间的河中小洲,在这个名为"墨俣"的地方,长良川与几条支流分岔而过,从墨俣渡河往美浓,沿路多是浅滩,一旦在此屯兵,对美浓用兵时进退都将极为方便。

不过在墨俣筑城并不是一件容易的事。由于在河川的中间,来回运送材料本就不方便,而且在这么显眼的地方筑城，很容易遭到斋藤军的干扰。

织田家最先担负在墨俣筑城任务的，是佐久间信盛与柴田胜家，这两员战场上的猛将最终都在斋藤家的袭击下铩羽而归，不仅城没筑起来，还折损了不少士卒和民夫。

竞争者所畏惧的难题，就是脱颖而出的机遇。正当善后的军事会议上众将都一筹莫展之际，敬陪末座的木下藤吉郎却出列说道："在下愿前往一试！"

且不说大家一直都看不起藤吉郎，就是藤吉郎本身，也没正经带领大军上过战场，要把上千的士卒和民夫交由他统率，在任何人看来都是件不可能的事。但是藤吉郎紧接着又表示："我若去筑城，不需要家内一兵一卒！"这句话就足以让众人惊得把眼珠子都掉出来了。但是既然不用承担任何风险，信长便答应让藤吉郎试一试，他也想看看这只猴子又能玩出什么戏法来。

得到信长的许可之后，藤吉郎便马不停蹄地赶往木曾川北岸，拉来蜂须贺正胜与前野长康商议行动方案。

尽管在东美浓攻略时，川并众曾协助过藤吉郎，但是还是没有被信长正式认可为旗下的正规军，战争一结束，他们还是得回到山里河里，去干那些不法的营生。身为豪族，他们的领地太小了，而木下藤吉郎一跃成为拥有 600 贯稳定年收入的中层领主，足以让蜂须贺正胜等羡慕不已。

藤吉郎向蜂须贺正胜与前野长康兜售了自己的计划之后，也开出了收买他们的筹码——事成之后，可以吸纳川并众成为织田家臣。毕竟在战乱年代，能傍上织田家这个大树吃俸禄，总比在穷山恶水中刀头舔血、自负盈亏来得保险，所以藤吉郎提出的条件，正是蜂须贺正胜等人梦寐以求而无法拒绝的。

随后通过蜂须贺正胜与前野长康的积极串联，大部分野武士们都像苍蝇见血一样聚集了过来。这支队伍包括：

川并众的蜂须贺小六，133 人；青山新七，74 人（铁炮手）；前野长康，312 人；日比野六太夫，250 人；稻田大炊介植元，656 人。

山方众（山贼）河口久助，156 人；尾田隼人，187 人；长江半之丞，222 人；

杂牌水贼草井船头众 48 人；犬山船头众 75 人。

另外还有木匠，26 人。

以上总计 2140 人。这支队伍的总大将，自然就是木下藤吉郎了。

木下藤吉郎采取了极为隐秘的步骤。从永禄九年（1566）年初起，山贼们先是在长良川上游的山中砍伐大批的松树与桧树，但是仅放在林中藏而不用。到了五六月的梅雨季节，长良川、木曾川等河流都开始涨水，这时山贼们才将原木编成木筏，从木曾川的支流飞騨川放往下游，这些木筏漂到织田领内的松仓，被早已派驻在当地的木匠捞起。接着木匠们花费两个月的时间，将原木统一制成二间半或一间半的板材（间是日式长度单位，1 间约为 1.79982 米）。

九月十二日早上，所有板材从松仓滩起运，当天中午到达墨俣。守候在这里的藤吉郎主力接过板材后，立即开始动工。但是为了迷惑斋藤家的探子，他们白天只做防马栅，仿佛只是想在这里安营扎寨一般，但是一到了晚上，所有人马上开始挖壕竖板建造城砦。

在收到情报之后，斋藤家以为织田方在河边仅是一场小打小闹。另外，为吸引敌方的注意力，配合藤吉郎，织田信长也在这个时候率主力从小牧山城北上出兵骚扰斋藤家。故而九月十三日，斋藤方面仅从稻叶山城派出 500 人去攻击墨俣的工事，但这支小队人马很快被埋伏在河边的野武士们击退。当天，环绕墨俣的高 6 尺、长达 1800 间（约 3 公里）的防马栅全部完成。

九月十四日，斋藤又派出了 2000 人进攻墨俣，此时木下藤吉郎一面令前野长康与青山新七队利用铁炮与防马栅牵制敌人，另一面又派蜂须贺正胜发动奇袭，加上也是天助藤吉郎，当天居然与桶狭间合战一样下起了大雨，斋藤家的攻势也因之受阻。

晚上，利用敌人休整的空当，藤吉郎下令所有人连夜施工。第二天早上，出现在斋藤军眼前的已是一座完整规范的城池。而要攻城，通常来说都得保证己方的兵力是守城方的两倍以上才拥有优势。士气受到突如其来打击的斋藤军，自知再战无益，就此撤退。

这便是后世称作“墨俣一夜城”的经过，实际上，藤吉郎所筑的墨俣城也并不复杂，其主要构造大致如下：

瞭望台（高橹），5 座，高 21 尺，长 2 间半，宽 2 间半。

武者长屋，3 座，高 14 尺，长 7 间。

土垒，长 250 间，高 6 尺。

木板屏，长 136 间，高 5 尺。

防马栅，长 1800 间，高 6 尺。

护城河（堀），长 350 间，宽 10 尺，由稻田大炊助队与周边百姓 600 人合力挖成。

织田信长座敷，长 3 间半，宽 2 间半。

城门，正门侧门各 1 座。

九月十五日，织田信长亲率柴田胜家、佐久间信盛等大将与 3000 人马前往墨俣，由木下藤吉郎亲自牵马引信长进入城内。参观之后，信长表示十分满意，当场便任命藤吉郎为墨俣城的城代（君主直辖城的代理城主），并提拔蜂须贺、前野等川并众为织田家正式武士，让他们辅佐藤吉郎镇守墨俣城，又对有功者赏赐了黄金。

作为日式的城堡，墨俣城就其工程量而言，在中国最多只能称之为山寨而已。但在当时有强大敌军干扰的环境下，要在一两天内筑起这样一座城砦，也已经近乎奇迹了。而且事前长达半年多的准备和中间过程中的紧密衔接，也堪称展现藤吉郎个人智慧和运筹能力的巅峰之作。

作为日本战国最著名的攻城专家，丰臣秀吉晚年回忆起墨俣筑城，曾说道："余一生攻砦三十，攻城五十，筑城无数，唯墨俣此城得来最为艰辛。"然而正是这座来得最为艰辛的墨俣城，成为他辉煌功名之路的起点。

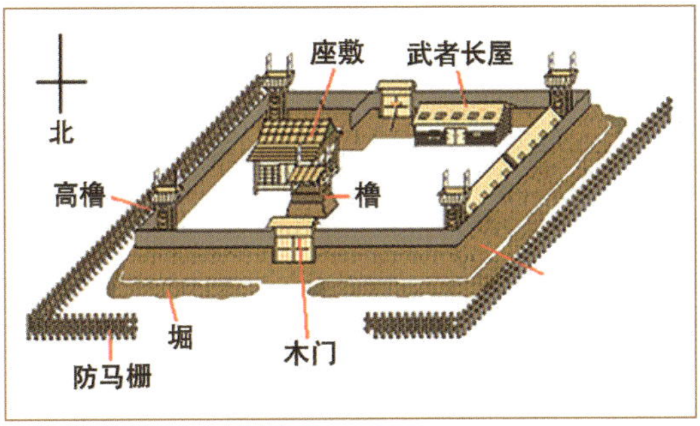

复原的墨俣城图

墨俣城入口的丰臣秀吉像

第6章 稻叶山与军师半兵卫

墨俣城是织田家通往西美浓的门户，它的建成仅是西美浓侵攻的开始。

斋藤义龙在去世前，给儿子斋藤龙兴留下了六名重臣辅政，合称为“斋藤六宿老”，这六人既是斋藤家的家老，同时也是在美浓地方上拥有强大实力的国人领主。其中的日比野清实、长井卫安在永禄四年（1561）对织田家的森部合战中战死，另一人竹腰直光病亡，剩下的三人稻叶右京亮一铁、安藤伊贺守守就、氏家常陆介直元都是美浓西部的豪族，号称“西美浓三人众”。

斋藤龙兴继任之后却耽于酒色、荒怠政务，并听信谗言开始疏远稻叶、安藤、氏家三人。

安藤守就有一个女婿是美浓菩提山城主，名叫竹中半兵卫重治，此人精通兵法战阵，曾于永禄四年（1561）和永禄六年（1563）两次指挥斋藤军挫败织田信长的进攻。据说竹中半兵卫和中国汉朝的张良一样，身体瘦弱，眉目如画，状若女子。

在已经陷入癫狂的斋藤家内，竹中半兵卫不仅没有因战功被提拔，反因相貌而受到污辱。当半兵卫骑马从城门经过时，正值斋藤龙兴的宠臣斋藤飞騨守当班守门，此人站在城楼上，一边讽刺半兵卫长得像个妇人，一边对着他小便。

永禄七年（1564）二月，竹中半兵卫留在稻叶山城内做人质的弟弟竹中重矩突然病倒，随后半兵卫带了几名家臣入城探病。到了晚上，半兵卫一行却从行李中抽出兵器，在竹中重矩与安藤守就的协助下，以 16 人突入斋藤龙兴住所外的值宿房间，一举将斋藤飞騨守杀死。斋藤龙兴听到响动还以为敌人是冲着自己来的，于是连夜逃出城外。由于他的胆怯，成就了竹中半兵卫仅以 16 人夺取坚城稻叶山的威名。

得知半兵卫夺取城池后，织田信长一度派使者向他提出：可以拿半个美浓国换取半兵卫手中的稻叶山城。这一诱惑提案，遭到了竹中半兵卫的拒绝。

尽管如此，竹中半兵卫与安藤守就已经背上了以下犯上的恶名，加上东美浓的长井道利与西美浓三人众的另外两人氏家、稻叶对安藤并不心服，使得他们的处境十分尴尬。到了八月，半兵卫把稻叶山城还给了斋藤龙兴，自己下野，到西面北近江的浅井家当了一员客将。这个事件，使得西美浓三人众与斋藤龙兴的矛盾更加激化，同时也大大动摇了斋藤家的威信。

永禄十年（1567）初，织田信长以泷川一益为大将，征服了西南邻国伊势的北部五郡。

泷川一益出身于近江甲贺有忍者背景的豪族，精通兵法与铁炮，在家乡杀人之后流亡到尾张，后来通过堂兄弟池田恒兴的介绍成为信长的家臣。北伊势处在尾张与近江、美浓的交界处，这一带的豪族与泷川家的交情深厚，泷川一益一面威逼，一面诱降，仅用了半年时间便征服了有“北伊势四十八家”之称的众多国人领主。而在此役中，藤吉郎旗下的部分川并众，也由前野长康之兄小坂雄吉带领，与生驹家长等一起被信长拨到泷川旗下，参加了伊势的战争。战后，这批川并众获得了伊势的中江城作为据点，这里正是木曾川经西

竹中半兵卫重治像

美浓向南的要道。

墨俣城与中江城，使西美浓三人众中处在最前线的氏家直元与安藤守就受到了最直接的压力。虽然没有具体史料记载镇守墨俣城的木下藤吉郎是否对他们进行过策反，不过此二人不久之后便开始与织田家互通消息。为了促使这二人下定决心，同年七月，织田信长亲率 2000 人攻入西美浓，最先上前抵抗的是曾根城主稻叶伊予守一铁，但是稻叶一铁在半途上风闻氏家与安藤已向信长降参的消息，反而率先投降织田家并向信长献上了人质。在此之后，氏家与安藤两将才正式献上人质向信长投降。织田信长西上的同时，扼守墨俣城的木下藤吉郎击退了斋藤家长井隼人正道利的进攻，保住了信长的后路。

西美浓三人众降服之后，斋藤家的稻叶山城就成了一座海上的孤岛。这座拥有 300 年历史的美浓国主之象征，斋藤道三、义龙、龙兴三代的居城，建在长良川畔海拔 329 米的金华山山顶。永禄十年（1567）八月初，织田信长对它展开了总攻。

从八月一日起，织田信长以柴田胜家、丹羽长秀、佐久间信盛等部将率领 5000 人，从正面的井之口经瑞龙寺山向稻叶山城的七曲口大门发起进攻。织田军虽然一度攻破大门，到达稻叶山的二城之外，但是由于斋藤军据险死守，到此织田军便再无法前进一步。

八月十四日夜，木下藤吉郎与川并众及周边豪族共 2000 人乘船 30 余艘从墨俣城出发，在当空皓月的照引下顺水东下，从稻叶山城东南面的矢岛登陆，一举击溃堤堰附近的守军，之后又突破了稻叶山城的水门，向山顶进行突袭。为了避开道路上的斋藤军，藤吉郎与少数精锐在堀尾吉晴的引导下从山侧的小路上山。

这个堀尾吉晴，原是上尾张岩仓城织田家的重臣堀尾泰晴之子，在岩仓织田家被信长消灭后成为无主浪人，后来转而成为藤吉郎的部下。堀尾吉晴当浪人时也曾做过斋藤家的雇佣兵，故而熟悉稻叶山城的地形。

在吉晴的带领下，天明时分，藤吉郎一行从一条小路登上了稻叶山城天守阁所在的山顶。在山顶的一块岩石下面，恰好长了一丛葫芦，藤吉郎便命人将葫芦扎成一捆，举在长枪把上作为标志向山下正面进攻的织田军报讯。看到信号之后，信长命令主力再度进攻，吸引斋藤方正面的注意力，而藤吉郎则乘机在天守台附近放火。

山顶的大火，使得尚在山腰抵抗的守城方军心大乱，随后二之丸即被攻破，织田军继续对天守台进行最后的围攻。势穷力竭之下，城主斋藤龙兴最终向织田信长投降。信长的正室归蝶夫人是斋藤龙兴的姑母，故而信长也没有对这个侄儿赶尽杀绝，只是让他带上行李离开。斋藤龙兴乘船沿长良川而下，去了伊势。斋藤家也就此灭亡。

作为对藤吉郎战功的奖赏，同时也是取材于以葫芦为信号这个吉兆，战后织田信长特许木下藤吉郎使用金葫芦作为马印。所谓马印，即是在战场上象征君主或方面总大将所在的标志，通常置于队伍的最前方。织田信长本人的马印是一把红色的大伞，而藤吉郎使用的葫芦马印，据说后来每打一场胜仗就会增加一个小葫芦，最后变成以一个大葫芦为中心，周围扎有一圈小葫芦的样子。由于葫芦在日本的叫法叫“瓢箪”，所以藤吉郎的马印，后来又被称为“千成瓢箪”。

这一时期，世间出现了一首民谣，传扬织田家的名将：“前进柴田、后退

瓢箪马印与千成瓢箪马印

三个马印样式：
左边是藤吉郎的千成瓢箪，
中间是德川家康的金扇子，
右边是织田信长的红伞

佐久间，米五郎左、木棉藤吉。”

柴田即柴田胜家，佐久间即佐久间信盛，这二人都是侍奉织田家两代的重臣猛将。每逢合战以柴田胜家为先锋，总能取得优势；而撤退时让佐久间信盛殿后就十分稳妥；米五郎左即丹羽五郎左卫门长秀，他不仅长于战阵，也精于政事与筑城，信长的小牧山城便是由他负责建造，“米五郎左”是说丹羽长秀像米一样不可或缺；而“木棉藤吉”即指藤吉郎像木棉一样实用，除了攻城、筑城、守城、调略豪族、统合川并众之外，木下藤吉郎还有一个作用，便是负责聚拢不愿直接仕官于信长的人，以木下军的名义团结这些人的力量为织田家服务。

原川并众控制的地区以南，是上尾张四郡。在岩仓城织田家被信长消灭之后，该家族的许多重臣纷纷殉死，其遗族也多不愿成为信长的直臣，而藤吉郎则充当了他们与信长之间的中介。这些人中较有名的便是堀尾泰晴之子堀尾吉晴。另外一个与堀尾泰晴并列为岩仓城两大重臣之一的尾张黑田城主山内盛丰也在此前战死，其子是名唤山内猪右卫门一丰的勇士，由于和前野长康有着一点远亲关系，在长康的介绍下也当上了藤吉郎的家臣，并参加了稻叶山攻城战。以这二人与川并众诸人为代表，许多不愿仕官于信长或者信长不愿直接接纳的人，都当上了藤吉郎的家臣，其中更有名的，是美浓的名军师竹中半兵卫重治。

此前竹中半兵卫在浅井家当了一年客将，等到夺取稻叶山之事逐渐被美浓人淡忘，又回到故乡的菩提山城隐居。织田信长取得美浓之后，自然不会放过这个难得的人才，于是便命最能言善辩的藤吉郎去邀请他出山。后世的演义中把木下藤吉郎请竹中半兵卫出山之事比作刘备请诸葛亮的“三顾茅庐”，连蜂须贺正胜与前野长康也被演绎成了关羽与张飞，邀请的次数也从 3 次到 15 次诸说不等。

最后竹中半兵卫终于被藤吉郎的诚意所打动，答应出仕于织田家，但同时却又表示不愿直接侍奉刻薄寡恩的信长，而是希望成为木下藤吉郎的家臣。在半兵卫眼里，这只猴子或许有着非同一般的器量与才智。反正藤吉郎的部下也是自己的家臣，织田信长就答应了半兵卫的这个请求。

另外有说法是竹中半兵卫先是当了信长的直臣，后于元龟元年（1570）才以军监（职能等同于中国的监军）的身份进入木下藤吉郎麾下。然则自半兵卫下野隐居后，竹中家的家主已换成了他的弟弟竹中久作重矩，此人担任了信长的亲信侧近。而信长早期派出的监军，多是尾张出身的直系亲信，让半兵卫这种美浓出身的名将去做监军，本来就是很蹊跷之事。而且半兵卫的监军之职也并非是只当一时，他的余生都是以藤吉郎的助手身份度过。在早期主要由川并众、上尾张武士与木曾、长良两川间豪族构成的藤吉郎兵团中，出身西美浓的名将仅此一人。以上种种的情况暗示着，竹中半兵卫作为藤吉郎的助手与监军，起因也许并非是织田信长的任命，而更有可能是半兵卫向信长请求的结果。

第7章

天下布武

永禄十年（1567）占领稻叶山城之后，织田信长迅速破除了斋藤家原有的防御工事，以稻叶山为中心，直到山下的井之口，在此区域内开始建造新的居城。

原来的清洲城与小牧山城四面皆是平野，不利于防守。而这座稻叶山城坐山对河，乃是信长花了近六年时间才攻下的坚城，自然也是新居城的首选。在重新筑城的同时，信长又命令属下的武士将家眷全部移住到稻叶山下，在山脚建起了自己的居馆，并在城下的街町中实行“乐市乐座”政策，即免去工商业者从业的税费，限制行会对小手工业者的盘剥，从而促进了城下人口的增加和经济的繁荣。

当年年底，尾张政秀寺的住持泽彦宗彭和尚访问了稻叶山城，在他的建议下，织田信长将稻叶山城改名为“岐阜”。“岐”即中国的“西岐”，凤鸣岐山，西周龙兴之地，“岐阜”这个名字也喻示着此地将成为织田信长征服天下的起点。

与此同时，织田信长又开始使用“天下布武”四字作为自己的印章，暗示将以武力统一天下之意。印章是大名下达命令的标记，“天下布武”此后就会随着信长的命令一起传到各地豪族的手中。

岐阜城

天下布武印章

不过与声势上的强硬相比，信长的手腕又是十分灵活的。美浓的东邻，是占据甲斐信浓的“甲斐之虎”武田信玄；隔着飞驒的北方，是领有越后和半个越中的关东管领“越后之龙”上杉谦信，这两个强敌，是信长的号令不能及之人。对于他们，织田信长百般示好。信长先把自己的侄女东美浓苗木城主远山勘太郎之女收为养女，嫁给了武田信玄的第四子诹访四郎胜赖；另外又赠给上杉谦信名马与铠甲等礼品。

在以外交手段保障东、北两面的安全之后，信长把西面的京都作为自己今后军事行动的目标，那也是当年葬身桶狭间的今川义元至死都无法舍弃的王城。

京都是天皇宫廷的所在地，也是征夷大将军足利氏建立幕府、号令全日本的中心。自武士阶层取代天皇成为日本的实际控制者之后，陆续建立了两个幕府，一个是位于关东相模国镰仓的镰仓幕府，由清和源氏的总领源赖朝建立，后来被他的外戚北条氏篡夺了实权，源赖朝的嫡系子孙随之也灭绝在北条氏的阴谋之下。下野的足利氏作为与清和源氏关系最近的本家而成了新的源氏首领。历经 150 年之后，足利氏以京都的室町为中心，开创了统治日本的室町幕府，并在京都周边布下了“三管领”——细川、斯波、田山，“四职”——京极、山名、一色、赤松等重臣。

在文正二年（1467）至文明十年（1478）之间，围绕着将军家的继嗣问题，爆发了让全日本陷入乱世的“应仁文明之乱”，不仅将军的权威受到削弱，“三管领”与“四职”也大多没落。中央失去对地方的控制力之后，日本各地以下犯上、互相攻战之事层出不穷。进入京都接管幕府、号令天下就成为有实力的诸侯最大的野心之所在，织田信长自然也不例外。

织田家的美浓与京都之间，还隔着一个大国近江。

近江将日本最大的淡水湖琵琶湖抱在怀中，沿湖岸的土地分为南北两部分。南近江的领主是“四职”之一京极氏的同族六角氏。六角与京极都是近江源氏佐佐木氏的子孙，六角家既是有数百年传承的嫡流，也是室町幕府的元老，一直以守旧著称。而北近江的京极氏虽然只是庶家，却因为在足利家开幕时出了一个名臣佐佐木道誉（京极高氏），反而被列入幕府“四职”之一，位居宗家六角之上。

不过“应仁之乱”以后，京极氏由于家内为征夺继承权引发兄弟阋墙、父子反目而遭到削弱，其旗下的豪族浅井氏乘势而起，成为北近江的实际主人。与织田信长同时期的浅井家之主，是青年名将浅井备中守长政，此人在十五六岁时就数度击破六角军，被世人视为当时京都周边最有为的年轻诸侯之一。

与浅井家类似，织田家也并非幕府之名门，而是“应仁之乱”以后以下克上的豪族出身。所以织田信长如欲上京，要得到旧门第六角支持的可能性微乎其微，反而与同是下克上出身的浅井家容易意气相投。不过浅井家自立族以来，就与越前的朝仓家结成了同盟。而朝仓与织田家，曾经同是“三管领”之一斯波家的下属，从“应仁之乱”起，就因为斯波家的家主之争而成了世仇，织田家的祖先本是越前的豪族，结果越前老家的织田城也被朝仓家夺取。

有朝仓这个疙瘩在中间，信长要与浅井结盟并非易事。但为了达到联合浅井上京的目的，织田信长不惜使出了撒手锏。信长承诺，只要能结成同盟，可以把自己最漂亮的妹妹、号称“战国第一美女”的阿市嫁与长政。浅井家则提出了更进一步的限制：在同盟期间，织田家不得向朝仓开战；即使要向朝仓出兵，也要事先得到浅井方的许可。对此信长也慨然应允。

永禄十年（1567）十月，22 岁的浅井长政与 20 岁的阿市结成了夫妇，尽管这是一场政治婚姻，但联姻的两人可称得上是令世人瞩目的一对金童玉女，织田信长在大喜之余，更是作为女方的娘家欣然承担了婚礼的全部费用。

与此同时，织田信长又完成了对美浓、尾张两国武士的整合。

信长的元老级重臣，主要有林秀贞、柴田胜家、佐久间信盛，这三人是自

浅井长政与阿市画像

信长之父织田信秀时起就侍奉织田家的元老。第二层是织田信长统一尾张与美浓时期提拔起来的亲信重臣或方面大将，包括信长的乳母之子池田恒兴与丹羽长秀，资望虽浅但却能力突出的木下藤吉郎与泷川一益也属这一阶层。泷川一益是织田家在北伊势方面的负责人，而木下藤吉郎则担当了美浓尾张交界处诸豪族的整合者。另外还有一支作战经验丰富的军团——西美浓的稻叶、氏家、安藤三人众。

在以上重臣之下，织田信长又提拔起一批青年武士成为织田军的中坚力量，他们大多是美浓与尾张的小豪族子弟，或是长期侍奉在信长身边的近习马廻。“马廻”原指在总大将之马周回巡弋的武士，从室町幕府第三代将军足利义满时起，就变成了亲卫队的代名词。织田信长提拔起来的这批武士，分成两组，各自背上红色与黑色的“母衣”。“母衣”就是用布包起一堆竹板做成的一个大背包，战时由武士背在身上，可对背部起到防护作用，同时也是一种显眼的标志，通常背母衣的，都是总大将的使者，或者兼任着下属部队的监军。

织田信长旗下的这批母衣武士，按所背母衣的颜色被称为“赤母衣众”与“黑母衣众”，其名单如下：

黑母衣众：佐佐成政、毛利新助、河尻秀隆、生驹胜助、水野带刀左卫门尉、津田盛月、蜂屋赖隆、中川重政、松冈九郎、松冈二郎、平井久右卫门、伊藤武兵卫。

赤母衣众：前田利家、饭尾尚清、福富秀胜、塙直政、黑田次右卫门尉、毛利秀赖、野野村正成、猪子一时、浅井新八郎、木下雅乐助、伊东长久、岩室长门守、山口飞驒守、佐胁良之、长谷川桥助、金森长近、加藤弥三郎。

母衣示意图

黑母衣众的首席为佐佐成政，他是尾张春日井郡比良城的豪族，在兄长佐佐隼人正政次（成吉）、佐佐孙介（成经）相继战死后，成为佐佐家的家主。佐佐家可以称得上是屡次为信长赴死的家族，而成政也凭着自己的武勇得到了信长的赏识，是实力与武勇兼具之人。

赤母衣众的首席前田利家，则是尾张海东郡荒子城主前田利昌的第四个儿子。利家从小就以小姓（侍童）的身份侍奉信长，成年后由于善于使枪得了一个“枪之又左”的勇名。不过他既不是前田家嫡子，仕途也经历了颇多曲折：利家曾因斩杀信长的同朋众拾阿弥而获罪被流放，当了两年浪人之后，凭着在战场上斩杀斋藤家猛将足立六兵卫的武勋又被许可回归织田家，同时俸禄也被加增为 300 贯。但是比起与他年龄相近，且在他之后才成为信长家臣的木下藤吉郎，前田利家无论身份还是待遇，已经是远远落后了。

前田利家画像

小姓出身的前田利家与杂役出身的木下藤吉郎，在侍奉织田信长的早年就有了人生轨迹的交集，并成为好朋友。前田利家当浪人之时，又在与川并众关系密切的坪内利定处寄食过，而他的妻子阿松，则与藤吉郎的老婆祢祢是闺中密友。织田家居城搬到岐阜之后，两家更是做了邻居。据说藤吉郎的母亲阿仲经常将自己亲手种的菜送给前田家。前田利家可以说是木下藤吉郎在织田家中早期结下的不多的挚友，最终这份友谊也贯穿了两个人的一生。

第 8 章

上京作战

织田信长搬家到岐阜的同年（1567）十一月，京都的正亲町天皇发出纶旨，承认他对美浓尾张的领有权，并让他恢复这两国对朝廷的进贡。紧接着当年年底，向京都进军的大义名分也不期而至。

这一时期，控制京都及周边五畿内（山城、摄津、和泉、河内、大和五个国）的诸侯，乃是原管领细川氏的家臣、阿波的三好一族。“畿内”即指京城周边的地区，按中国西周时的制度，皇城周边 500 里以内都可称畿内。

日本的畿内五国中，山城国原是足利将军的直辖领，后由管领（将军的家宰）代为主政；摄津与和泉是三管领之首细川氏势力范围；河内常由三管领之田山家担任守护；而大和则属奈良兴福寺的势力范围。奈良兴福寺与近江比睿山的延历寺，并称为日本佛教中的“南都北领”。应仁之乱以后，细川家的重臣三好一族逐渐攫取了主家的实权，到三好长庆时代，逐渐放逐主君细川晴元，打压将军足利义辉，向河内田山氏与大和的兴福寺展开侵攻，发展成为领有阿波、赞岐、淡路、河内、大和、山城、摄津、和泉、丹波的畿内霸主。另一方面，号称“强情公方”的足利义辉一面刻苦学习防身的剑术，同时又积极参与各地诸侯间的战与和事务以维系将军的权威，并与三好家产生过多次正面冲突。

永禄七年（1564）七月四日，三好长庆因病去世，其继承人是养子三好义继（长庆四弟十河一存之子）。在最大的政敌消失后，足利义辉的复权运动更加频繁，这却惹恼了三好义继的监护人——家宰松永久秀与号称“三好三人众”的同族重臣三好日向守长逸、三好下野守政康、岩成主税助友通。

永禄八年（1565）五月十九日，松永久秀与“三好三人众”突袭了足利义辉的二条御所，尽管足利义辉精通剑术，最终还是在与蜂拥攻入的敌军搏斗后力尽自杀。事后三好家又杀死了义辉的幼弟足利周嵩，义辉的另一个弟弟尚在奈良兴福寺一乘院出家，法名“一乘院觉庆”，兴福寺方迫于三好的压力，事后把觉庆软禁于寺内。由于三好家在大和国的实际负责人是松永久秀，因而觉庆随时都有生命危险。

在原将军的身边，有一群出自名门的亲信武士，文职称“奉行众”，武职称“奉公众”。足利义辉横死之后，以奉公众一色藤长、和田惟政、仁木义政、三渊藤英、细川藤孝为首，这群不甘心的武士们偷偷潜往奈良，将一乘院觉庆营救出来，并立为新的将军继承人，辗转由近江北上进入越前，得到越前大名朝仓义景的庇护。

觉庆还俗后本已改名“足利义秋”，在越前又再度改名为“足利义昭”。在越前待久了，足利义昭慢慢发现：耽于享乐的朝仓义景根本没有出兵助自己回归京都的雄心，只是把他当成了装点朝仓家门面的装饰品。就此足利义昭决心舍弃朝仓家，转而寻找新的支持者。这个时候，吞并美浓尾张、如日初升的织田信长便进入了他的视野。

足利义昭派往美浓与织田家联络的使者，乃是朝仓义景安排给他的接待役、出自美浓名门土岐氏一族的武士明智十兵卫光秀。此人原是斋藤道三妻方之侄，同时也是织田信长正室归蝶夫人的表兄弟，在道三被义龙消灭之后明智一族受到株连，光秀遂逃往越前，受到朝仓义景的保护。尽管朝仓义景为众多有识之士提供了避难所，但是却无法与他们保持一致的向前步伐，最后明智光秀也舍弃了他，转而主动向雄心勃勃的足利义昭靠拢，得到义昭的暗许之后，明智光秀兼职成为奉公众之一员。

明智光秀带来的足利义昭求助邀请，成为织田信长举兵进京的大义名分。

永禄十一年（1568）七月，织田信长将足利义昭一行迎至美浓的立政寺，随后动员美浓、尾张之兵及周边足利家的支持者，以总兵力16000人展开了上京作战。在北近江，浅井长政率领3000人加入了信长的战列，而南近江的六角氏则选择联合三好氏与信长对抗。

六角家之主本该是嫡流宗家六角义秀，但实则是由箕作城的分家六角义贤（入道承祯）、六角义治父子作为宗家的阵代（军政代理人）把持了家政。面对织田信长的大军，六角义贤父子选择分兵于观音寺、箕作、和田山城三处守城。

观音寺是六角家的本城，六角义贤父子亲率精锐马廻众1000人驻守；箕作城是六角义贤父子的老家，由勇将吉田出云守重政率兵3000驻守；和田山城是扼制东边爱知川的要害，由田中治部大辅率兵6000防守。三座城由西向东形成一个三角形互相呼应，另外的六角家臣则配置在周边的18座支城之中。

这一年，木下藤吉郎已经取了一个更正式的名字，以“木下秀吉”之名出现在各种形式的文书之中。

九月十二日晨，织田军渡过爱知川，而后兵分三路：稻叶一铁率领美浓三人众牵制和田山城，柴田胜家、森可成向前压迫观音寺城，织田信长亲率泷川一益、丹羽长秀、木下秀吉进攻箕作城。箕作城俯临观音寺城与和田山城之间的平原，一旦该城被攻陷，其余两城便无法互为声援。

同一天，木下秀吉队2300人从北门、丹羽长秀队3000人从南门，一起向箕作城发动了进攻。驻守箕作城的吉田出云守重政乃是六角家第一勇士、日置流弓术的嫡传宗主，虽然年届八十，依然箭无虚发。箕作山陡峭的地形和吉田出云守的连珠箭，使得木下与丹羽两队攻城一整天仍然不能前进一步，到了下午5时织田军最为疲惫的时候，吉田出云守带队出城发动突袭，一举将织田军赶出城外数里。

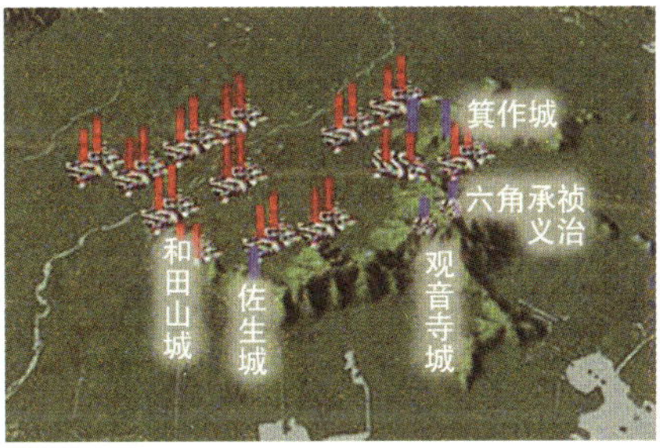

南近江攻略示意图

吉田流弓术授业图

当晚秀吉收拾残兵召开军议，其间蜂须贺正胜进言道：“守城方大胜之后必然放松警戒，今夜发动夜袭，定可在明天之前拿下城池。”于是秀吉下令在山间50多处点起3尺长的松明火把，把整座箕作山照得如同白昼一般，随后一拥而上，从四面八方翻入城内。黑暗之中，即使吉田出云守弓术再通神也无法再对织田军起到震慑作用。第二天天亮之前，箕作城终于被木下秀吉攻下，城将吉田出云守也投降并出家为僧。

箕作城的陷落使得前方的和田山城被孤立，织田信长还未发动总攻，和田山的田中治部大辅便弃城逃走，而观音寺城的六角义贤父子也闻风丧胆，连夜逃往南方的甲贺。随后南近江的大小豪族陆续向织田信长降参，整个南近江在短短数天之内即被平定。

此前三好家已经陷入了分裂：三好三人众与松永久秀在大和国激战不休，甚至连日本佛教的圣地、奈良东大寺的大佛殿也在鏖战之中被松永久秀命人放火烧毁。所以在讨平六角之后，织田军随后的路途几乎没有遇到任何来自三好方面的抵抗，九月二十八日，织田信长带着足利义昭进入了京都。

在织田军随后的侵攻中，摄津的池田胜正、伊丹亲兴，大和的松永久秀，河内、和泉的三好义继、田山高政及三好三人众之一的岩成友通陆续向信长降服，三人众其余二人三好长逸、三好政康丢掉了在畿内的领地，逃往老家——四国岛上的阿波。

永禄十一年（1568）十月十八日，足利义昭得到天皇的任命，正式就任为室町幕府第十五代征夷大将军。但是织田信长却没有索取任何领国作为回报，只是留下木下秀吉、丹羽长秀、明智光秀、村井贞胜四人负责维持京都的治安与政务，便率领主力回美浓去了。让秀吉这样一个出身低微的人担当京都的长官，足以显示出信长对天皇和新将军足利义昭的蔑视。

第二年正月，“三好三人众”一度又从阿波举兵攻入京都，最终却在围攻足利义昭居所本国寺的时候，被秀吉与明智光秀等守军，以及随后赶来的五畿内豪族挡住，随着织田信长闻讯之后快速赶来，三好方最后不得不撤兵退回阿波。

此后一段时间，木下秀吉作为织田家在京都周边的军事负责人之一四处出击。永禄十二年（1569）秀吉率领本部及幕府奉公众、近江豪族共 2 万人经丹波攻入但马国，10 日间便攻取但马国主山名家的 18 座城，由此获得的但马生野银山，成为今后织田家的重要经济来源。

八月二十日，织田信长对伊势展开了更进一步的进攻。此前他已平定北伊势，并以武力相威胁，把弟弟织田信包立为伊势豪族长野家的继承人，第三子织田信孝（三七丸）立为神户家的继承人，这一次他的目标是南伊势的名门北田氏。此战信长共计动员了美浓、尾张及五畿内的豪族 8 万人，木下秀吉部作为先锋之一也参与了战斗。

八月二十七日，秀吉在进攻北田方阿坂城的时候，又遇到了一个神箭手。此人是阿坂城主大宫含忍斋之子大宫景连，他以连珠箭将冲到城下的木下军连续射倒，余者尽皆胆寒。当时秀吉喊道：“射箭的既非平教经又非源为朝（日本镰仓时代以前的神箭手），何须惧怕，前进前进！”反正连日本弓术的宗师吉田出云守也败在自己的手上，秀吉自然不会畏惧城头上那个初出茅庐的小伙子，而且这一次他破例冲在了队伍的最前面。城头的大宫景连看到对方的大将亲自冲锋，狂喜之下又是一箭，结果因为用力过猛而拉断了弓弦，箭只射到了秀吉的大腿上。又惊又怒之下，秀吉也不后退，一刀砍断箭杆继续向前冲锋，终于将城池攻落。战后大宫景连与其父一起被活捉，并由秀吉献给信长处死。若是那一箭射得正一点，或许日本战国的历史就会被全面改写了。

秀吉突破阿坂城

此后织田军陆续攻落北田家的其余城池，最终将北田一族包围在大河内城内。经过两个月的围城战，到了十月，北田具教以接收信长次子茶筅丸作为北田家继承人为条件，向织田家降服，茶筅丸就此成为南伊势之主，后来改名为北田信雄（织田信雄）。而泷川一益则获得了北伊势五郡作为封赏。照着织田家的扩张速度，像泷川一益这样动辄获得半个国作为封赏的事，也许不久就会发生在秀吉身上。

第9章 金崎殿后

元龟元年（1570）四月，织田信长挟平定伊势之威，集结3万余人，自京都北上进攻宿敌朝仓家。

此前织田信长屡次以足利义昭的名义召朝仓义景上京，朝仓家却置之不理，这使得信长拥有了讨伐朝仓的大义名分。但是织田信长事前却没有按约定知会北近江的浅井长政。在能动员十几个国兵力的信长眼里，浅井和三河的德川家康（松平元康改名而成）一样，已经成为织田家的附庸。

越前朝仓家的领地，被一段山脉分成了南面的敦贺平原和北方的府中盆地。朝仓义景的居城一乘谷处于盆地之中，而敦贺平原上的金崎城则是朝仓家对南方的防御前线，该城的守将乃是朝仓家同族的敦贺郡司朝仓中务少辅景恒，另外朝仓景恒又在金崎附近的手筒山上筑起一座要塞作为犄角，并派寺田采女、疋田右近、津浪甚四郎、九岐左助等勇士以1500人驻守手筒山城。

4月25日，木下秀吉率领3000人向手筒山城发起了猛攻，金崎的朝仓景恒得知手筒山被围之后，率领2000人来救。尽管秀吉下令后队变前队回头抵抗，但手筒山城内的疋田右近、九岐左助随后率领500城兵冲出，使得秀吉陷入了前后受到夹击的苦战之中。后方的织田信长远远看到敌我双方已经陷入胶着，命令佐久间信盛、森可成、池田胜正三将以 5000 人突袭朝仓景恒的金崎城。朝仓景恒闻讯不得不赶回本城，此时信长旗下的松永久秀与和田惟政又各率 2000 人突出，与秀吉一起将手筒山城城兵 500 人包围，不久疋田右近、九岐左助以下 200 余人尽皆战死。接着织田信长又推上所有的后备兵力，乘势一口气将手筒山城攻陷。与此同时，在金崎城下，朝仓景恒损失了一半的兵力才突破佐久间、森、池田三将的包围进入城中死守，城下的织田家三将对城池进行一番强攻之后，不仅未能上前一步，还损失了 300 多名士卒。

四月二十六日，信长整备好手筒山城之后又进军至金崎城下，分析了双方形势，木下秀吉进言道："城将朝仓景恒避入死地固守，以他的能耐还能坚持数日，到时朝仓义景的援军赶来，战局将会发生变化，为了保持我方的优势，应该先不择手段拿下城池。"信长认可了这个意见，派出使者前去金崎城劝降，最后，朝仓景恒以保全城兵性命为条件开城投降，自己则削发为僧前往永平寺蛰居。

正当织田信长要继续向北进军的时候，却在四月二十七日得到了北近江浅井家出兵的消息。据说是浅井长政的妻子阿市派人送来一个装满小豆的袋子，豆袋上下两端都被用绳子扎住，暗示朝仓家在前抵挡，浅井家将从后方截断信长的退路。

为了恪守与朝仓家近半个世纪的盟友之义，浅井长政不惜与如日中天的织田信长撕破脸皮，这种出乎意料的变局，使得信长在敦贺陷入了前所未有的困境。在松永久秀的建议下，信长决定撤退。当信长在军议上询问谁愿意自告奋勇担任殿后之职、拖延追兵的步伐的时候，旗下的诸将全都沉默了，就连有"后退佐久间"之称的佐久间信盛也不敢担当这次凶险万分的任务。最后，又是木下秀吉站了出来。

四月二十八日申时，织田信长将前线的指挥权交给了秀吉，自己率领佐久间信盛、森可成以及前田利家、佐佐成政等亲卫部队 3000 人向西经若狭的山路、近江的朽木谷退往京都。柴田胜家与池田恒兴、明智光秀等边牵制浅井长政，边沿琵琶湖东西两岸大路向南撤退。

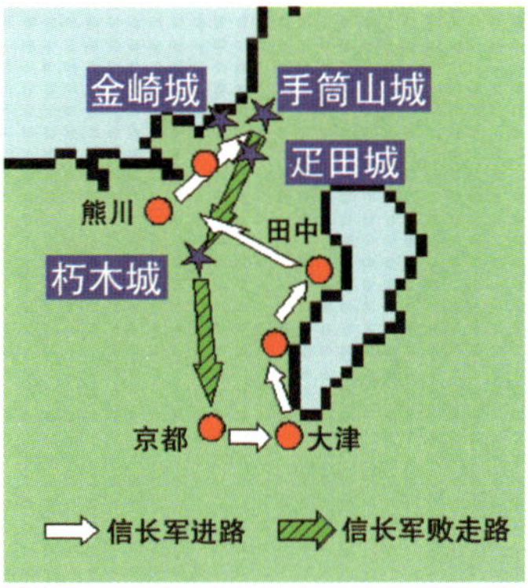

金崎撤退路线图

留守在金崎城的木下秀吉旗下，总共还剩下 3000 人，多是以川并众为主、跟随他征战数年的嫡系部队。信长走后，秀吉给众人打气道："朝仓的大军虽然正向此地赶来，但是义景本人软弱无能，只要我施计将他拖在此地，让信长公安然返回，便是立下了不世之功！"

秀吉仅留 1000 人守城，又让蜂须贺正胜、前野长康率 500 人到四面的山中点起松明火把，其余的部队全部埋伏到金崎成十町（约 109.09 米为 1 町）以外的周边。

二十八日夜，朝仓义景的先锋赶到金崎城附近，看到城边诸山篝火灿然，仿佛有六七万大军驻扎的样子，还以为浅井出兵的消息尚未传到织田军中，便决定在金崎城的十町之外安营扎阵，待到第二天信长撤退时再进行追击。到了后半夜，木下秀吉带领 1500 人尽数从城中突出，向朝仓家的营地发动了夜袭，埋伏在各山之中的伏兵也举着火把冲出，一时喊杀震天，黑夜之中，不明就里的朝仓方以为织田军数万人全部出动，惊慌失措之下全面崩溃。

目送朝仓军退走之后，木下秀吉才整束兵力，缓缓向南撤退。此时南线的织田方诸军由于士兵的不断逃亡，在与浅井军的拉锯中陷入了不利地位，仅有德川家康等部还在支撑。秀吉南下与德川军会合之后，在浅井军的追击下边战边退。另一方面，到达了京都的织田信长派出前田利家与坂井政尚率领 3000 人北上接应，秀吉一行这才经坂本安然回到京都。不过一场撤退战下来，织田军还是付出了约 1300 人的伤亡。

尽管是一场前所未有的大败仗，而且没有夺得一寸土地，但是事后织田信长还是给了秀吉数十枚黄金作为奖赏。所谓沧海横流，方显英雄本色，在众将都不敢担当的危难时刻，秀吉挺身而出，圆满地完成了掩护任务，不仅展示出了自己的才能，而且也表现了在织田家中独一无二、甘于为信长赴汤蹈火的忠心。这使得他在信长眼中更加地出类拔萃。

第 10 章

元龟缭乱

自越前撤还之后，织田信长将稻叶一铁、森可成、佐久间信盛、柴田胜家、中川重政等将配置在京都周边，以木下秀吉军北上与浅井长政相持。

与此同时，逃往甲贺的六角义贤父子也号召旧臣起兵，攻入南近江。浅井长政也出兵援助六角，两家一起占领了近江直接通往美浓的要道鯰江城。

五月十九日，织田信长经南近江日野—北伊势—尾张—美浓返回岐阜，中途经过北伊势与近江交界的千草岭时，还遭到六角义贤雇来的神枪手杉谷善住坊的狙击，幸好只被打中了铠袖，最终于二十一日安然回到岐阜。

六月四日，六角义贤集结旧臣与南近江乡民合 5000 余人包围了柴田胜家所在的长光寺城，并切断了城内的水源，而他的临时居城鯰江城则由鯰江相模守与高濑刑部以 1000 人驻守。六月四日傍晚，200 多名百姓打着松明火把来到鯰江城下，高濑刑部上城询问，对方说是长光寺城明日将向六角军投降，今天先献上了人质，故奉六角义贤之命送人质入城。高濑刑部仔细辨认火把下的人，确实是跟随六角家起兵的乡民，便下令打开了城门。

柴田胜家画像

在乡民们入城的当口，夹杂在人群中的木下秀吉军士兵乘机拔出兵器，砍倒了守门的七八名士兵，放信号引来埋伏在不远处的1000人大队向城门发动进攻，仅用了半个时辰便将鲶江城攻落。两名城将与少数逃得性命的城兵随后退往长光寺的六角军本阵。不过此后秀吉尚无力援救长光寺的柴田胜家，只能固守鲶江城，一面应付浅井，一面等待信长的主力到来。

时值六月上旬，天气炎热，而且长光寺城内的饮水也告竭，柴田胜家拿出最后的三瓶水对着大众宣示道：“与其渴死，不如战死，为保存武士之名，大家就不要想着今生还能喝到水了，跟着我下去一战吧！”并用刀将三瓶水全部打破，800名士兵受到激励之后，全部舍生忘死地跟随柴田胜家冲下山去，一战便将六角义贤击破。

由于居城鲶江城已被攻落，六角义贤只好再度逃亡南方的山中，而柴田胜家也得了一个“瓶割柴田”的外号。

在鲶江城以北，浅井与朝仓合力构筑了长比、刈安两个要塞，守城的乃是近江坂田郡最有力豪族堀氏。由于家主堀秀村年幼，堀家的家政由家老桶口直房主持，而此人却是秀吉旗下的竹中半兵卫在近江当客将时结下的挚友。在竹中半兵卫的劝说下，桶口直房带着堀秀村一起投靠了织田家。得到秀吉的汇报后，织田信长于六月十九日出发，率领25000人攻入北近江，随着城主的临阵投敌，长比、刈安两砦迅速被织田军攻落，信长乘势攻到了浅井家的居城小谷城下。

六月二十四日，织田信长包围了小谷城南面控制着南北通道的支城横山城，一旦此城被攻落，浅井家在小谷以南的领地将全部被隔断。信长正是借该城引浅井军出来决战。

六月二十八日，浅井朝仓联军18000人与织田德川联军34000人在小谷与横山之间的姉川爆发激战。

最初织田信长把包括秀吉军在内的2万人分成13层应敌，但是在浅井家先锋矶野丹波守员昌的猛突下，木下秀吉、池田恒兴、柴田胜家等 11 队先后被突破，幸好进攻横山城的稻叶一铁、安藤守就及时赶到，加上击破朝仓义景部的德川军来援，浅井家才开始全面溃逃。

战后，秀吉被任命为横山城城主，负责截断近江南北的交通。另外，信长又以丹羽长秀、市桥长利、水野信元、河尻秀隆四部包围了横山城南面由矶野员昌固守的佐和山城。

在姊川合战的同时，三好三人众已于阿波举兵攻入畿内。当织田信长转军前往摄津讨伐，与三好军在野田—福岛一线对阵之际，日本最大的武装僧团一向宗在总本山石山本愿寺的号召下加入了对抗信长的战争，一时间五畿内、近江、伊势等国的一向宗暴动此起彼伏。浅井、朝仓乘隙又与比睿山僧兵联合攻入琵琶湖西岸，织田家留守宇佐山城的森可成以及猛将坂井政尚先后战死。同年年底，左支右绌的织田信长劝动正亲町天皇与将军足利义昭，由他们作为中介发出号令，与浅井、朝仓达成了临时的停战和议。

元龟二年（1571）新年一过，秀吉便下令封锁姊川向西的琵琶湖水路，同时散布谣言说佐和山的矶野员昌已投向织田家，使得浅井长政全面断绝了对佐和山城的补给。经过了半年的苦守之后，矶野员昌终于在二月二十四日开城投降，此后丹羽长秀被任命为佐和山城城主。

同年五月，浅井长政一度由小谷出兵，试图突破秀吉的姊川防线，却于五月六日在箕浦被秀吉击败。不久之后，织田信长的主力在伊势长岛征讨一向宗的战斗中失利，最后柴田胜家负伤，美浓三人众之一的氏家直元战死。织田信长只好把怒火发泄到其他地方的僧侣身上：同年八月，织田信长带兵进入横山城，而后扫荡了近江的一向宗僧徒，又于九月十二日下令，将日本真言宗的本山——比睿山延历寺烧毁，随着三四千名僧众葬身于熊熊烈火之中，信长也得到了一个“第六天魔王”的称号。

在此期间，织田信长已经把幕府的奉公众明智光秀拉拢过来成为自己的家臣，在火烧比睿山之后便封给光秀比睿山所在的滋贺一郡作为领地，又任命他为坂本城主，负责监视京都与处理比睿山的善后事宜。

日本的比睿山延历寺就如同中国的嵩山少林寺，在山下的周边有众多豪族是其俗家弟子，故而山门的被烧也大大震慑了这些信徒，其中一些意志不坚定的便开始转换阵营。

在小谷城南侧有一座宫部城，其城主名为宫部善祥坊继润，宫部家代代都是延历寺的别院善祥坊之坊主。而这位宫部继润早年也曾上比睿山修行，后来回家继承城主之位，做了浅井家的家臣。

元亀二年（1571）十月，在秀吉的策动下，宫部继润举城投向织田家。据说当时宫部继润因为自己是比睿山的门徒，一直害怕遭到信长的诛灭。为了打消他的疑虑，木下秀吉主动向宫部城送去了人质。不过此时秀吉已经位高权重，根本不会再像当初劝降鹈沼城大泽正秀那般以身试险，他所送去的人质，是姐姐阿友与农民木下弥助的儿子万丸，秀吉的这个外甥，后来又有一个更广为人知的名字“秀次”，但是这一年的万丸，年仅三岁。

元龟三年（1572）七月，织田信长带着自己刚刚元服的嫡子织田信忠出阵近江。对于浅井家的坚城小谷，此次信长依然是采取围而不攻的战术，只是一面封锁周边的道路，一面于七月二十七日命秀吉在小谷城外的虎御前山上筑城，又让宫部继润拓宽由宫部通往虎御前山的道路，将虎御前山城与宫部、横山城连成一线。

七月二十九日，朝仓义景的 15000 援军赶到小谷时，对于织田家的防御体系已经无能为力。两军对峙了三个月之后，浅井朝仓联军在十一月三日发起过试探性的进攻，最终被秀吉击破。

此时京都将军足利义昭与织田信长对抗的态度日渐明朗化。先前的三好、本愿寺以及浅井与朝仓的起兵，都有义昭的邀请在其中，这一次，甲斐与信浓的国主武田信玄又响应义昭的号召，于同年九月自东海道举兵 3 万西上，攻入德川家康的远江、三河两国。另一支武田家别动队由武田家名将秋山信友率领自南信浓西上，一举攻落了东美浓的重要据点岩村城。形势急转直下，十一月下旬，织田信长自近江撤兵返回美浓。另一方面，由于冬季到来，朝仓义景害怕被积雪所困，也退回了越前。

卷之二：霸王的先锋

丰 / 臣 / 秀 / 吉

第 11 章

长滨城主

元龟三年（1572）十二月二十二日，武田信玄在远江的三方原大破织田与德川联军，不仅德川家受到重创，织田信长派去的 3000 名援军也几乎全军覆没，大将平手汎秀以及前田利家之弟佐胁良之都战殁于此战之中。

元龟四年（1573）初，武田军继续东进，攻取了三河的野田城。受到武田军进军形势的鼓舞，将军足利义昭正式与织田信长绝交。然而就在此后不久，即将攻入尾张的武田军却突然从三河北撤，退往了信浓。后来得到证实，同年四月十二日，“甲斐之虎”武田信玄在信浓的驹场撒手人寰，享年 53 岁，死因有肺病一说，也有说法是在野田城遭到德川军的狙击受了致命伤。

尽管信玄去世的消息被武田家隐瞒，但是随后德川家康以在远江四处出击却未遇到强有力抵抗的事实，验证了武田家发生重大变故的判断，这让织田信长得以放手展开对足利义昭的讨伐。

四月四日，织田信长包围义昭在京都的二条御所，后来在天皇的调解下双方才达成和睦。不过以细川兵部大辅藤孝为首，足利义昭旗下众多奉公众通过这一战，已经表

足利义昭画像

明了投靠信长的态度。

同年七月三日，足利义昭于山城国槙岛城再度举兵。这一次，织田信长带领大军乘着几艘大船横渡琵琶湖，绕开足利方设在近江的关口，突然出现在京都。山城国周边的足利军来不及抵抗，四散溃逃。

七月十八日，织田信长攻落槙岛城。这一次，木下秀吉奉信长之命，亲自将足利义昭押解到河内国流放，为统治日本 200 年的室町幕府拉下了灭亡的帷幕。

元龟四年（1573）的七月底，在织田信长的奏请下，天皇下令改元为“天正”，从下半年起，始称天正元年。

八月八日，浅井家臣、琵琶湖北岸山本山城的城主阿闭淡路守贞征向织田信长派去使者，表示愿意在信长进攻近江时充当内应。同一天，织田信长率领 3 万大军攻入北近江，而朝仓义景随后也出兵 2 万南下救援浅井，驻扎于小谷城附近的田部山上。

八月十二日，织田信长利用大风雨之机发动奇袭，攻落了朝仓家在前线的据点大岳城与丁野城，将朝仓军与小谷城完全割离。朝仓义景自知再战无益，试图引军撤还北国。然而织田信长却打破常规，以全力追击朝仓义景，不仅在敦贺的刀根坂消灭了朝仓家的主力，又一口气攻入朝仓的本据地越前府中盆地。朝仓义景见势只好舍弃了居城一乘谷城，逃往大野郡的同族朝仓景镜处。

八月二十日，朝仓景镜突然倒戈，袭击朝仓义景的居所贤松寺，逼迫走投无路的义景切腹自杀，之后朝仓景镜向织田信长献上了义景的首级。

平定朝仓家之后，织田信长任命朝仓家的旧臣前波吉继为越前守护，自己又马不停蹄地南下对浅井展开最后的进攻。

八月二十六日，织田信长再度到达小谷城外的虎御前山，3 万织田军将小谷城重重包围。

在完全绝望的情况下，小谷城外围守将三田村左卫门、小野木佐渡守率先以阵地向织田家投降，随后木下秀吉与竹中半兵卫进入小谷城的后方，并于八月二十七日攻落城中的京极丸，将本丸的浅井长政与其父浅井久政的小丸分割开来。

八月二十八日早上，在织田军的围攻下，浅井久政在小丸内切腹自杀，跟随他的勇士千田采女正、井口越前守、西山丹左卫门等尽数战死。

此后织田信长派出不破河内守光治进入本丸，向浅井长政劝谕道：“信长公将妹妹嫁与阁下，阁下的子嗣即是本家的外甥，今日形势如此，若是早早开城，还可保全阁下一家之性命。”当时阿市已为长政生下三个女儿茶茶、阿初、阿江，浅井长政另外还有一个侧室所生的长子万福丸。尽管身为武士的自尊让长政无法向信长屈服，但他还是希望妻子与子女能活下去。而且阿市是信长最为疼爱的妹妹，料想也不会遭到伤害。

九月一日，浅井长政命令家臣藤挂三河守与木村小四郎将阿市与三个女儿送到木下秀吉的军中，而浅井万福丸则被悄悄送出了城外。不久浅井长政在小谷城本丸下面的赤尾美作守清纲屋敷内切腹自杀。

小谷城陷落不久，浅井长政送出城的儿子万福丸也被织田军捉到。当时阿市对织田信长发出诅咒：“杀死万福丸之人，今生将灾祸不断。”织田信长为避免受到阿市的诅咒，没有亲自下令处决，而是把这个不讨好的任务交给了最信任的秀吉。而秀吉为了避免被近江之人所仇恨，又把万福丸拖到织田信长的直辖领地美浓，命令部下在关原的田野中将他刺死。

从元龟元年（1570）的金崎殿后到元龟四年（1573）浅井家灭亡，在近江近四年的战斗，木下秀吉的部队由一支乌合之众磨炼成了精锐之师，而秀吉也在多次独力对战浅井的战争中得到了成长，后来他常称自己的对手之一、浅井家的名将海北纲亲为“我的军法之师”。此外更重要的一点是，作为织田家在北近江的负责人，秀吉直接领导近江地区的战争与策反行动，已在北近江众豪族之中建立起了极高的威信。

织田信长在消灭浅井家之后，既是出于赏功，又是出于加强对北近江支配的需要，将原属浅井家的北近江三郡 12 万石之地赏给了秀吉。

在此同时，秀吉又向织田信长申请，拜领了织田家重臣丹羽长秀的“羽”字与柴田胜家的“柴”字，将自己的名字由“木下秀吉”改为“羽柴秀吉”，其弟小一郎也跟着改名为“羽柴秀长”。

丹羽长秀与柴田胜家在织田家内虽然资望高于秀吉，但就当时的地位与实力而言却只是与秀吉平级，而秀吉却比他们更早得到了大封地，所以秀吉的改姓之举，除了舍弃卑微的“木下”之外，很大程度上是对丹羽柴田二人表示谦恭，尽量避免遭到妒忌。此外秀吉又得到了“筑前守”的官位，通称不再是“木下藤吉郎秀吉”，而是“羽柴筑前守秀吉”。

移封到北近江之后，秀吉将高山之巅的小谷城破弃，改在琵琶湖畔的今滨建筑新的居城，并从织田信长处求来“长”字，将“今滨”改名为长滨，长滨城主羽柴秀吉由此诞生。

第12章

秀吉的羽翼

长滨城的整备，从天正元年（1573）下半年起，历时一年半，到天正三年（1575）前后才全部完工。与此同时，秀吉把在小谷城下居处和经商的町民移到长滨城下，营建了新的城下街町，最终新建成的长滨成为北近江的政治与经济中心。

虽然秀吉仍属织田信长的家臣，但作为北近江12万石的领主，他已经相当于一个中等规模的诸侯。与此相应，秀吉建立了一套具有自己独特风格的家臣体系。

以蜂须贺正胜、前野长康为首的川并众首领，与织田信长拨下来的助手竹中半兵卫、浅野长政、生驹亲正等人属于秀吉的嫡系重臣。宫部继润、堀秀村、桶口直房以及未经秀吉而直接投靠信长的阿闭贞征等北近江领主都成为秀吉的部下。此

长滨城的天守阁

外，秀吉又向北近江众多小豪族索取他们的子弟，安排为身边的侍童，以从中选拔出有用的人才。

秀吉的母亲阿仲也从尾张中村老家带来了一群亲友，其中的一些少年被秀吉交给祢祢抚养，后来羽柴军的一些重要猛将就是在这群孩子中产生的，较有名的是加藤虎之助清正与福岛市松正则。

加藤虎之助清正，生于永禄五年（1562），是尾张中村的铁匠加藤五郎助清忠之子，其母名伊都，是尾张的猎人治太夫之女，与秀吉的母亲阿仲是从姐妹，因而加藤清正也算是秀吉远房的从弟。另一个福岛市松正则，生于永禄四年（1561），其经历更为离奇。据说秀吉还只是足轻队长的时候，一次返回中村探亲，在村内箍桶匠家门口看到一个两岁左右的婴儿拖着和他身体差不多大的石臼跑来跑去。秀吉对这个婴儿的怪力感到十分惊讶，一打听才知这是箍桶匠福岛新左卫门正信的儿子市松，他的母亲也算是秀吉的一个远房叔母。等到秀吉就任长滨城主之时，便特地让母亲把福岛市松带了过来。

加藤清正（左）与福岛正则（右）画像

长滨时代，秀吉旗下的家臣结构可以总结为：

嫡系重臣：羽柴秀长、蜂须贺正胜、前野长康、竹中重治、浅野长政、生驹亲正。

直属中层武士：堀尾吉晴、山内一丰、加藤景泰（美浓）、中村一氏（近江）、增田长盛（近江）等。

下属近江领主：宫部继润、堀秀村、桶口直房、阿闭贞征，及众多浅井旧臣。

储备人才包括：

尾张嫡系：福岛正则、加藤清正、尾张津岛出身的平野长泰、祢祢的侍女东殿之子大谷吉继。

近江及其他来源：小豪族片桐直贞之子片桐助作且元、经加藤景泰推荐的侍童加藤孙六嘉明。

除了选取豪族子弟与尾张的同乡之外，羽柴秀吉在近江也提拔了一些与自己当初一样出身卑微的人才。

据说天正二年（1574）的某一天，羽柴秀吉巡视领内时路过观音寺，感到口干舌燥，便进入寺内要水喝。寺内的小沙弥先用大碗倒了一碗温水呈上来，秀吉一饮而尽之后，觉得意犹未尽，又向他要了一碗，这时小沙弥就用小一半的碗呈上一杯更热的茶，秀吉饮过之后但觉口齿生津，不禁对这个沙弥的举动另眼相看。随后小沙弥再度呈上一杯比碗更小、温度更高、精心泡制的点茶，秀吉饮过之后，在这山野的小寺之中，品味到了茶道的宁静深远，同时也从这个聪明绝顶的小沙弥的身上，看到了自己当年作为杂役侍奉信长时百般心思的影子，当场便要求他还俗当了自己的侍童。

这个还俗的沙弥名叫佐吉，乃是近江坂田郡石田村住人石田正继的次子，他后来的正式名字叫作“石田三成”。

培植自己的嫡系势力之余，羽柴秀吉在近江不择手段地铲除不听自己号令者。

天正二年（1574）正月，越前的一向宗爆发起义，威望本来就不足的越前守护代桂田长俊（前波吉继改名而成）转瞬之间便倒在了起义军与旧朝仓同僚的怒火之中。由于越前的宗教势力与朝仓遗臣势力难以根除，织田信长决定对之暂不做征讨，只是将暴动的范围控制在府中盆地以北，让双方自相残杀。而与越前相邻的羽柴秀吉便担当了封锁敦贺以北关口木目岭的任务。

石田三成三献茶之像

既然是准备持久战，秀吉便命令旗下的近江豪族轮番在木目岭执勤。

轮到被任命为横山城主的樋口直房值勤之时，因为看到前线的一向宗势力过于庞大，直房未经过秀吉的许可，与一向宗单独讲和退回了近江。借着这个机会，秀吉毫不留情地下令将樋口直房一族全部处死，并没收了堀秀村在坂田军的所有领地。虽然樋口与堀是率先通过秀吉投向织田家的豪族之一，但是他们拥有秀吉旗下约三分之一的领地，同时互相之间有着相对独立的主从关系，为了强化对近江的控制，他们便成为秀吉首先要清洗的对象。

另一个未经过秀吉，直接向信长投诚的山本山城主阿闭淡路守贞征，在浅井灭亡时，被允许保全了以山本山城为中心的伊香郡内领地，并被信长派到了秀吉的部下。由于阿闭家的领地处于琵琶湖北岸肥沃的平原之中，加上阿闭贞征自以为与信长有着直接联系而对秀吉不够殷勤，故而秀吉先后对阿闭家进行过多番压榨，甚至将他在琵琶湖中竹生岛上的部分土地收为己有。阿闭贞征与其子阿闭贞大通过信长的侧近菅屋长赖向上申诉，织田信长却睁一只眼闭一只眼。经过多年煎熬，直到天正五年（1577），阿闭家才脱离了秀吉的魔爪，成为信长的直属家臣。

第13章

安土时代之序章

进入天正二年（1574），织田信长主要着手于对织田家领土范围内各大反抗势力进行镇压。

尽管始终无法攻落一向宗的本部石山本愿寺，但是这一年九月二十九日，信长还是征服了本愿寺的重要据点之一伊势的长岛。这一战中，有5万左右的信徒葬身在织田军的屠刀之下，当时秀吉正忙于牵制越前的一向宗，弟弟羽柴秀长代替他在这场战争中充当了刽子手。

天正三年（1575）五月二十一日，织田信长与德川家康联军38000人与武田信玄之子武田胜赖的15000人在三河长篠的设乐原发生激战。在织田信长的铁炮三段射击加防马栅战术面前，号称战国最强的武田骑兵几乎全军覆灭，武田四名臣马场信房、山县昌景、内藤昌丰、高坂昌信战死其三。丧失了众多支柱的武田家此后一蹶不振，而织田与德川则开始向东方高歌猛进。

同年八月十二日，织田信长集结起12万大军征讨越前的一向宗，北近江的羽柴军也参加了此役。对于一向宗信徒占领的城池，一经占领，织田信长便下令屠城，在整个越前被平定之时，总共有1万多名僧徒遭到屠杀，另有3

安土城

万至 4 万人被卖往美浓尾张充当奴隶。

战后柴田胜家被信长任命为越前北之庄城主，获封越前、加贺八郡 75 万石领地，成为织田家在北陆方面的军团长。金森长近与原长赖分得大野郡 5 万石之地，被派为胜家的部下。而前田利家、佐佐成政、不破光治则作为胜家的副将同时负有监军之责，这三人共同平分了越前府中两郡 10 万石的领地。

十一月二十八日，织田信长将织田家族的家主之位与美浓、尾张两个分国让给了嫡子织田信忠，自己则继续主持织田政权的军政。第二年（1576）正月，他以丹羽长秀为筑城奉行，在南近江观音寺城附近的目加田山上筑起了一座新的居城，取“平安乐土”之意，命名为“安土城”。

安土城历经三年才初步完工，羽柴秀吉与明智光秀等近江周边重臣，也担当了筑城的部分工程，完成之后，他们都在城下获赐了宅邸。据说秀吉的宅邸在安土城正门后的左首第一座，与右首第一座的前田利家宅邸仅隔了一条上山的大路。

天正四年（1576）初，织田家延续数年的顺境也暂时到了头。被流放的前将军足利义昭由纪伊渡海前往西国，在西国霸主毛利氏的支持下，于备后的鞆城又设了一个流亡幕府。在足利义昭的煽动之下，织田家周边的反抗者结成了新的信长包围网，并展开一系列军事行动。第二次信长包围网最初的参加者包括：

- 备后鞆的足利义昭
- 京都西北邻丹波国的豪族波多野秀治与赤井直正
- 因幡但马的山名一族
- 摄津的石山本愿寺
- 领有关西十国的毛利一族
- 关东管领、“越后之龙”上杉谦信
- 纪伊以铃木、土桥两家为首的杂贺众

石山的本愿寺，盘踞在摄津的几条河川汇集到出海口处形成的三角洲上，受地势影响，水网密布。此前信长攻陷的伊势长岛也属于这种地形。从元龟元年（1570）本愿寺的法主显如上人响应三好三人众对织田举兵起，六年多的时间里，时战时和，织田信长始终无法奈何这座坚城。而寺方也与天皇、公卿有着极深的渊源，每次都能在战争陷入胶着的时候由天皇下令双方讲和。

天正四年（1576）春，显如上人响应足利义昭的号召再度举兵。同年四月，织田信长以原田直政（赤母衣众中的塙直政）为总大将，率领细川藤孝、明智光秀以及五畿内之兵进攻石山本愿寺，但遭到寺方依坚城和为数众多的铁炮阻击，就连总大将原田直政也在五月三日的战斗中，被来自杂贺的雇佣兵首领铃木重秀一枪击毙，继而织田家的大本营天王寺砦也被上万僧兵包围。

五月五日，织田信长紧急出阵摄津，羽柴秀吉、丹羽长秀、佐久间信盛等将迅速赶来会合。突破天王寺砦下的包围之后，织田军再度在石山城下受阻，信长本人也被铃木重秀旗下的神枪手冈吉正一枪打中大腿。

屡次以铁炮阻挡织田家进军脚步的杂贺众，乃是以纪伊的杂贺庄为中心的豪族。天文十二年（1543），两个葡萄牙人随一艘中国商船到达日本最西端的九州岛萨摩，并将铁炮（火绳枪）的实物与制作技法传给了当地的铁匠八板清定。当时纪伊根来寺的武僧津田监物正好在九州修行，后来他从八板清定处习得铁炮的做法，传回了纪伊。从此，纪伊的根来寺以及与根来寺关系密切的杂贺成为日本铁炮与神枪手的最著名出产地之一。这两个地方的豪族虽然时常充当雇佣军为金钱效命，但是他们多为一向宗信徒，一旦本愿寺有难，便会舍弃雇主，转身成为石山的狂热守护者。杂贺众的首领铃木重秀更是与显如上人座下的僧官下间赖廉，并称为“本愿寺的左右大将”。

杂贺的铁炮手

在织田军继续包围石山本愿寺期间，杂贺众的铁炮队又与西国毛利家的水军联手，于同年七月十三日在石山外的木津川口海战中全歼织田家水军，继而从水路突破包围，将兵粮运入石山城中，使得石山的战争长期化。

天文五年（1577）二月，杂贺东部的“三缄众”（南乡、宫乡、中乡三乡豪族）与根来寺的杉之坊受到策反投向了织田家。

二月十三日，织田信长聚起十余万大军，分两路攻入杂贺。泷川一益、明智光秀、细川藤孝、筒井顺庆等部沿海路南下，羽柴秀吉与佐久间信盛等部则在三缄众的带领下由纪伊东部的山路进军。

在杂贺城东岸的小杂贺川，秀吉一行遭遇了极为奇妙的“钓瓶击”战法：战前铃木重秀在杂贺川的西岸构筑了数座城砦，又于枯水季节在干涸的河道之中埋下无数小瓶，瓶上都系有绳子连到西岸，待到织田军的先锋渡河时，重秀下令拉扯绳子，使得步入河中踩到瓶子上的敌军陆续滑倒。与此同时，西岸的杂贺铁炮手一起开火，给织田方造成了巨大的伤亡。尽管秀吉等部的兵力是杂贺方的十倍，却也不敢贸然过河，就此隔着杂贺川与杂贺众的主力相持了近一个月之久。

不过走海路的明智光秀、细川藤孝等部得以突破杂贺方防守较弱的海边要塞淡轮城与中野城，于三月一日将杂贺城包围。三月十五日，以土桥平次、铃木重秀为首的豪族们共同签署誓书，向织田家降服。此后，以铃木、土桥为首的杂贺众与以杉之坊为首的根来众、三缄众在纪伊争斗不休，再也无力顾及石山本愿寺方面。

第 14 章 北陆变局

天正五年（1577）闰七月，织田信长收到了能登国主田山家家臣长连龙的求援。这一年，越后的上杉谦信开始了上京作战。

上杉谦信有着“军神”“越后之龙”的外号，与“甲斐之虎”武田信玄齐名。这两位名将此前曾在北信浓的川中岛地区决战五场，终未能分出个高下。而作为原室町幕府的关东管领，上杉谦信数度驰骋关东八州，将关东霸主北条氏打得毫无还手之力，在正面的对决中，几乎没有任何一个武将能在他身上讨到便宜。

在足利义昭的号召下，上杉家于天正四年（1576）便开始向西进军，平定了越中国之后又侵入能登，并于天正五年（1577）包围了田山家的七尾城。长连龙前来求援之时，由于围城时间过长，七尾城内发生了瘟疫，田山家的幼主田山春王丸已经染病身亡，由重臣们继续死守的城池也岌岌可危。

八月八日，织田信长以柴田胜家为大将，命令近江的羽柴秀吉、丹羽长秀，伊势的泷川一益，美浓的氏家直通、安藤守就、稻叶一铁等军北上协助柴田作战。此前信长把

上杉谦信画像

最勇猛的柴田胜家配置在越前，正是准备着有朝一日与越后之龙对决。

这一战的背景和对武田的长篠之战有些相似，所以信长也想当然地派上了全部的后备部队。当时上杉谦信围攻七尾城的总兵力只有 2 万人，而织田家以柴田胜家的 18000 人为先锋，加上秀吉与泷川、美浓三人众，总兵力接近 5 万人。

作为援军的诸将进入北之庄城以后，受到了柴田胜家的热情款待，席间大家摩拳擦掌、谈笑风生，羽柴秀吉却在一旁显得兴致索然。

一向与秀吉因为争高下而闹得有所不和的柴田胜家，见状还以为是秀吉不甘于受自己的指挥，便说道："此番是我酬谢诸位来援，足下若有什么不快也请直说。"秀吉答道："阁下是北国七州的总管，武名响震海内，就连婴儿听到'鬼柴田'之名也会停止啼哭，为何还未见到上杉谦信的战旗便去找信长公要援军呢？现在惟任殿（明智光秀）正在征讨丹波，佐久间以五畿内之兵围攻本愿寺，我与丹羽、泷川、稻叶等将之兵尽数集于此地，信长公身边就空虚无人，万一畿内有突发之事，或是武田胜赖为雪长篠之耻而起复仇之兵，后果将不堪设想，一想到这些问题我就食不下咽。"

柴田胜家闻言暴怒，当场大声呵斥道："你之所言似是而非，信长公为了避免征战越前数年才得到的领地被上杉一战夺去，才命诸将前来助我，你因为一人之恐惧而在大战之前动摇众将之心，真乃不忠不信之人，你若不想战，不妨引兵回国，我打上杉不需要你的助力！"

秀吉也勃然起身："大家好好努力，一定要奋勇作战以显出对信长公的忠心！我有些私事要先行告退。"说罢便退席回营，带领属下的部队返回了近江。

回到近江之后，羽柴秀吉首先前往安土城，向织田信长禀明了事情的原委。尽管信长对秀吉的能力与忠心从不怀疑，但面子上也下不了台，他气急败坏地说道："我下达的命令自有我的用意，你竟敢自作主张临阵退兵，所作所为实在是令人侧目！"随后信长禁止秀吉再进入安土城，让他在长滨禁闭思过。当众多家臣都为秀吉捏了一把冷汗的时候，他却像没事人一般回到长滨城里，终日大开酒宴，还招来许多游女助兴。

还没有等秀吉清闲几天，他所担心的危机便出现了。八月十七日，原属织田家的松永久秀与其子突然从石山本愿寺下的阵地撤兵，回到自己的信贵山城内对信长举起了反旗。

以前织田信长向德川家康介绍松永久秀时曾经说道：“你眼前的这位老人家，曾经做下过三件让天下人侧目的大事：谋杀将军足利义辉，谋害主君三好一族，放火烧毁东大寺大佛殿。”在归降织田家以后，松永久秀也数度背叛信长，对于这么一个“天下至恶”之人，每一次信长都原谅了他。松永久秀出身商人，屡次以下克上消灭主君，终于成为一方的诸侯。或许是在他身上，织田信长看到了自己的岳父、同为以下克上的枭雄斋藤道三的影子。这一次松永久秀事前也收到了足利义昭的密信，为了一逞自己到老都无法泯灭的野心，趁着上杉谦信兵锋搅动天下的时刻，松永久秀再一次背叛了信长。

到这个时候信长才明白秀吉预见的正确性，于是急令猪子兵介前往长滨召秀吉带领本部之兵助守安土城。

与秀吉商议之后，织田信长以嫡子织田信忠为总大将，率领秀吉及筒井顺庆、明智光秀、细川藤孝四部2万余人前去讨伐松永父子。

十月十日，原筒井顺庆家臣森好久用计赚开了信贵山城城门，与城外的织田军里应外合，一举将城池攻落。最后，松永久秀将织田信长垂涎已久的名贵茶器“平蜘蛛茶釜”砸碎，与嫡子松永久通一起切腹自杀，享年68岁。

松永久秀的反叛，使得羽柴秀吉由罪人变成了功臣。而北陆的柴田胜家，却陷入了困境。

松永久秀碎釜自杀图

九月十五日夜，田山家臣游佐续光与温

井景隆开城放上杉军入城，能登七尾城就此陷落，与织田家有往来的长续连一族也全部被诛杀。随后上杉谦信迅速南下，进入加贺松任城。当柴田胜家的 18000 人渡过加贺与越前边界手取川之后，才收到七尾城已经陷落的消息。待到柴田胜家下令渡河撤退，上杉军突然由松任城杀出，沿着手取川对柴田军进行了一场屠杀。等到柴田胜家回到手取川南岸，手下已经损失了 2000 多人。此后上杉谦信又继续向南进攻，直到当年冬月才收兵返回越后过年。

手取川之战虽然给织田家带来了前所未有的危机。但世事奇妙无比，没过多久，就出现了转机。

和当年德川家的三方原战后遭遇武田信玄去世的情况极为相似，度过新年之后，上杉谦信于天正六年（1578）的三月九日，在居城春日山城中突然去世，其死因据说是中风，享年 49 岁。由于上杉谦信终生未娶妻，也没有留下子嗣，身后的两个养子上杉景胜与上杉景虎为了家主之位相争，引发了一场上杉家的“御馆之乱”，手取川之战给织田家带来的危机就此解除。

第15章

第二军师

天正五年（1577）九月，一个中年男子带着一名幼童出现在长滨城下。这名男子，是织田信长新派到秀吉麾下的播磨武士黑田官兵卫孝高（当时称小寺官兵卫）。

黑田氏本是北近江京极氏一族，世代居于近江伊香郡的黑田村。官兵卫的祖先黑田高政由于触怒了将军足利义植而被从近江流放，转落定居于备前。由于备前的铸铁业发达，时常有铁匠因为溅到火星弄伤眼睛，黑田高政遂以故乡近江的配方，调制出一种眼药，并打上“玲珠膏”的品牌。这种眼药疗效显著，为黑田家迅速积累了大量财富。

到了黑田高政的儿子黑田重隆这一代，为了重新获得武士身份，重隆把家从备前搬到了东邻的播磨。播磨与备前的国主，本是室町幕府“四职”之一的赤松氏。进入战国时代以后，赤松家臣浦上氏篡夺了备前的统治权，并对西播磨进行蚕食。而赤松家本身又分出有“赤松三十六家”之称的众多同族，其中以别所、佐用、宇野、小寺四家实力最强，号称“赤松四天王”。这些赤松同族分据播磨各地，互不相让，逐渐转化成相对独立的割据势力。这样一个混乱的领国，正是黑田氏出头的好地方。

黑田重隆与其子满隆两代，一面勾结播磨广峰神社的神官，以神药之名继续贩卖“玲珠膏”；一面低息发放贷款，只收取劳役作为补偿，逐渐养起自己的家臣队伍，变成了播磨中部的一大土豪。黑田满隆于天文十二年（1543）袭杀了与赤松四天王之一小寺氏为敌的揖保郡香山城主香山重道，以其首级向小寺氏邀功，被小寺家提拔为家臣，并得到了原香山氏的领地作为赏赐。

后来小寺家的家主小寺政职逐渐认可黑田满隆的才能，不仅让他参与家中的机密，还把同族的明石正风之女嫁与满隆，任命他为播磨中部要冲姬路城的城主，又把“小寺”姓与“职”字下赐，黑田满隆由此改名为“小寺职隆”。黑田（小寺）官兵卫孝高，正是小寺职隆与明石夫人在天文十五年（1546）生下的嫡子。黑田孝高在其青年时代便以能谋善战扬名播磨。永禄十二年（1569），他于土器山之战击破西播磨的豪杰、赤松下野守政秀的3000大军。

天正三年（1575）夏，从长篠之战的结果，黑田孝高认识到了织田信长的实力。当时统领了关西十国的毛利家正向小寺一族索要人质，孝高力排众议，说服主家与近邻的别所长治、赤松广秀一起向织田信长投诚纳款。同年七月，孝高作为使者，在岐阜城参见了织田信长，并得到了信长赐下的宝刀“压切”作为奖赏。

天正四年（1576），毛利家的水军大将浦兵部丞（乃美兵部丞宗胜）率领5000人从姬路附近的英贺登陆，孝高当时仅有500人，但他却买通了英贺周边的百姓，等到毛利军攻城之时，百姓们在毛利军背后鼓噪，做出织田家援军到来的样子，吓得浦兵部丞急忙回师，登船退走。

黑田官兵卫孝高画像

给织田信长造成巨大麻烦、同时也给小寺一族带来压力的关西之雄毛利氏，在战国初期，原本只是安艺国小豪族，一直在西国两大强者周防大内氏与出云尼子氏之间艰难求存。后来毛利家族出了一个号称“濑户内海第一智将”的家主毛利元就。在元就的带领下，毛利氏迅速崛起：先是统一了安艺一国，继而又在弘治元年（1555）的严岛海战中消灭陶晴贤率领的大内军主力。此后大内家逐步被毛利吞并，而濑户内海上的最强水军伊予三岛水军在此役后也与毛利家结成了盟友。永禄九年（1566），毛利元就攻落出云尼子家的居城月山富田城，成为关西的霸主。在北九州，毛利家与大友氏相争，一度取得筑前、丰前两国。等到元就于元亀二年（1571）去世时，他留下了一个囊括安艺、出云、隐岐、周防、长门、备后、备中、伯耆关西八国的强大家族。

由于毛利元就的嫡子毛利隆元早逝，毛利家家主之位由隆元之子毛利辉元继承。毛利元就还有两个精明强干的儿子吉川元春与小早川隆景，号称毛利“两川”。吉川元春以出云、石见为中心，负责西国山脉北部地区（山阴）的攻略，小早川隆景以备后为中心，负责西国山脉以南的地区（山阳），共同构成了辅佐毛利家的“两川体制”。

毛利元就在世时，曾以“单箭易折，三支箭绑在一起不易折”的典故教育儿子们，这就是毛利家“三矢之誓”的故事。元就死后，吉川与小早川两人全力辅佐侄儿毛利辉元，将毛利家的扩张步伐继续向东推进。随着因幡、但马的山名丰国降服，备前的国主宇喜多直家投入旗下，毛利家最盛时一度拥有关西超过十个领国。

毛利元就的三矢之誓

在木津口海战之后，毛利家取得了濑户内海的制海权，这不仅给播磨的众多小豪族，也给织田家造成了巨大威胁。由于毛利家的存在，使得织田家对石山本愿寺的战争无限期延续下去，同时还会遭到毛利军从山阴山阳两路的攻击。

为了抵御毛利家的进一步入侵，天正五年（1577）九月，黑田官兵卫带着自己9岁的嫡子松寿丸来到安土城，准备把儿子送到信长处作为人质，以请求信长直接出兵播磨。但是信长却并未收留松寿丸，而是让官兵卫把他送到长滨城的秀吉处。信长要求官兵卫本人留下来，成为羽柴秀吉的助手。

黑田氏虽是播磨的豪族，同时也与北近江有着极深的因缘，其故乡伊香郡此刻正属于秀吉的领地。而织田信长将官兵卫交由秀吉指挥，也是表明把官兵卫当成了关系更密切的近江众来看待。

同年十月，织田信长正式下令由秀吉进驻播磨，并任命他为征讨毛利家的总大将。黑田官兵卫闻讯之后，欣然让出居城姬路城作为秀吉西征的基地，自己一家则搬往父亲小寺职隆的隐居地国府山城。作为答谢，羽柴秀吉写下一封誓书，与黑田官兵卫约为兄弟，一生互相扶助。

第 16 章

西播磨平定

天正五年（1577）十月二十三日，在京都举行隆重的誓师大会之后，羽柴秀吉辞别信长，率领 15000 人马赶赴播磨。

与秀吉一起奔赴播磨的，还有一群原出云尼子家的旧臣，其中的代表人物，是有“出云之鹿”外号的勇将山中鹿之介幸盛。

山中氏乃是出云尼子氏的同族庶家，山中鹿之介自 13 岁起便上阵杀敌，在尼子对山名、毛利的历次战争中，多次以一对一单挑的形式斩杀敌方的勇将。毛利家曾有一个勇士品川大膳，此人将自己改名为“品川狼之介”以克制“山中鹿之介”，但在永禄八年（1565）的战斗中还是被鹿之介取了首级。虽然山中鹿之介的武勇在西国罕逢敌手，但以他一人之力，仍然挽回不了尼子家月山富田城被攻落的命运。主家灭亡之时，山中鹿之介从城中逃出，此后长年对着日月祈愿，为了复兴尼子家，称“愿受尽七难八苦”。

永禄十一年（1568），山中鹿之介找到了尼子家的余裔、在京都东福寺出家为僧的尼子国久之孙，让其还俗，拥立其为主君，是为尼子胜久。此后鹿之介又聚拢了立原久纲、横道兵库助、牛尾幸清等尼子旧臣，在但马山名家的援助下返回出云。这群尼子家旧臣趁着毛利家与九州大友对决的时机起事，一度光复了除月山富田城之外的整个出云国。但不久之后毛利军主力回师，尼子家主力在出云布部山之战被击破，夺回的领地再度丧失。山中鹿之介本人也被吉川元春俘获，在押解途中，他假装腹痛上厕所，趁着看守不注意翻墙溜走。

元龟三年（1572），山中鹿之介逃到京都，拜见信长，表示只要织田家能扶助尼子复国，自己愿意率领尼子家臣担任织田家进攻西国的先锋。当时信长尚腾不出手来直接进军西国，所以将山中鹿之介与尼子遗臣团派往因幡，协助山名氏作战。

当时因幡山名家一时又投向织田，一时投降毛利，不断变换立场。在织田方的备前浦上宗景出兵协助下，山中鹿之介于天正二年（1574）乘乱从山名氏手中取得若樱鬼、私都两城，以这两座城为基地，再度复兴了尼子家。

然而在天正三年（1575）九月，吉川元春出兵攻落私都城，尼子旧臣中的重要人物横道兵库助、森胁久仍、牛尾大炊助相继向毛利家投降，使得尼子复兴党大受打击。第二年，由于织田家遭遇周边势力组成的包围网攻击，形势危急，信长一度为了缓解来自毛利方面的压力，宣布不再庇护尼子一族。遭遇吉川元春强势兵力的攻击之后，山中鹿之介放弃若樱鬼城，再度逃入畿内。天正五年（1577），织田家讨伐松永久秀时，山中鹿之介也参加了战斗，并斩杀了松永家的部将河合将监。后来羽柴秀吉远征西国，得到信长的许可，山中鹿之介与尼子遗臣团加入了秀吉的远征军。

山中鹿之介幸盛画像

随着秀吉的大军进入姬路城，播磨的赤松各家也明确地分成了亲织田和亲毛利两派。在黑田官兵卫的积极奔走下，其主家御着城主小寺政职与东播磨的有力豪族三木城主别所长治都选择了投向织田家一方，与小寺家关系密切的播磨赤松宗家置盐城主赤松则房也与小寺共同进退。另一方面，西播磨的上月城主赤松政范（佐用政范）、龙野城主赤松广英、英贺城主三木通秋以及长水城主宇野政赖则与毛利辉元保持着密切联系，拒绝从属于织田信长。

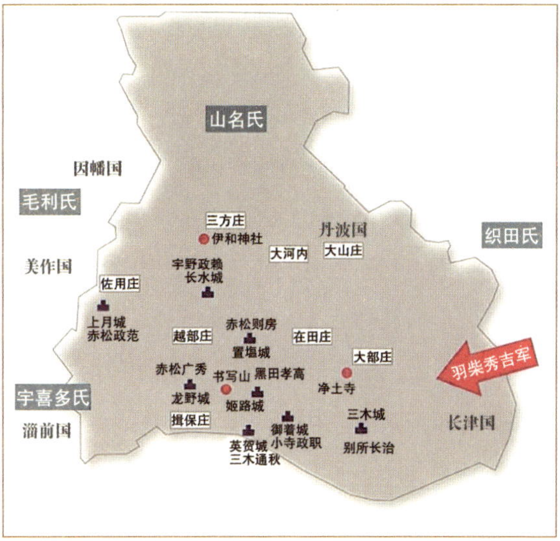

播磨割据势力图

在播磨与织田对抗的豪族之中，以西播磨的上月城主赤松藏人大辅政范势力最强。政范本人乃是赤松家宗主则房的从叔，领有佐用、赤穗、揖东、揖西、穴粟五郡16万石之地，世人一般称他为“西播磨殿下”，他的居城上月城，也是连接出云、美作、备前的要冲。由于自以为有毛利家做后盾，赤松政范对羽柴秀吉进入播磨一直不放在眼里。

十一月上旬，秀吉自播磨北上出兵但马，攻取山名家的岩州、竹田、八木等城，将弟弟羽柴秀长配置于竹田城作为北面的屏障。回到姬路之后，秀吉以木村源藏、山中鹿之介以及一名儒者为使者，向赤松政范送去了织田信长晓谕播磨豪族降服的御教书，劝导政范对织田家行恭顺之礼。赤松政范招集同族共同商议之后，还是决定保持与毛利的同盟，对秀吉的要求不予理会。

十一月二十六日，秀吉以竹中半兵卫与黑田官兵卫各率领3000人为先锋，攻入赤松范秀的领地。

赤松政范的西播磨以上月城与福原城为中心，众多支城分散在两城周围。竹中半兵卫负责进攻的是赤松政范妹夫福原则尚所守的福原城。福原则尚曾经上京晋见过信长，并与秀吉结为好友，在收到秀吉的劝降通告时，虽然也想加入织田家，无奈其父福原则高坚持要遵守与毛利家的血判誓书，福原则尚也只有硬着头皮守城。

竹中半兵卫到达福原城外后，首先进攻城外的制高点高仓山，将守山的福原助就部赶入城内，相继到来的羽柴秀吉以此山为本阵指挥攻城。在竹中半兵卫的建议下，羽柴军主力从正面攻城以吸引守军的注意力，另派蜂须贺正胜率领 300 人攻击福原城后方的釜须坂。

福原则尚之弟福原范仲闻讯带兵前去救援，而福原则尚本人认为秀吉的本阵空虚，故而倾巢出动杀奔高仓山。但是在福原范仲赶到釜须坂之前，驻守该地的利神城主别所定道已经向蜂须贺正胜投降。福原范仲闻讯退兵，却被羽柴军包围，最后在附近的大抚山麓战死。而进攻高仓山的福原则尚由于受到山上铁炮队的阻击，屡屡无法前进，在收到弟弟范仲战死的消息后，自知大势已去，于是退入城中放火。福原一族 50 人最后一起在家庙福圆寺中切腹自杀。但是福原则尚还有个四弟名为福原直高幸存了下来，被秀吉顾念旧谊收为家臣，后来以福原长尧之名闻名于世。

在竹中半兵卫进攻福原城的同时，黑田官兵卫与山中鹿之介、立原久纲一起连续攻落赤松方的福冈城、广冈城、榎城，并于十一月二十八日包围了赤松政范的上月城。情势危急之下，赤松政范向毛利家旗下的备前冈山城主宇喜多直家求援。

宇喜多直家派出自己的弟弟，同时也是赤松政范妹夫的宇喜多广维带领 3000 人马赶赴播磨。这支援军于十一月三十日到达上月城外的下秋里。当时秀吉留下一部分兵力继续警戒上月城，自己亲率主力前去攻击宇喜多军。秀吉将前锋分成两阵，一阵以黑田官兵卫、别所重栋为主将，另一阵以堀尾吉晴、宫田喜八郎为主将，结果与宇喜多军陷入混战之中，宫田喜八郎战死，堀尾吉晴负重伤，而另一阵的别所重栋也在一开始即被击溃。幸有黑田官兵卫死力抵挡，加上秀吉随后派出身边的旗本亲卫队，这才与对方战成平手。一日之

现在的兵库县（秀吉的中国攻进路线）

羽柴秀吉的播磨侵攻路线

内两军激战八度，直到日落才各自收兵。最后清点下来，秀吉这边取下了首级619枚，但自己损失的人马也不比这个数字少多少。当晚乘着夜色，宇喜多广维率部进入了上月城。

援军入城之后，秀吉派兵占领了城外的水道，接着对城内发出降服劝告，再次遭到守城方的拒绝。羽柴军随后展开对上月城的总攻。接下来两天的战斗双方你争我夺，互不相让，不过由于水源被截断，守城方的人数与士气下降得比攻城方要快。而且毛利与宇喜多也没有再派遣援军的迹象。

到了十二月二日夜，赤松政范倾尽余力向秀吉在山胁的本阵发动夜袭。尽管城兵的火箭将秀吉的阵地点燃，熊熊大火映红了半边天空，但是夜袭的部队还是在羽柴军的包围下全军覆没。第二天败报传到城中，赤松政范遂将剩下的同族招集到大殿之中，举行了一场离别之宴，宴罢之后先刺杀妻子，再与同族及重臣们一起自杀身亡。援军的大将宇喜多广维也随之一同殉死。

上月城陷落之后，秀吉给山中鹿之介士兵500，让他据守此城，随后鹿之介便亲自前往京都去迎接主君尼子胜久，准备在上月城竖起尼子家的大旗。备前的宇喜多直家得到消息后，乘机派部将真壁彦九郎将群龙无首的上月城拿下。山中鹿之介与尼子胜久羞愧万分，不得不再向秀吉借兵，终于把真壁打败，夺回了城池。

没过多久，宇喜多直家亲率大军将上月城攻落，山中鹿之介与胜久仅以身免。

天正六年（1578）三月上旬，羽柴秀吉第二次出征上月，宇喜多直家留驻的守将上月十郎景贞战死，城池又被秀吉攻落。

鉴于上月城处在宇喜多与毛利的夹缝之间，易攻难守，几番权衡之后，秀吉决定将这座城废弃。就在这时，山中鹿之介提出请求，希望与尼子遗臣团再度进驻上月城。因为上月城虽然处在与敌人的交界处，但也连接着尼子家的故乡出云。无奈之下，秀吉只好将尼子胜久任命为上月城主。

在秀吉回师途中，播磨龙野城主赤松广英正式降服于织田家旗下。整个播磨国，就此全部为秀吉所征服。

天正五年（1577）十二月二十三日，羽柴秀吉由姬路返回近江，前往安土城参见织田信长。信长于座前赐给他宝刀“不动国行”与名茶器“乙御前釜”，

乙御前釜

以充征讨播磨、但马的战功之赏。

自室町幕府中期以降，茶道开始盛行，历代的足利将军及战国大名都以收藏名茶器来显示自己的权威，到了织田信长则尤为其甚。从被征服的敌国大名或是豪商手中取得名茶器，成为信长中年以后的一大嗜好，后人将这种爱好称为“名物狩”。而从信长手中受赐名茶器，羽柴秀吉是当时织田家重臣中的第一个。

从征讨播磨时起，羽柴秀吉也仿照织田信长的“赤母衣众”与“黑母衣众”，以一群青年勇士为核心，组成了羽柴军旗下的精锐部队“黄母衣众”。先后担任过黄母衣众的成员包括：青木一重、伊木远胜、石尾治一、伊东长实、井上道胜、井上赖次、小野木公乡、郡宗保、仙石秀久、津川亲行、户田胜隆、友松盛保、中岛氏种、中西守之、长原云泽轩、野野村吉安、长谷川重成、蜂须贺家政、服部一忠、速水守久、尾藤知宣、舞兵库（前野忠康）、神子田正治、箕浦勘右卫门、三好房一、毛利吉成、森可政、山内一丰、分部光嘉。其中不少人后来都成为独当一面的人物。

第 17 章

出云之鹿的消逝

天正六年（1578）元旦，羽柴秀吉在安土城朝贺织田信长，得到信长以茶会款待。

一同参加茶会的还有信长的嫡子织田中将信忠、武井夕庵、林秀贞、泷川一益、细川藤孝、明智光秀、荒木村重、长谷川与次、丹羽长秀、市桥长利、长谷川宗仁一共 12 人。

众人一起列席于信长御座右侧的茶室内。茶室虽然装饰简朴，但是东座摆有经茶道中兴之祖武野绍鸥传给今井宗久，再由宗久献给信长的“松岛壶”，西侧摆有将军足利义政、阿波国主三好义贤经手过的“三日月茶壶”、四方盆、“万岁大海”茶罐、“归花”水指（注水器）、珠光茶碗，围炉内煮水用的是“姥口釜”，花瓶为“货狄”，样样都是价值连城的宝物。

而参会之人非信长之至亲，即为名震一方的诸侯。茶会的茶头（御茶师，茶会主持者）乃是织田家在堺町的总代官松井友闲。

茶会，本来是极为简单、清静之事，织田信长却借会上茶碗的传递，把自己的荣耀与权威传进了在座每一个人的心里。

日本的茶会

同年年初，羽柴秀吉再度赶赴播磨。在东播磨加古川城内，秀吉召集播磨各地的大小豪族，共同商议征讨毛利之事，史称“加古川评定”。

会上秀吉以播磨方面总大将的身份，提出要对各豪族的兵力进行整合，却遭到东播磨别所一族的代表别所山城守吉亲的反对。在佐用家灭亡之后，别所家成为赤松四天王中实力最强者，领有明石、印南、美囊三郡，这一家与前足利将军、三好氏一直关系密切，在东播磨保有极大的独立性。要完全听由秀吉来调配自己的兵力，这种要求超过了别所家的底线。另外，别所家的姻亲、丹波的波多野氏此期间正遭到明智光秀的包围，别所吉亲想当然地认为织田家削弱自己的兵力，乃是要消灭自己。

加古川评定不欢而散之后，别所吉亲回到三木城，说服侄子兼别所家之主别所长治于二月二十三日起兵与织田家对抗。在别所家的煽动下，播磨中部及东部的 30 余座城池、45 家豪族陆续对织田家举起了反旗，其中主要的有：高砂城主尾原平三兵卫景行、志方城主櫛桥左京亮伊则（又名佑贞，黑田官兵卫的妻兄）、神吉城主神吉式部大辅赖贞、野口城主长井四郎左卫门长重、淡河城主淡河弹正忠定范、端谷城主衣笠丰前守范景、明石城主明石左近等等，众多势力都奉别所长治为盟主。而别所长治的另一个叔叔别所孙右卫门重栋由于和别所吉亲对立，选择站在秀吉一方。另外加古川城主糟谷武则与小寺政职依旧还是站在织田家阵营内。

由于东播磨众豪族的反叛，使得正处于播磨中部的秀吉与织田家本据地区隔离了开来。

更危急的是，在这一年的三月，毛利家为了消灭心腹之患尼子遗臣团而进行了全领内的总动员：毛利辉元亲率 35000 大军自吉田郡山城出阵，小早川隆景率 28000 人自备后三原城出阵走山阳道，吉川元春率领 23000 人自日野山城出发走山阴道，备前的宇喜多直家也以其弟宇喜多忠家为大将出兵 1 万人，此外毛利、村上、杂贺水军 8000 人乘兵船 700 艘向播磨滩行进，总兵力超过了 10 万人。

四月一日，毛利方的联合水军在播磨滩登陆，攻击了别所重栋镇守的阿閇城，秀吉派出黑田官兵卫将其击退。不久别所方的高砂城主尾原景行、明石城主明石左近在秀吉的攻击之下陆续降服。

四月上旬，秀吉在大村的阵地遭到别所军夜袭，随后他便移阵到易守难攻的书写山上督战。四月十三日，野口城的长井长重也在羽柴军的攻击之下投降。

另一方面，在四月十八日，毛利家的吉川元春、小早川隆景、宇喜多忠家三路大军 61000 人将尼子的上月城包围。毛利辉元亲自坐镇备中高松城督战。而上月城内的尼子胜久虽然一直持续收集遗臣，总兵力仍然只有 3000 人左右。得到报告之后，羽柴秀吉急忙向织田信长请求援军，自己抢先率领所部 17000 人西上救援上月城，再一次布阵于上月城外的高仓山上。

紧随秀吉之后，织田家在摄津的大将荒木村重也率 1 万人赶赴高仓山。四月二十九日，泷川一益、明智光秀、丹羽长秀 15000 人到达。不久北田信雄、神户信孝、细川藤孝的 15000 人赶到。在高仓山附近的织田军达到 57000 人。

另外在五月一日，织田信忠率领美浓、尾张、伊势之兵，以及佐久间信盛围困石山本愿寺的部分兵力共计 25000 人出阵，这支部队布阵于东播磨的明石城，负责进攻别所长治。

织田信长本人最初也预定在五月十三日前往播磨，却因为遭遇罕见的大雨冲毁道路，最终决定暂缓出阵。

别所长治像石像

然而在高仓山下，织田军的几位大将产生了分歧。荒木村重、明智光秀等都不同意直接与毛利家交战，因为毛利方总共出动了 10 万大军，吉川元春、小早川隆景乃是威震全日本的名将。虽然此战和长篠合战及手取川合战的背景极为相似，都是以前方的城池为诱饵，引诱敌方主力决战，但是秀吉在织田家内却没有织田信长和柴田胜家那样的威望，众将不肯在秀吉的指挥下，参与这样一场足以影响到织田家和自己命运的决战。当众人与秀吉的争议传到三木前线的织田信忠处时，织田信忠也一面派使者劝告秀吉不要轻举妄动，一面向织田信长进行了汇报。

进入六月，每天在山上看到尼子军拼死抵挡毛利军的进攻，同时也感受到尼子的声势与反击力度越来越弱，无法施以援手，羽柴秀吉忍不住单身策马返回京都，前去请求织田信长亲自出阵，而织田信长此刻对战局却有了新的认识，他直接下达了让秀吉放弃上月城与3000尼子军，安心地回去进攻三木城的命令。而秀吉却无法舍弃尼子家那位在世事沉浮中保持着忠义之心的勇士，回到高仓山之后，他以鹿之介的女婿亀井新十郎兹矩为使者，向上月城中送去了书状，劝山中鹿之介带着尼子胜久放弃上月城，与自己共同撤退。然而鹿之介却让亀井兹矩回去传话："守城已有数月，3000城兵到此只剩下700人，实在不忍舍弃这些剩下的战友独自苟活。"秀吉闻言不禁潸然泪下。

鹿角三日月兜——山中鹿之介的象征

进入六月下旬，高仓山的织田军诸部逐渐开始撤退，移往三木城，最后只剩下秀吉一军。六月二十五日，羽柴军也开始撤退，但在熊见川畔遭到毛利军的追击而全军崩溃，最后丢下濒死和重病之人四散逃回了书写山。熊见川之战可算是秀吉的第二场败战，当时毛利军中的医生兼诗人玉木吉保也参与了这一战，后来在他的作品《身自镜》中写道："立于夏山上的羽柴之阵，终被安艺之风吹散。"

在援军全部退走之后，上月城失去了继续抵抗的信心。以让守城的士兵活命为条件，尼子胜久与嫡子尼子丰若丸，同族的尼子通久、尼子氏久一起在七月三日自杀。开城门之后，山中鹿之介被毛利军活捉，吉川元春随后派人在押解往安艺的路上将他杀害，山中鹿之介享年34岁。出云之鹿和他的尼子复兴之梦也就此烟消云散。

山中鹿之介的长子名为山中新六幸元，早年被过继给山中氏的同族、别所长治的重臣黑田城主黑田幸隆为养子。由于黑田幸隆追随别所长治谋反，黑田城不久之后即被羽柴秀吉攻落，幸元后来投靠了亲叔父山中信直，把家搬到了摄津伊丹附近的鸿池村。在这里，山中幸元下定决心放弃武士之路而投身商业，并改名为鸿池新右卫门直文，通常他也被称为“鸿池新六”。

鸿池村自古以来一直是日本有名的浊酒产地，而鸿池新六苦心钻研酿酒技术，对日本中古以来的“僧坊酒”进行创新，发明了“鸿池流”清酒。后来他通过卖酒积累起巨大的财富，并向海运和金融业扩张，成为大坂地区数一数二的豪商。鸿池新六，就是近代日本与三井、三菱并称的鸿池财阀之祖。

让当事人没有想到的是，尼子家的复兴，在多年之后，以另外一种方式间接实现。山中鹿之介的女婿龟井新十郎兹矩，成为鹿之介武士事业的继承者。这位尼子复兴党的余响，后来作为秀吉的亲信得到了重用，在丰臣政权下，成为领有因幡鹿野城13000石的小诸侯。

第18章 三木之围

自上月城撤退之后，羽柴秀吉加入了对三木城的包围。由于织田军的主力全部集结于三木城下，加上围攻上月城耗时达70日之久，使得毛利家也无心力继续向东进攻。

三木城前临美囊川，背靠帝释山脉，极为易守难攻，织田方采取的是先攻其支城的战略。

天正六年（1578）七月十五日，神吉城主神吉元赖之叔父神吉藤太夫答应充当织田方内应，泷川一益与丹羽长秀两军乘夜攻入城内，将神吉元赖杀死后，把城池点燃，守城兵大半被烧死，神吉城宣告陷落。同年八月，被围一个月的志方城疫病横生，城主栉桥左京亮伊则以自己自杀换取城兵性命为条件，开城投降。此后三木周边的支城逐一被攻落。

到了八月中旬，织田信忠将围攻三木城的任务交给羽柴秀吉，自己与其余诸将各自引兵回国。羽柴秀吉采纳竹中半兵卫的建议，在三木城周边建起众多城砦，自己移阵到距三木城两公里处的平井山，围而不攻，只是断绝通往三木的粮道，以饥饿强迫别所长治屈服。

同年十月十七日，摄津的国主荒木摄津守村重向织田信长举起了叛旗。

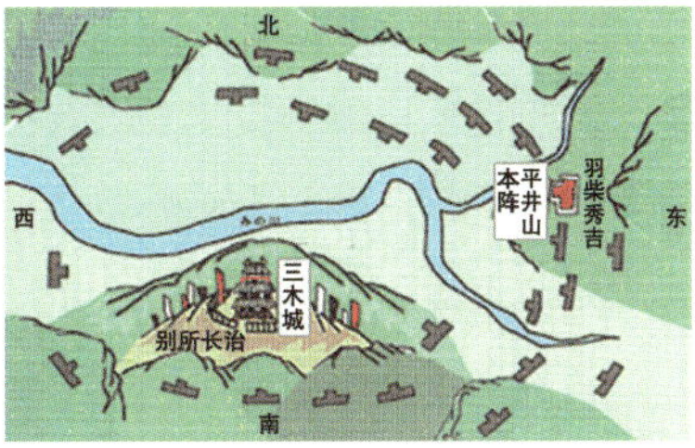

三木之围形势图

荒木村重本是摄津三守护之一池田胜正的家臣，却先勾结三好三人众放逐主公池田胜正，改立其弟池田知正，后又背着池田知正投向织田信长。当时信长正忙于应付第一次包围网而无暇顾及摄津，便认可村重为摄津一国之主。接下来数年之间，荒木村重先后灭掉池田、伊丹等旧族，将摄津十三郡变成了自己的独立王国。在村重的纵容之下，其属下多有不法之举，甚至出现重臣中川濑兵卫清秀瞒着信长，偷偷将兵粮卖给石山本愿寺的一向宗的恶劣事件。

援救上月城期间，荒木村重出于对毛利家军力的忌惮，为了保存自己的实力而率先主张撤退。身在最前线的敌将小早川隆景极为敏锐地察觉到了这一点。故而小早川隆景迅速展开谋略，一面通过足利义昭与石山本愿寺策反荒木村重，一面在织田家领内散布村重要谋反的流言。

若是前往安土城亲自辩解，流言或许可以化解，但是荒木村重本来就有独霸一方之念，更害怕信长借着他辩解之机而剥夺了自己对摄津的控制权。彷徨犹豫之下，村重错过了辩解的最好时机。后来织田信长派出明智光秀与松井友闲前往有冈城正式问询。到了这个时候，荒木村重索性根本不予解释，这样谋反之意就更加显露无遗了。

秀吉军中的黑田官兵卫，与荒木村重本是故交。在这个时候，官兵卫自告奋勇，向秀吉请求前往有冈城中劝说荒木家。然而入城之后，荒木村重不仅不听官兵卫劝说，还把他投入了土牢之中。这是黑田官兵卫在其雄辩史上最失败的一回。而且因为对自己与村重的友谊太过自信，这一次入城，官兵卫并没有带任何随从，所以他被囚禁的消息城外无人知晓。

更火上浇油的是，黑田家名义上的主公小寺政职，在同一时期也呼应荒木村重，以御着城起兵，对织田家举起叛旗。由此导致的直接后果是，织田信长认为官兵卫入城投靠了荒木村重，进而向秀吉下令：把官兵卫留作人质的嫡子松寿丸处死。在秀吉进退两难之际，竹中半兵卫独力把事情拦下，将松寿丸秘密送到自己的故乡美浓菩提山城隐藏起来。

由于荒木村重的摄津既靠着海边，又与别所长治的东播磨相邻，所以自他起兵之后，别所的三木城就有了一条粮道：毛利家的水军将兵粮运到摄津的港口，经荒木家的花隈城、翻越丹生山送到三木城。

自第一次木津口海战之后，为了打破毛利家的制海权，织田信长秘密命令旗下的水军头领九鬼嘉隆用两年时间在伊势打造了一支超级舰队。织田家的这只舰队以六艘“铁甲船”作为主力，船身乃是当时日本最大型号的“安宅船”，同时通体装有厚厚的铁板，并在船上装有三门大炮和为数众多的大铁炮。

天正六年（1578）十月六日，织田家的铁甲船队与毛利、村上联合海军600艘战船在木津口外遭遇，是为第二次木津口海战。历时一天的海战下来，毛利家的水军几乎全军覆灭。然而木津口海战的结果，只是使得毛利家对石山本愿寺的补给中断，由于摄津的海岸线极长，铁甲船队无法阻止毛利水军对有冈城与三木城的补给。

天正七年（1579）二月六日，为了确保花隈—丹生山—三木这一补给路线，别所家以别所吉亲与别所长治之弟别所治定为大将，出兵3000余人突袭秀吉的本阵平井山。

当时平井山周边的羽柴军分作数阵：最前方的是蜂须贺正胜、加藤光泰、中村一氏、堀尾吉晴1500人；第二阵是一柳直末、平野长泰、大谷吉继1000人；第三阵是秀吉的旗本，主要有羽柴秀长、福岛正则、加藤清正、片桐且元、增田长盛等1000人。另外神子田正治、青木一重、木下弥助等2000余人位于三阵的左侧。

最开始双方以铁炮互射之后，别所吉亲带领别所军前部2500人从正面向平井山发起进攻。借着前军吸引羽柴军第一阵、第二阵的注意力，绕到东面山头的别所治定部1000人向秀吉的本阵突下，几乎把整个阵地给冲翻。羽柴秀长也在混乱之中被三木方勇将大野大八郎一枪扫下马去，幸有加藤、福岛、片桐等武士拼死力战才稳住阵脚。在激战的空隙中，秀吉配置前方的铁炮手200余人慢慢退到第三阵附近，随着铁炮火舌的飞舞，三木城的勇士们成片倒下，大将别所治定末了为秀吉的郎党桶口太郎所斩杀。另一方面，别所吉亲的前军极为悍勇地突破了秀吉的第一阵、第二阵，但随着羽柴方侧翼神子田正治、木下弥助的 2000 人横扫过来，将别所军切为数段，别所吉亲最终不得不撤退。

别所治定突袭秀吉本阵

到了五月，羽柴军发现丹生山的明要寺是花隈城向三木城运粮的中转粮仓，通常毛利军或荒木军把粮食运到寺内，再由寺里的僧兵与周边一向宗信徒经由山下的淡河城送入三木城内。

五月二十二日，在激烈的暴风雨中，羽柴秀长以 60 余人潜入明要寺内，趁夜将粮草点燃。在寺中上下骚动救火的时候，羽柴秀长指挥着 300 人从正面攻入寺内。最后守将三宅兴平治与高桥平左卫门逃出寺外，剩余的僧兵与老弱妇孺尽皆被秀长下令杀死。

五月二十七日，羽柴秀长率领 500 骑攻击粮道后方的敌方支点淡河城。当时城将淡河弹正定范派出 100 老弱残兵在门口整修被大雨冲毁的道路，又埋伏 500 精兵于路旁。秀长的前锋部队看到眼前尽是老弱病残，便以为有机可乘，贸然向城门发动了突击。然而当他们冲到城下时，淡河定范却从城门口赶出五六十匹母马。秀长所部的公马见状不顾马上武士的驾驭，各自狂乱暴走追赶母马，这时淡河定范的伏兵尽数杀出，一举将羽柴秀长打散。

尽管在淡河城下失利，但随后秀吉在丹生山中设立了关所，同样也达到了截断花隈方向粮道的效果。

同年四月，秀吉的军师竹中半兵卫重治在平井山的阵中病倒。由于身体虚弱，加之操劳过度，竹中半兵卫早早就患上了肺病（肺炎或肺结核）。当秀吉劝他去京都疗养时，半兵卫却自知自己已经油尽灯枯，向秀吉表明了希望死在战场上的心愿。半兵卫最终于六月十三日去世，享年 36 岁。

尽管竹中半兵卫的正式身份只是织田信长派去辅佐兼监视秀吉的军监，但是实际上他已经把秀吉当作自己的主公来看待了。

据说黑田官兵卫一直将秀吉承诺与自己约为兄弟的誓书小心翼翼地用油纸

包起来，随时带在身边。私底下，有一次因为不满秀吉对自己的赏赐过少，黑田官兵卫拿出誓书向竹中半兵卫抱怨秀吉不守誓言。而竹中半兵卫却一把夺过誓书丢入火炉中，同时告诫官兵卫道："今时不同往日，秀吉殿下的身份已经变了，那么阁下的态度也应该发生改变。"后来黑田官兵卫的一生都以此为诫，对秀吉谨持臣下之礼。

在竹中半兵卫临死之前，他还向秀吉献上了一条最后的遗策：让秀吉收养信长的第四子於次丸为养子，改名为羽柴秀胜。

竹中半兵卫的遗铠——鱼鳞札二枚胴

尽管秀吉与祢祢成亲十余年，不过两人之间却一直没有子嗣。后来秀吉又纳了数名侧室，天正二年（1574）秀吉曾与一个名为"南殿"的侧室生下过一个长子石松丸，得子之后秀吉喜不自禁地向长滨城下町民散发沙金，甚至提前为孩子取好元服后的名字"秀胜"。但石松丸在两三岁的时候就夭折了。以后的几年里，秀吉一直没有再得到亲生子嗣。竹中半兵卫建议他收养主公信长的儿子，就意味着无论秀吉有多么成功，今后羽柴家的家业仍将由信长的血脉继承。这种行动，可以让秀吉向信长表明自己独一无二的忠心。

第 19 章

别所灭亡

别所长治的三木城，距离织田家的统治中心安土—京都较远。同时，别所家也是在东播磨立族上百年的名门，得到了众多小豪族的誓死支持。三木城的包围，一直处在僵持状态。

荒木村重在摄津的根基则浅得多，加上离织田家的统治中心较近，又接临石山本愿寺，成为织田信长亲自进攻的首要对象。

在信长大军的震慑之下，荒木的左膀右臂茨木城主中川清秀与高规城主高山右近重友未经激战就抢先向织田家降服，荒木领地迅速缩小到仅剩摄津西部靠海的一角。

到了天正七年（1579）九月二日，荒木村重与家臣五六人从有冈城逃出，后经尼崎、花隈逃往毛利家。不过失去了城主的有冈城尚未陷落。

同年八月，明智光秀消灭赤井氏与别所长治的妻家波多野氏，平定了丹波。随着东面几个盟友的没落，三木城的粮草更加紧张。

收到三木粮草告急的消息后，毛利家出动 300 艘兵船与 8000 名士兵，试图从三木城西面的鱼住海岸开拓新的运粮通道。毛利军同时与三木城约好，以三木西北部的平田砦为会师点。

平田砦的守将乃是秀吉部下的谷大膳。九月九日，毛利家的运粮兵 800 人自鱼住滨登陆，进入方室山后点起狼烟。三木城内看到狼烟后，以别所吉亲为先锋，率领 3000 人直奔平田砦。尽管谷大膳是有名的大力士，但在猝不及防之下还是被冲乱了阵脚，不久就在从四面八方涌入的敌兵中力战身亡。

此后秀吉亲率本阵之兵赶到，将别所吉亲部困在了平田砦外的大村附近，两军又陷入了混战。眼看无法脱身，而毛利方的运粮队正赶往三木，秀吉便鼓起他的大嗓门喊道："不要在此地恋战，快去消灭毛利之势！"如此喊了四五遍，尽管身在乱军之中，秀吉的叫声仍然响彻原野。正向战场赶来的中村一氏、宫部继润、浅野长政等军，听到秀吉的喊声，立刻掉头向毛利军扑去，毛利军甫一与他们接触就被冲得七零八落，只好丢掉粮草逃往海边。宫部等将获胜之后又回头攻击别所军。别所吉亲在损失了众多有名武士与 600 余名士兵之后不得不退回城中。三木城内的淡河定范在秀吉与别所吉亲激战时，曾一度带领 300 名死士向羽柴军在平井山的阵地发起进攻，然而随着秀吉的回师，淡河定范与旗下 300 人被包围，最终战死。

十月，备前的宇喜多直家向秀吉派来使者，请求从属于织田家。

宇喜多直家，又作浮田直家，乃是原备前国主浦上宗景的家臣。此人与毛利元就、尼子经久合称西国地区的三大智将。

宇喜多直家早年通过一系列的暗杀与偷袭事件，吞并了浦上旗下许多小豪族之领地，而且直家所暗杀的武将如松田元贤、金光宗高等武将，皆是娶了直家女儿或养女的女婿。永禄九年（1566），直家又派刺客暗杀备中国主三村家亲，取得三村家占领的西备前之地，成为浦上旗下最大的势力。

天正元年（1573）十二月，浦上宗景被织田信长确认为备前、美作两国之主，并受颁了盖有"天下布武"的领地确认朱印状。谁料第二年宇喜多直家正式谋反，勾结毛利军对浦上作战，于天正三年（1575）九月将浦上宗景赶出了居城天神山城，取而代之成为备前、美作之主。而毛利家也借着援助宇喜多之机，消灭了备中的三村元亲，将备中纳为己有。

这样一个以下克上的枭雄人物，天正五年（1577）为援救赤松政范而与秀吉作战，天正六年（1578）参与消灭上月城的尼子复兴党，天正七年（1579）五月还刚刚出兵东美作，消灭了投靠织田家的三星城主后藤胜基（此人也是直家的女婿）。转眼在五个月之后，宇喜多直家又摒弃了有着多年同盟之谊的毛利家，前来向织田家示好。对于直家此番极为反常之举，秀吉不得不怀疑他的诚意。

宇喜多直家像

宇喜多直家派到秀吉处的使者，是备前冈山城城下御用商人鱼屋弥九郎的养子小西弥九郎行长。行长是堺町的药商小西隆佐之次子，后来过继给了冈山的鱼屋，在鱼屋弥九郎退休之后，继承了鱼屋的家业。由于行长长得仪表堂堂且智略出众，颇得宇喜多直家的赏识，除了继续做商人之外，也被直家视作家臣同等对待。

不过秀吉得悉了小西行长的身份之后，愈发疑心，直接质问道：“宇喜多乞降之事虽令人惊喜，然则直家数度与信长公敌对，先前甚至与毛利一起攻杀上月城的尼子主从，现在看到别所家即将灭亡才赶来乞降，实在是让人怀疑他的诚意。”

小西行长闻言大笑道：“常听人说织田家内的羽柴筑前守武略智谋不输于古之名将源义经、楠木正成，今日一见，让人大失所望。直家公乃备前、美作两州之主，不仅兵多粮足，武名又威震四方，若织田家真要举兵相向，胜负还殊未可知。当今形势是织田家虽有胜势而毛利也未露败象，在西国诸家尚存犹豫之际，直家公若非诚心归附，怎会甘冒与毛利为敌之险，派鄙人前来呢？”行长一番话如行云流水，合情合理，神色也从容自如，让秀吉不得不另眼相看。

秀吉接下来更加直接地提出了自己的疑问：“宇喜多为备前美作之主，为何不派出心腹重臣长船、冈、户川三老，却以你这町人为使者？以你为使，足显出直家用心不诚，怕是要引我大军前去加以偷袭吧！”

小西行长就此神色一变，匍匐到秀吉的席前，说道：“鄙人虽是宇喜多之家臣，然而先前本是和泉国堺之町人小西隆佐之子。永禄十二年（1569）堺町受信长公包围之时，大人您以木下藤吉郎之名带兵进入町内，当时有一个为您

小西行长画像

奉茶的 11 岁小童，便是区区在下，至今已有 10 年矣。虽然现在以宇喜多家臣之身参见阁下，若您有用得着在下之处，必定赴汤蹈火在所不辞！”

秀吉到此也大感意外，同时对小西行长的才识与器量极为欣赏，当下更是确信了宇喜多直家的降服诚意，并对行长好言相慰，让他回去转告宇喜多直家，自己会代宇喜多向信长申请保全其领地的朱印状。然而宇喜多直家若有诚心，还应迅速向织田家献上人质。

不久，秀吉向织田信长成功申请到了保全宇喜多家领地的《朱印状》，而小西行长则在宇喜多直家面前不断吹嘘秀吉的宽仁大度、武略无双，乃是当世无双的人物。此后不久，宇喜多旗下的大小家臣豪族全部都向秀吉献上了人质，宇喜多直家本人还把自己的独子八郎交给了秀吉，从此坚定地成为织田家阵营之一员。而秀吉则对宇喜多直家表示，将把八郎当作自己的儿子来看待。

十一月十九日，荒木家的有冈城向织田军开城，随后荒木的同族及重臣 600 多人被织田信长下令虐杀。

在落城的大火之中，囚在土牢里的黑田官兵卫也被自己的家臣粟山四郎右卫门利安救出。黑田官兵卫被囚之后，粟山利安便出走成为浪人，转而为荒木家作战，并时常潜到土牢边，鼓励官兵卫不要放弃。当他将官兵卫救出时，经过一年多的囚徒生活，官兵卫已经落下了种种终身残疾：头上长满了癞疮，后来一直无法痊愈，常戴一顶帽子以做掩盖；一只脚也被打断，再不能骑马，只能以乘舆代步。

就算是势临天下的织田信长，发现自己错怪了官兵卫之后，也有些无地自容。幸有羽柴秀吉夫妇将藏匿在菩提山城的松寿丸送来，信长才知尚未酿成不可挽回的错误，当下做出了几点补偿：

· 让黑田官兵卫一族舍弃小寺之姓，全部恢复黑田本姓。

· 赏给官兵卫播磨山崎 1 万石的领地。

·信长亲自为松寿丸元服，将自己的“长”字下赐，此后松寿丸得名“黑田长政”。

·另外信长又赏给藏匿松寿丸有功的羽柴秀吉夫妇黄金 20 枚。

由于宇喜多直家的谋反以及有冈城的陷落，使得三木城与毛利家的运粮路线被完全隔断。秀吉另外还在三木周围的八幡山、平田、长屋、驹冢等地立下鹿角，沿着河流布下监视用的井楼，井楼之间张有大网，周围挖下陷阱，每日派兵巡逻，阻止三木城内的军民出城打水。

到了天正八年(1580)正月，三木城内不仅粮食全被吃光，所有的猫狗、战马、老鼠、树皮、草根也被吃尽，尽管如此，仍有数千人饿死，整个城池成了一座人间地狱。

正月十五日，别所长治终于下定决心，以自己的性命换取城兵、领民的存活，并通过浅野长政向秀吉转达了自己的意愿。经过长期的对阵，秀吉早已被长治的坚忍与义气所感动，故而答应了他的请求。

正月十七日，别所长治将同族、重臣以及就近的城兵全部召集到殿前，把珍藏的金银财宝、大刀铠甲一一分与众人，又摆出秀吉派人送来的酒肴，与大家共同分食畅饮。食毕，别所家一族各自步入后堂。

别所吉亲的妻子是河内半国之主田山昭高的女儿，甚为心高气傲，不待丈夫出刀，就自己抢先杀死了两个儿子与一个女儿，跟着以刀自刺身亡。别所长治先杀死了自己的妻子，又把年仅 3 岁的儿子刺死，放到妻子的身边。别所长治之弟别所友之的妻子刚满 17 岁，还怀上了身孕，见状也流着泪水自刺。

轮到别所吉亲时，他却突然转念，并劝说别所长治道：“我们自杀后，首级难免会被信长挂到京都的狱门示众，与其这样受辱，不如让部下把尸身一把火烧为灰烬。”别所长治闻言大怒：“如此一来，与我们一同作战的士兵们难免将被织田军杀尽，已经死到临头还要拉着他们殉葬又有何益？况且羽柴筑前守感于我辈信义才送入酒肴，刚吃完就要做这种背信弃义之事，实有损别所家末代的威名！”看到别所吉亲仍犹豫着不肯自杀，别所长治立刻指使身边的别所友之、三宅治忠以及数名亲卫武士一起扑了上去，将吉亲压住，合力斩杀取下了首级。随后，别所长治、别所友之、三宅治忠三人从容地切腹自杀。

别所长治的辞世诗碑：
“今时之事，恨亦无用，
若为诸人之命，何惜吾身。”

当时别所长治行年 22 岁，别所友之行年 20 岁。秀吉接收了他们的首级之后，下令撤开包围，放城中的上万饥民各自逃生。

从天正六年（1578）三月到天正八年（1580）正月，三木城围城战跨越了三个年头，历时一年零十个月，堪称日本战国围城战中的奇观。然而通过这场前所未有的攻城战，羽柴秀吉的攻城技术更加成熟，到了后期，他的种种布置仿佛不是在攻城，而是在练兵。另一方面，对着有数万敌军的城池围而不攻，中间挫败对方的百般突围，直至敌城因为饥饿而自动陷落，这给周边敌人造成的震慑效果远大于直接在短时间内将城池攻落。因而三木合战之后，羽柴秀吉对西国的征服步伐开始变得飞快起来。

第 20 章

征服播磨

攻取三木城之后，羽柴秀吉紧接着展开对播磨其余反抗者的讨伐。

天正八年（1580）二月，御着城的小寺政职弃城逃亡毛利家。不久，羽柴秀吉进攻了三木通秋的英贺城。英贺城位于播磨梦前川的出海口，凡是河川出海口有三角洲的地方，就是一向宗本愿寺最爱的立庙所在。在英贺附近也有一座聚集着大量一向宗僧兵的“英贺御坊”本德寺。此外英贺还经常成为毛利水军进攻播磨的登陆点。但随着摄津有冈城与东播磨三木城的陷落，英贺城已经成为毛利家在前方无足轻重的据点。

在此同时，秀吉向播磨中北部的长水山城派出使者，要求宇野氏出兵参与进攻英贺。此前宇野氏一直在毛利与织田之间首鼠两端。天正二年（1574）时，宇野家的家主宇野下总守政赖曾一度表现出亲毛利的迹象，并为此杀害了主张投向织田家的嫡子宇野满景，改立次子宇野民部大辅佑清为继承人。秀吉此时要求宇野氏出兵英贺，也是试探三木城的陷落是否对这个家族起到了震慑效果。这一年宇野政赖已经把家督之位传给了儿子宇野佑清，收到秀吉邀请后的三月二十七日，政赖自己作为使者亲自前往姬路城参见秀吉。

然而秀吉仿佛是在故意挑战宇野政赖的底线。当政赖进入姬路之时，秀吉正在与黑田官兵卫下围棋，从白天对局到晚上，一直没有收场的意思。遭受这样前所未有的羞辱之后，宇野政赖不告而别返回了长水山城。秀吉本来已经打定了消灭宇野家的决心，这一次便有了出兵的借口。

四月一日，羽柴秀吉以荒木平大夫 1000 人为先锋，黑田官兵卫 3000 人为中阵，神子田正治 1000 人为后阵，秀吉与蜂须贺正胜率领本队夹在其中，北上攻入宇野氏领地。在攻取宇野家支城林田松山城、常屋城、相山城、杉濑城、都多城、篠丸城之后，将长水山城完全包围。接下来，秀吉留下蜂须贺正胜继续主持围城，自己则返回姬路主持对英贺的攻略。

四月中，英贺城陷落，城主三木通秋与其子三木安明逃亡九州。由于从年初起，石山本愿寺开始与织田信长谈和，到这一年闰三月十七日双方签下和议：本愿寺方同意放弃石山城，从此不再与织田家抗战。随着长达 11 年的石山战争走入终结，本愿寺在英贺的分院本德寺得到了秀吉的特意保全。

进入五月，宇野家的长水山城内陆陆续续出现了背叛者。当时随蜂须贺正胜一起围城的赤松则房部下有一个安积将监，乃是被宇野政赖所杀的宇野满景之遗臣。经此人潜入城中策动，长水城内的田路五郎左卫门等满景派武士 20 余人一致答应向织田方倒戈。

五月九日，蜂须贺正胜对长水山城发起了总攻。五月十日，城中的内应开始在城内四处放火。

眼看落城已是必然之势，当天晚上宇野政赖父子悄然弃城，前往长水山山顶立阵。接下来的一个月中，宇野氏继续据山与蜂须贺正胜作战。在既无援军又无补给的环境下，宇野军的士气逐渐低落，到了六月五日不得不乘夜离开长水山，逃往政赖第三子新免伊贺守宗贯所在的美作竹山城。而羽柴军的蜂须贺正胜、神子田正治仍然对他们紧追不舍。最终宇野一族在播磨鹰巢山附近的千草被追上，经过一场死斗之后，尽数战死。

将整个播磨收入手中之后，羽柴秀吉一度准备以难攻不落的三木城作为自己统治播磨的据点。黑田官兵卫对此进言："姬路乃是畿内之大门，统治播磨的最佳之所。”秀吉对此也表赞同，遂将弟弟羽柴秀长任命为三木城主，自己以姬路作为居城，又让黑田官兵卫与浅野长政两人作为筑城奉行，对姬路城进行大肆改造。

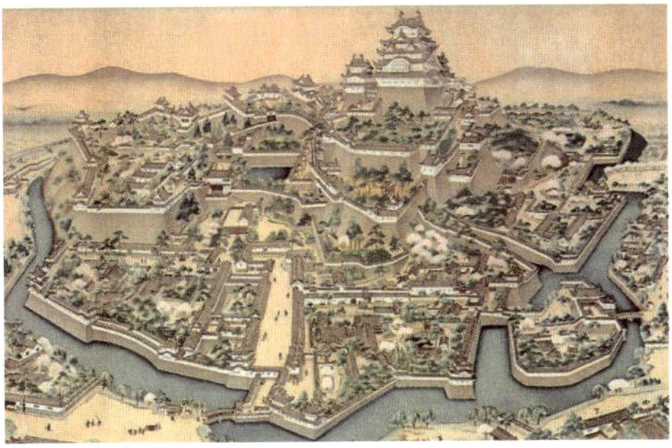
姬路鸟瞰图

整个工程到第二年三月才完工，建成的姬路城不仅以坚固的石垣将整个城池包围，同时又拥有新式的天守阁，其间，秀吉还把英贺的城下町民移到姬路，并将英贺本德寺搬迁到了姬路附近的龟山，将从姬路北面穿过的山阳道大路改修为从城南的城下町经过，同时在町内实行了“乐市乐座”政策，将姬路变成了山阳道的大都会。

这一年闰三月，池田恒兴攻落荒木一族在摄津最后的据点花隈城，随后受封荒木家的旧领地，成为摄津半国之主。而柴田胜家也在北陆势如破竹，先是平定了加贺，继而攻入能登，降伏了上杉家在能登的主将温井景隆。

八月二日，本愿寺的僧众正式从石山城退出，而后不知是谁放出一把火，将城池及山上的僧堂烧了个干干净净。

仅过了十天，织田信长颁下一个《折槛状》，将进攻石山的总大将佐久间信盛、佐久间信荣父子从织田家臣团中清理了出去。信长责罚佐久间主要是因为：和平定播磨的羽柴秀吉、平定丹波的明智光秀、征服北陆的柴田胜家乃至攻取花隈城的池田恒兴相比，佐久间信盛父子显得太过无能，以 10 万大军在石山下逡巡了数年却无法前进一步。同样因为无能而被流放的，还有信长的另一个宿老林秀贞。

佐久间信盛与林秀贞，都是桶狭间合战之前便成为织田家的重臣，与他们资历相当的，只有柴田胜家一人。随着手中权势的增长，织田信长开始不顾家臣们的感情，仅凭能力高低与个人的好恶来践踏重臣们的命运。

所谓的践踏，是地位极高者对地位极低者的行为。早年信长作为君主，曾无数次地践踏过身为仆役的秀吉，随着信长的自我膨胀，他所践踏的对象，就由仆役上升到了织田家最高层的宿老重臣。信长的一喜一怒在重臣身上所产生的反应，足以改变无数人的命运。而羽柴秀吉由于早年的仆役经历，肯定对此已经产生了免疫力，知道如何通过努力来避免遭到信长的责罚。另外，由于收养秀胜为养子，羽柴秀吉与信长已经结成了最彻底的命运共同体，以前的作践，到了后来仅成为两人之间的玩笑而已。

第 21 章

鸟取断粮

播磨的北面是山名家的但马与因幡，山名氏乃是室町幕府“四职”之一的名门，最盛时曾领有全日本 66 国中的 11 国，号称“六分之一殿”。然而到了 16 世纪中期，仅剩下但马与因幡两国而已。

山名氏又分为但马山名与因幡山名两家，但马的山名佑丰乃是山名家嫡流，而因幡的国主山名丰国则是佑丰之弟山名丰定的儿子。由于领内豪族的反叛与东方织田家、西方毛利家的侵攻，使得两家山名都摇摇欲坠。

在织田信长上京成功后的永禄十二年（1569），为夺取但马生野银山，羽柴秀吉（当时还叫木下秀吉）曾率领 2 万人由京都北上，一度占领整个但马。山名佑丰丢失居城此隅山城后一度逃亡堺町，经过豪商今井宗久作为中介，向织田信长献上大量黄金，才在元龟元年（1570）被允许回复了领地。此后山名佑丰一度与山中鹿之介联合对毛利辉元作战。然而在天正三年（1575），山名佑丰又再度倒向毛利家。天正五年（1577）十一月，羽柴秀吉出征播磨之际，曾先行北上攻取山名佑丰的岩州城、竹田城、八木城，对山名家小示惩戒。

天正八年（1580）五月，羽柴秀长与宫部继润兵分两路攻入但马。山名方的宵田城主垣屋光成、轰城主垣屋丰续、八木城主八木丰信、三方城主三方正秀等重臣先后向羽柴军降服。

五月二十一日，山名佑丰在被包围的居城有子山城内病死，其子山名尧熙随后开城投降，秀吉将他列为自己的马廻众（侍卫）。

所取得的但马七郡之地，羽柴秀吉将其中六郡赐给羽柴秀长，剩下的丰冈郡2万石赏给了宫部继润。从这一时期起，秀吉旗下以羽柴秀长为山阴方面大将，宫部继润为秀长副将的格局初步形成。

因幡的山名丰国，在天正元年（1573）时曾与以山中鹿之介为首的尼子遗臣团联合，打败叛臣武田高信夺回了居城鸟取城。同年吉川元春攻来，山名丰国降于毛利之下。天正二年（1574）尼子遗臣团进攻鸟取，山名丰国再度降于织田家之下。天正三年（1575），但马的山名佑丰与毛利家议和，截断了尼子遗臣团的补给，在毛利的侵攻之下，山中鹿之介等从因幡退走，山名丰国再度向毛利降服。这一次自山名丰国以下，众多因幡山名家的重臣都向毛利家献上了人质。

天正八年（1580）五月二十六日，在向西播磨追击宇野一族期间，羽柴秀吉顺便率领1万人突袭了因幡与伯耆交界处的鹿野城。鹿野城是毛利家的前哨据点，因幡大小豪族向毛利献出的人质全部被安置在城内。城池被围之后，城将进藤丰后守向秀吉提出，可以让出城池和人质，只求保住守城军的性命。得到秀吉的许可，进藤便带领1000名城兵退出了城池。

山名丰国画像

秀吉从鹿野城获得的20多名人质中，除了因幡山名家重臣森下道与、中村春续等人的妻女之外，还有鸟取城主山名丰国的女儿阿茜。

消灭宇野政赖之后的六月六日，羽柴秀吉又转头向因幡的腹地进攻。由于因幡西邻伯耆国的羽衣石城主南条元续及其兄弟小鸭元清于前一年九月破弃了与毛利的同盟，转而倒向织田家，从而隔断了毛利军东进救援因幡的通路，吉川元春一度出兵东进，却被南条兄弟挡在了羽衣石城下。因而羽柴秀吉得以轻松攻落因幡若樱鬼城、用濑城等支城，并在六月中将鸟取城包围，同时他又以龟井兹矩为鹿野城主，负责对伯耆的南条兄弟进行接应。

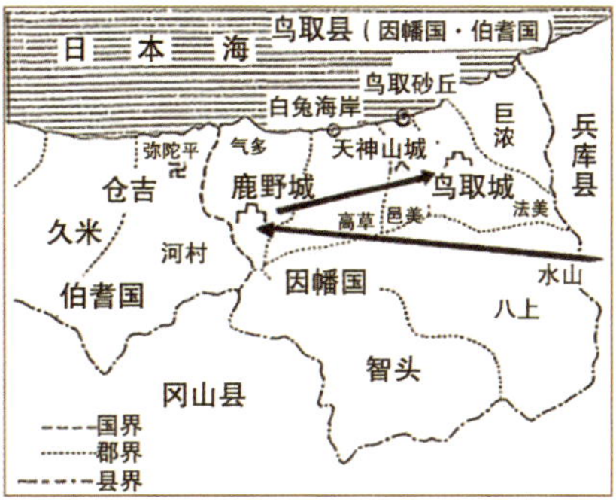

秀吉的因幡侵攻路线

鸟取城乃是战国时代中期的因幡守护山名诚通利用久松山的自然地形所筑造的大型山城。对于这样地势险峻的大城，羽柴秀吉一开始就没准备正面攻城。这一次，手上的 20 多名人质是他的撒手锏。

围城之时，秀吉以人质的性命做要挟，威逼山名丰国开城投降，并声言丰国若不开城，就每天杀一名人质。

对于这种恐吓，山名丰国起初并未信以为真。但秀吉真的说到做到，在鸟取城前立下十字形的木架，每天将一名人质绑上去刺死。从最底层的家臣之人质刺起，慢慢向山名的同族延伸，等到 20 多名人质被杀得差不多了，最后山名丰国的女儿被绑到十字架上。就在这一刻，山名丰国终于答应无条件投降。

事后秀吉以山名丰国投降得过晚为由，收取了因幡七郡中的五郡，仅给丰国留下了两郡，并让他出钱承担了自己围城一个月所耗费的全部费用。此外，秀吉还把丰国的女儿阿茜收为侧室，这位女子在羽柴家中被称为“南之局”。

山名丰国为了保住自己的女儿而献出城池，但是此前所有重臣的人质已经全部被刺死。这种极度悲催的结果，使得丰国旗下的森下通与、中村春续等重臣既对秀吉怀恨在心，又憎恶山名丰国的自私。

等到秀吉的大军从鸟取城西进伯耆助阵南条兄弟，豪族们便联合起来将山名丰国废黜，拥立他的儿子山名七郎为城主，同时又招来毛利家的部将牛尾大藏重春作为城将守城。

没过多久，牛尾重春在进攻秀吉方的桐山城时负了重伤，不治身亡。森下通与与中村春续又向毛利家请求继续派出大将守城。这一次，吉川元春派出的是吉川一族的文武双全之将——吉川式部少辅经家。

吉川经家，乃是石见温泉津福光不言城主吉川经安之子，早年曾在镇压尼子遗城党的出云、石见平定战中立下过战功。作为吉川同族的重要庶家，经家还收养了吉川元春的次子吉川广家为养子。

当经家得知自己被任命为鸟取城将之后，便抱定了必死之心，甚至准备好了战死后装自己首级用的首桶。

天正九年（1581）二月二十六日，吉川经家抱着首桶从温泉津出发，中途进入出云的月山富田城，与主公吉川元春饮下诀别之酒，而后乘船走海路在因幡的贺路凑上岸，于三月十八日被山名家臣迎入鸟取城内。

另一方面，由于阿茜成为羽柴秀吉的侧室，山名丰国已经无可挽回地被绑到了秀吉的战船上。尽管遭到家臣们的废黜，山名丰国仍然在鸟取城内孜孜不倦地为秀吉传递着情报。

四月十三日，毛利方的市场城主毛利丰元发现了山名丰国向姬路传递的密信并将使者斩杀，山名丰国闻讯逃往秀吉处。

吉川经家进入鸟取城之后，城内有山名氏之兵 1000 人，毛利之兵 800 人，还有来自周边地区、自愿参加守城的农民兵 2000 人。在吉川经家打造防线、配置兵力的同时，他赫然发现，鸟取城内储备的兵粮，只剩下 3 个月的份额。

造成这种情况的原因，是羽柴秀吉采纳了黑田官兵卫的计策，一方面自己派人在因幡各地收购兵粮，另一方面又联络若狭的豪商组屋源四郎派人潜入因幡，抬高鸟取城内的粮价。而在山名丰国主政的末期，鸟取城奉行宽松的储备政策，受到高价诱惑的城兵不断地将兵粮偷出转卖，使得城内的储备迅速减少。

天正九年（1581）六月，羽柴秀吉率领 2 万大军北上，与但马竹田城的羽柴秀长部 5000 人分两路攻入因幡。

七月五日，羽柴秀长与前野长康、宫部继润 5000 人在丹后水军的护送下由吹上滨登陆，同时封锁了鸟取城附近的海岸。

七月十一日，羽柴秀吉由陆路到达鸟取城下，在放火烧毁周边的村庄，将乡民全部赶入城内之后完成了对鸟取城的包围。

当时秀吉在麻尼帝释山布下本阵，山脚下是堀尾吉晴，小西谷为一柳直末，道场山为青木一矩，昼食山为高野骏河守，摺钵山为宫部继润、桑山重晴，大平为羽柴秀长，泷山为仙石秀久、木下助兵卫，另外的中村一氏、荒木平太夫、神子田正治、蜂须贺正胜、黑田官兵卫、加藤光泰、杉原家次、浅野长政、吉川平助沿着袋川与千代川的河岸布阵。

此前吉川经家已经向毛利家请求补充兵粮，为了接应贺露港的运粮船，吉川经家在久松山东段的丸山与雁金山筑下两座城砦。而秀吉则令垣屋光成、垣屋恒总在丸山西面布阵，将丸山与贺露港隔断。此外秀吉又在鸟取城周围四里内围上鹿角、挖下深壕，摆出持久战的架势。

羽柴军包围网之外的因幡西部、隔着大湖“湖山池”有一座防己尾城，城主吉冈氏一族是自南北朝时期起就侍奉山名家的老臣。尽管城兵不到千人，城主吉冈定胜抱着一腔忠勇之心，还是在秀吉布围期间屡次向羽柴军发动夜袭，秀吉旗下的部将吉川平介也在一场夜袭中阵亡。被惹恼的秀吉于七月十九日、七月二十六日、九月七日三度进攻防己尾城，都被吉冈定胜利用湖山池周围的复杂地形击退。就连秀吉最为自豪的“千成瓢箪”马印，也在第二次进攻中被吉冈定胜的弟弟吉冈右近夺走，此战堪称是秀吉军事生涯中最大的羞耻。最后秀吉不得不也在防己城下筑起长围，并让鹿野城的龟井兹矩负责围城。吉冈定胜在粮尽水竭的情况下，终于将城池交出，带着族人前往乡下务农。

由于毛利家的毛利辉元、小早川隆景在山阳道受宇喜多直家的牵制，吉川元春在山阴道受南条元续、小鸭元清兄弟的牵制，无法对鸟取城派出援军。毛利方面只能答应吉川经家的请求，以鹿足民部少辅、新见左卫门、有地右近为奉行，运送 20 船兵粮前往因幡。

九月十六日，毛利的船队在贺露港外遭到丹后水军松井康之的拦截。

松井康之，乃是细川藤孝的部下。在明智光秀平定丹波之后，作为光秀的副将，细川藤孝立下消灭丹后国主一色氏的功劳，取代一色氏成为丹后宫津城主。细川家臣松井康之相应接管了丹后诸海域的水军。虽然松井康之的船并非九鬼嘉隆那样的铁甲船，但以充沛的军费为后盾，还是装上了几门大炮。

海战之中，毛利方的鹿足民部座船被一炮打得粉碎，剩下的新见左卫门、有地右近见状各自放弃粮船西逃。松井康之一路追击，连带着将毛利水军的中继点泊城也攻了下来。

九月底，宫部继润队进攻雁金山的盐屋高清，在付出重大伤亡之后占领了雁金山与道祖岭，将鸟取城与丸山砦隔断。从这个时候起，秀吉命人每天晚上都在麻尼帝释山的阵中吹奏箫笛、拨动和琴，乐音随着山岚送入山下的鸟取城中，逐渐瓦解着守城兵的斗志。

到了十月，鸟取城中的兵粮吃尽，骡马也被杀绝，就连士兵铠甲、刀鞘上的皮革也被饥民们争先恐后抢夺。每天都有许多男女号哭着捶打城门，要城兵放自己出城求生。而城中一旦有人被羽柴军的铁炮打倒，还没断气之时便有无数人一拥而上，拿着利器将他的肢体切割分食。

其间，秀吉曾派出蜂须贺正胜与加藤清正两人靠近鸟取城探查情报，然而吉川经家的斗志并未因饥饿而泯灭，对羽柴军的侦察一直保持着警惕。

当蜂须贺与加藤来到城下时，一度遭到埋伏在城门边树林里的 200 名敌军袭击。两将见状并不慌张，各自拿出弓箭，一连射倒敌军十七八人，城兵们见状也不敢靠近他们身前。矢箭射尽之后，蜂须贺正胜与加藤清正又拔出长刀冲入敌阵，不久他们的郎党赶到，一起将这伙敌兵打散。

这场战斗虽然规模极小，但结果却让羽柴秀吉感到大为开心：加藤清正这位由自己一手培养起来的农民之子，已经成长为摧锋破阵的猛将。当下秀吉赐给蜂须贺正胜与加藤清正各沙金一把，又特地为清正颁下了军功感状（奖状、感谢状）。

随着鸟取城的形势逐渐危急，在伯耆作战的吉川元春留下长子吉川元长与部将杉原盛重牵制南条元续兄弟，自己亲率 6000 人北上，沿着海岸向因幡进军。然而平原上的羽柴军防卫如同铁桶一般，吉川元春也无法贸然进行突破，只能在因幡西境上的马山停军观望。

十月二十四日，吉川经家在和森下通与、中村春续等人商议之后，以家臣福光小三郎为使者向秀吉请求以自己切腹换取城兵的性命，让出城池。

秀吉让浅野长政入城传达了自己的条件：

・吉川经家可以带领毛利军离城回国。

·旧山名家臣森下道与、中村春续放逐主君山名丰国，污辱了武士之道，应全部切腹。

·城内其余人等可以全部留住性命。

对于秀吉的网开一面，吉川经家却回复：“森下、中村虽是叛变山名之人，但却是对毛利尽忠之士。舍此二人让经家独自归国，实在无颜面再立身于世。既然森下、中村二人无法免于切腹，就请让经家与他们同死。”面对这个结果，秀吉也感到很可惜，但还是答应了吉川经家的请求，并承诺保障三人的家眷安全。

十月二十五日，一柳直末与堀尾吉晴作为秀吉的使者进入鸟取城监刑，同时还带入了三坛美酒和几尾海鱼。吉川经家欣喜之下招来身边的士卒，将酒食全部分发，随后与森下通与、中村春续一起进入鸟取城大殿旁的客殿。

在一柳直末与堀尾吉晴的注视下，森下道与和中村春续先行切腹。看着两人的首级，吉川经家莞尔一笑，以短刀划十字切开了自己的腹部，由堀尾吉晴作为介错，取下了他的首级。在吉川经家事前准备好的首桶里，放有一封给秀吉的信：

羽柴筑前守殿：

今度因幡鸟取城为筑前守所攻以致在下切腹，然诸人助我之举，足以流传后世，还望阁下代为向天下宣示。惶恐谨言。

十月二十四日　　　　　　　　　　（吉川）式部少辅经家

同一天，鸟取城外丸的盐屋周防守高清与驻守丸山城的佐佐木三郎左卫门、奈佐日本助也切腹自杀。这三人都是毛利方的水军将领，其中的奈佐日本助以前还援助过山中鹿之介，后来却投降了毛利家，秀吉以他此前的海贼行为给织田家造成巨大危害为由，命其自尽。

随着几个主将的自杀，封锁了四个月之久的鸟取之围也被撤开，秀吉还在城门口设下了粥摊让众多饥民饱腹。然而由于挨饿时间过长导致肠胃功能发生退化，许多饥民在狼吞虎咽之后却胀破了胃部，由

羽柴秀吉与吉川元春的对阵

此暴死的人超过了鸟取城内幸存人数的一半。

鸟取落城之后的十月二十七日，羽柴秀吉任命攻城战中最大功劳者宫部继润为鸟取城代，自己率领2万人西上，进入因幡国境的御冠山，与马山的吉川元春对垒，同时向伯耆的羽衣石城与岩仓城运入兵粮武器。

在接下来一周的时间里，羽柴秀吉与吉川元春都找不到对方的破绽，加上冬季将至，双方最终于十月八日各自退兵。

卷之三：信长的遗产

第 22 章

挥别霸王

羽柴秀吉从因幡回军之际，备前的宇喜多直家已经染上了重病。返回姬路城后，秀吉带着宇喜多八郎立刻赶往冈山城探病。

在病榻前，宇喜多直家郑重地将八郎与宇喜多的家业托付给秀吉。为了让直家放心，秀吉答应把八郎收为自己的养子，培养成为名震天下的武将，并将自己的“秀”字下赐，就地为八郎举行了元服之礼。此后宇喜多八郎的正式名字就是“宇喜多秀家”。

天正九年（1581）十一月中，羽柴秀吉与池田恒兴之子池田元助一起进攻了本州与四国之间的淡路岛。

此前阿波三好一族的长老三好山城守康长已经向织田信长投降。在三好康长的号召之下，阿波淡路的三好一族大多也向织田家降参。十一月十七日，淡路北部的毛利家据点岩屋城在秀吉的进攻下投降。二十日，最后的抵抗者、由良城主安宅河内守清康也开城降服。战后秀吉将部将仙石秀久配置在志知城，作为淡路的大将，负责管领阿波、淡路诸家豪族送来的人质。

十二月二十二日，羽柴秀吉前往安土城为信长贺年，

打昙大海

献上的礼品包括：尼子国久的宝刀、白银3000两、吴服200领、配鞍骏马10匹、播磨杉原纸300束、皮革200张、明石干鲷1000个以及铁器若干。这些礼物大多用白木台盛着，由安土城的大门移往天主台。

织田信长在天主台上远远看到这一盛大的队列，一边摸着秀吉的脑袋开玩笑似的说道："羽柴你真是日本无双的大胆者，是否有勇气为我去征伐天竺与震旦？"秀吉大声应承："猴子愿意为您打到天涯海角！"对于这个回答，织田信长甚为满意，当下赏给秀吉包括前将军御物"打昙大海"在内的12种茶器，又拉着秀吉与丹羽长秀、医师曲直濑道三一起举办茶会。席间织田信长亲自为秀吉点茶，后来又把自己父亲织田信秀的几件遗物赐给了秀吉。

十二月下旬，宇喜多直家在备前冈山城病故，享年53岁。羽柴秀吉收到消息之后，不待新年到来，便在十二月二十六日返回西国。

第二年（1582）正月九日，秀吉在冈山城主持了直家的公祭仪式。二十一日，秀吉带着数名宇喜多家家老又赶回到安土城，向织田信长申请，取得了宇喜多秀家继承家主之位的许可，然后又急急忙忙返回备前，协助秀家整顿宇喜多家内的事务。

表面上秀吉对宇喜多家似乎是仁至义尽，然则据说在这一时期，他把宇喜多直家的遗孀、秀家的生母法鲜尼纳为自己的外室。所以秀吉对秀家的宠爱，几乎不亚于有血缘关系的子侄。

或许当时谁也不曾想到，天正十年（1582）正月二十一日在安土城的拜见，是羽柴秀吉与织田信长的最后一次会面。

二月三日，织田信长向领内发出了征讨甲斐武田家的总动员令。

武田家虽然仍握有甲斐、信浓、骏河、西上野、飞驒五国，但由于主要的重臣都战死在长篠合战之中，加上织田信长与德川家康的连年侵攻，武田已经只有招架之功毫无还手之力。与武田家有姻亲关系的南信浓木曾义昌、骏河穴山信君也已经各自与织田、德川家暗通。

这场战争几无什么悬念，所以织田信长任命嫡子织田信忠作为征讨武田的总大将，北伊势的泷川一益为其辅佐，以美浓、尾张与北伊势之兵为主力，经木曾义昌的南信浓向武田胜赖本据地进攻。同时信长又派柴田胜家的部将金森长近攻入飞驒。信长自己则与近江的明智光秀、丹羽长秀以及女婿蒲生赋秀，畿内的中川清秀、高山右近等武将作为信忠的后援，慢悠悠地向东进发。此外，东海道的德川家康与关东的北条氏政也响应织田信长的号召，各自向武田的骏河与上野发动了进攻。

同年三月十一日，甲斐武田氏第 20 代家主武田胜赖放火烧毁居城新府城后逃亡，不久又遭预定的庇护者小山田信茂背叛，在泷川一益部追击下走投无路，最终与亲族近臣一起，逃入甲斐天目山中自杀。曾一度号称“战国最强”的武田军团就此灭亡。

战后织田信长对众将进行赏功：德川家康获得骏河一国，统领了包括骏河、远江、三河在内的整个东海道。河尻秀隆成为甲斐国主，森可成的遗子森长可成为北信浓之主。另外泷川一益作为此战最大的功臣获得上野一国与北信浓的小县、佐久两郡。泷川对此尚不知足，自认为取得了类似秀吉的大功，向信长请求得到名品茶器“珠光小茄子”作为奖赏。然而对于这个自茶道祖师村田珠光传下来的名物茶器，信长却舍不得出让，只是将泷川一益任命为负责关东事务的“关东管领”作为补偿。

武田征伐之后，织田信长已经领有美浓、尾张、近江、山城、和泉、河内、大和、摄津、伊势、丹波、丹后、若狭、越前、加贺、越中、能登、淡路、播磨、因幡、但马、伯耆、信浓、甲斐、上野、飞驒 25 国，另外备前、美作的宇喜多秀家，骏河、远江、三河的德川家康，以及赞岐的十河存保都算是织田家的紧密从属者。全日本 66 国合计有 31 国在织田家手中，织田信长已经名副其实地成为天下的霸主。同时，信长向东、北、西扩张的几个军团已经初步成型：

· 北陆方面以柴田胜家为军团长。作为胜家的副将，天正九年（1581）前田利家获得了能登国，佐佐成政获得了越中半国。

· 关东方面以泷川一益为军团长。北信浓的森长可、甲斐的河尻秀隆是其副将。

·西国的军团长自然便是羽柴秀吉。

·为了压制在四国日渐壮大的长宗我部元亲，信长以第三子神户信孝为军团长，领有摄津半国的池田恒兴与领有河内半国的三好康长为辅佐，组建四国征伐军。

此外，信长的安土城附近，除了五畿内的豪族之外，还有两个机动兵团。一个是近江佐和山城主丹羽长秀，兼领着若狭国；另一个是近江坂本城主明智光秀，兼领着丹波国。原本信长似乎是打算让秀吉主攻山阳道，明智光秀主攻山阴道，丹后的细川藤孝作为光秀在山阴方面的副将，但是由于秀吉在西国的扩张步伐过于迅猛，夺下但马之后便将明智光秀由丹波通往山阴的出口给堵了起来。或许秀吉对此也暗自得意不已。

第23章

水淹高松

天正十年（1582）三月十五日，羽柴秀吉率领2万人从姬路出发，沿山阳道西进，正式向毛利家领地进军。

三月十五日，羽柴军到达备前的沼城。两周之后，宇喜多秀家的叔父宇喜多忠家作为秀家的代表，带领1万人加入羽柴军。在此期间，宇喜多旗下的小西行长被秀吉延揽为自己的直属家臣。

由于毛利家吉川与小早川的直属军队极为精锐，所以秀吉征伐西国采取的战略是尽量避开两川的直辖领地，逐步蚕食毛利前线由中小豪族盘踞的领国。在山阴方面继取得山名家的因幡、但马和南条家的半个伯耆之后，秀吉的领地已与吉川元春的直辖地相接，加上中间山路重重，所以秀吉暂时停止了对山阴的进击，转而进攻小早川隆景把守的山阳道。

在小早川隆景直辖的备后国与宇喜多的备前之间，尚有着一个由众多小豪族分据的备中国。备中原来的国主三村氏已在天正三年（1575）的“备中兵乱”之中被毛利家所消灭。在备中的南部，本来有着以高松城主石川久孝为主的豪族联合体，石川旗下有长谷川、清水、鸟越、生石、上原、中岛、林等小豪族。永禄八年（1565），石川久孝去世，为了石川家的继承权问题，清水氏与长谷川氏发生冲突，高山城主清水宗治在一场宴席中将长谷川一族全部诛灭，又向其余诸将收取人质，自命为高松城主。早在三村家灭亡之前的天正二年（1574），清水宗治就带领众豪族抢先投入毛利家，成为小早川隆景部下的得力干将。

羽柴秀吉占领鸟取城之后的天正九年（1581）十一月，小早川隆景曾把包括清水宗治在内的备中宫地山、冠山、高松、加茂、日幡、松岛、庭濑七座城池之城主叫到自己的三星城内，对大家说道："大家若是为了保全性命，必要时可以投向织田方，毛利家决不为难。"这时清水宗治抢先表示：愿意为毛利家奋战到底，力尽之时即有必死的觉悟。其余众将见状也只有跟着响应。当场，小早川隆景便赐给宗治一把切腹用的短刀，并拜托众将听从清水的号令，回去好好守城。

四月初，羽柴秀吉派出蜂须贺正胜与黑田官兵卫进入备中游说各城的豪族。与清水氏向来不睦的须须木、秋山、上原、生石等家当即便投向了织田阵营。不过二人的劝降，在高松城遭到了清水宗治的无视。

四月十日，黑田官兵卫再一次进入高松城，这一次秀吉通过官兵卫向清水宗治摆出了更高的筹码："只要投入织田军，便给你备中、备后两个国。"也被清水宗治断然拒绝。

四月十五日，羽柴秀吉到达高松城附近的龙王山布下本阵。

十五日，宇喜多忠家部8000人与秀吉旗下的片桐且元、加藤清正、杉原家次部一起北上攻取锻冶屋山城，继而又攻击了林三郎左卫门重真、松田左卫门盛明、鸟越左兵卫驻守的冠山城。由于毛利方2000名城兵的奋战，宇喜多的备前军数度被击退。

四月二十五日，加藤清正派出数名伊贺忍者在城内放火，然后与杉原家次一起从冠山城防御较弱的北面临河板屏（木制城墙）突入城内。混乱之中加藤清正亲手斩杀敌方将领早岛城主竹井将监。毛利方的城主林重真则在突围失败后，于南面大门的角楼下切腹自杀，同行的139名家臣全部战死，副将松田盛明、鸟越左兵卫侥幸逃往高松城。

冠山城陷落之后，北面的宫地山城便被从毛利的领地中隔离，秀吉以蜂须贺正胜、黑田官兵卫与宇喜多家臣信原内藏允为使者，经过连番游说，终于促使宫地山城守将乃美七郎元信在五月二日开城投降。

攻取冠山城的当天，秀吉在龙王山的本阵曾一度遭到清水宗治与经岛城主中岛元行的夜袭。恼怒之下秀吉于四月二十七日从正面进攻高松城，由于高松城周围皆是沼泽地带，人马一踏进去就动弹不得，反而遭到城头的毛利军用弓矢、铁炮进行攒射，一战下来羽柴军损失了 400 人，而毛利方阵亡人数还不到 100。

在接下来的军议之中，黑田官兵卫突献奇策：由于高松城地势极低，东北两面皆被山脉环抱，西方有足守川经过，可以将足守川之水引入高松的盆地内进行“水攻”。

得到秀吉的认可之后，羽柴军 2000 人便开始沿高松城西侧足守川畔的赤滨山向盆地另一端的出口蛙之鼻筑堤。为了加快筑堤速度，秀吉号召周边的居民，凡能向堤上运土一包者即可得到钱一贯和米一升，吸引当地百姓们蜂拥向堤上运土。从五月八日到五月十九日，仅用了 12 天，就筑成了一段全长约 1 里、高 7 米、底部宽 21 米、顶部宽 10 米的大堤。

水淹高松示意图

在此期间秀吉把本阵移到蛙之鼻附近的石井山，加藤清正与杉原家次移阵至另一端的赤滨山，宇喜多直家的备前兵防护堤的中段，使得清水宗治无法靠近。

大堤筑成之时，日本已经进入了梅雨季节，足守川开始涨水，小西行长与浅野长政从上游乘着大船而下，用大筒与大铁炮将靠着高松城一侧的河堤轰破。河水泄出之际，羽柴军还在中游的河道上投下大石，中间填以柴束和土袋，将整个足守川拦截住，使其改道流入高松城所在的盆地。到二十五日左右，高松城下的民家全部被水淹没，赤滨与蛙之鼻之间的低地成了一个人工湖，高松城成为湖中仅存的孤岛。

高松城被水淹之时，小早川隆景部 1 万人作为救援的先锋已经赶到前线。五月二十一日，毛利辉元与吉川元春的 3 万人也赶到战场。毛利辉元布阵于后方的猿挂山，吉川元春布阵于足守川西岸的庚申山，小早川隆景则布阵于日幡城西方的日差山。

尽管总兵力有 4 万人，毛利军却不敢越过足守川。因为随着高松城下人工湖的形成，足守川东岸的平原全部成了危险地带。秀吉若是掘开上游的堤坝，毛利军过河之时将招致灭顶之灾。为防范水攻，毛利家三位大将只能选择在西岸的高地立阵。

另一方面，小早川隆景旗下的上原右卫门大夫元佑带兵进入高松城南面的日幡城助防。这个上原元佑本是小早川隆景的妹夫，但在接下来的五月十一日却被宇喜多旗下的花房职之、户川秀安策反倒向羽柴方，随即将城主日幡六郎兵卫景亲用铁炮打死，乘乱占据了日幡城。

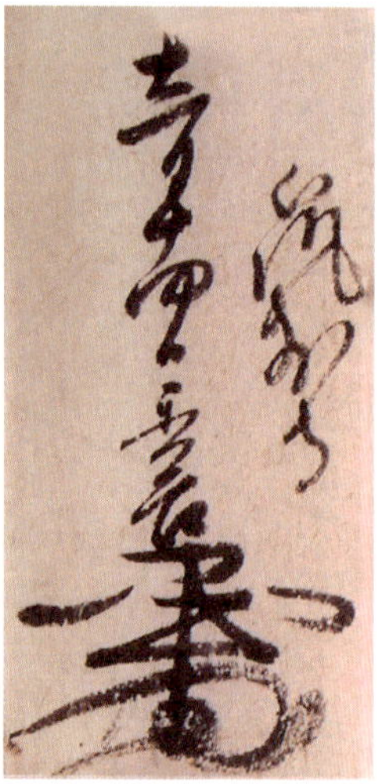
秀吉的花押（手写印记）

小早川隆景盛怒之下，派出部将嶝崎正忠率领备中、备后之兵 3000 人前去攻击日幡城。羽柴秀吉也亲率 1 万人赶到日幡城外的足守川东岸，不过到此他却下令停止进军，不准部下出战。秀长问其原因，秀吉解释道：“当下之势，无须与毛利合战，高松城一落，毛利军自会退散，胜利已经在手。要用决战消灭吉川元春、小早川隆景却是不值。两将一旦败没，一月之内，毛利的安艺、备后、出云、石见、周防、长门诸国尽可归我所有，然而大功告成之时，就是我遭祸之日。昔日木曾义仲将平氏赶往西海，却被源赖朝害得兵败身亡；韩信百战功成，也亡于吕氏之手——

此所谓狡兔死，走狗烹也。这也是竹中半兵卫死前留给我的金玉良言。为今之计，应邀请信长公前来，让他亲自指挥消灭毛利的最后战斗。”这番话令羽柴秀长及以下众将叹服不已。

不久羽柴秀吉派人向安土城送去书信：

飞檄以申愚意：今度备中高松城以其地利，又得武勇智谋之士相守，因致以水攻，落城为旬日之事。然毛利右马头辉元后援之兵数万为救高松城而出阵，今两阵之距不到十町，急盼御势（织田信长率部）到来，合力将毛利击破，即时西国今年之内可以全部平定。此事急如燃眉，宜速向信长公披露。惶恐谨言。

天正十年五月十五日　　　　　　　　　　　　　　　　羽柴筑前守画押

收信人为织田信长身边的亲信武将菅屋九右卫门长赖。

第 24 章

本能寺之变

羽柴秀吉送出求援信的天正十年（1582）五月十五日，织田信长正在安土城接待从东海道过来的德川家康与穴山信君。

穴山信君是武田家的同族，在武田征伐时由于及时投降而被保全了骏河的江尻和甲斐的河内领，成为独立的大名，他的嫡子穴山信治也被信长确认为武田家家门的继承者，此次到安土便是来向信长谢恩的。而德川家康自桶狭间合战后算起，作为信长的盟友已有 20 年，一直作为织田家的东方屏障和亲密战友默默奋战。东方的大敌武田家灭亡之后，家康也趁着这个机会到信长的安土—京都—堺度假和游玩。

同一时间，在北陆，柴田胜家正与前田利家、佐佐成政一起包围上杉家在越中的据点鱼津、松仓城。在摄津，丹羽长秀被任命为神户信孝的副将，与信孝、池田恒兴一起在堺町准备渡海前往四国作战事宜。关东的泷川一益降伏了上杉家的北条高广，将居城由上野箕轮城移到厩桥城，着手新基地的建设。

织田家负责参与接待德川家康一行的重臣，是曾担任过幕府奉公众、熟知武家礼法仪式的明智日向守光秀。然而在宴席之上，织田信长却以光秀献上的鱼生不够新鲜为由，将其暴打了一顿。

织田信长的花押（手写印记）

五月十七日，羽柴秀吉自西国传来的飞书经营屋长赖传到织田信长手中。织田信长遂回信道：

此度为备中之援兵事，我将亲自出马。以下部将将陆续赶到，在我到来之前，羽柴筑前守可随意指挥：

池田胜三郎恒兴、同纪伊守（恒兴长子池田元助）、同三左卫门（恒兴次子池田辉政）。

堀久太郎秀政、惟任日向守（明智光秀）、细川刑部大辅（细川藤孝）。

中川濑兵卫（中川清秀）、高山右近（高山重友）、安部仁左卫门（不详）、盐川伯耆守（盐川长满）。

天正十年五月十九日　　信长　画押

虽然回信是在五月十九日发出，但在收到求援信的五月十七日，织田信长便解除了明智光秀的招待役职责，让他回去整顿军马，准备出征西国。这番命令由明智光秀带回城中，立刻惹得其属下重臣明智左马助秀满、妻木主计头广忠、斋藤内藏助利三等人极为不满。

天正三年（1575）进攻丹波之时，明智光秀已经被预定为与秀吉并列的山阴、西道方面征伐大将，细川藤孝作为其副将，近江西部的京极、朽木等豪族皆在其配下，按照信长的打算将以明智光秀为核心形成独立的方面军团。

明智日向守光秀画像

由于光秀稳扎稳打的性格，打下丹波之后，在织田家形势最好的天正八年（1580）、天正九年（1581）里，明智军在山阴方面的攻略几乎没有任何进展，只是协助细川藤孝平定了小国丹后。而羽柴秀吉却抢先打下山阴的因幡、但马，让行动迟缓的明智军丢尽了脸面。

此番织田信长安排光秀与细川藤孝等将领作为

秀吉的部下，从某种程度上说也是因为觉得光秀无能，将他由军团长降格为普通部将。在动员令中与光秀并列的池田恒兴、堀秀政、中川清秀等人都是织田旗下名位素轻之人，这叫明智军诸将怎能不感到羞耻。另外，由于织田信长此前将无能的佐久间信盛、林秀贞放逐之先例，也使得明智光秀在这个时候感到了危机。

五月十八日，织田信长又派青山与三为使者，到明智光秀的坂本城中传令：赐给明智光秀出云、石见两国，同时没收他的近江滋贺郡与丹波国领地。

出云与石见两国此时还在毛利家手中，不过按照秀吉与信长的计划，此次出兵西国若是顺利，大概可以像武田征伐一样，一两个月之内便能消灭毛利家，夺取其所有的领国。但是对于花了五年时间才平定丹波一国的明智光秀而言，却没有自信能在短时间内平定石见与出云两国。由于眼光与气魄的不同，使得在信长眼里看起来轻而易举之事，在明智光秀眼中却成了变相剥夺他全部领地的惩罚。

明智光秀出身于源氏名门美浓土岐一族，一直存有旧式名门武士的观念，土地乃是维系其荣誉和地位的支柱。现在织田信长却无视他的荣誉和地位，将他践踏在脚下。

五月二十六日，明智光秀由近江坂本城返回丹波龟山城，集结准备出征西国的兵力。

五月二十九日，织田信长仅带着森兰丸、森坊丸、森力丸、汤浅甚助、金森义入等近习50骑及足轻300人由安土前往京都，住入了本能寺。在信长之前，织田信忠已经于五月二十一日陪伴德川家康与穴山信君到达京都，随后家康与穴山信君去了堺町，织田信忠则住进了京都妙觉寺。

六月一日，织田信长招集大批公卿举行了茶会，席间展示了从安土城带来的名贵茶器38种。第二天天皇将授予织田信忠新的官位，所以下午信长又招来信忠小酌了一番，宴罢尽欢而去。未料这是父子二人的永别。到了晚上，织田信长余兴未消，又观看侍僧本因坊算砂与鹿盐利玄下围棋，到深夜才睡去。

同一天的傍晚，一支为数13000人的军队从丹波龟山城出发，大将是明智光秀，其目的地是前往京都与信长会合。

明智旗下的安田作兵卫刺伤信长

六月二日拂晓，渡过京外的桂川之后，明智光秀突然勒马回头，军扇猛然指向身后的京都，对着旗下的士兵们下令道：“敌人，就在本能寺！”明智配下的部将，全部都是多年追随光秀出生入死之人，事前光秀已经向他们宣示过自己的计划，此刻号令一下，众将也都毫不犹豫地带队朝本能寺扑去。

上午9时左右，织田信长起床洗漱时被门外嘈杂的铠甲声与脚步声惊动，还以为是家臣们在京内闹事，便命近习出外查看。得到的回禀却是：“我方已经被包围，敌将是明智日向守光秀！”

说话间，门外的箭雨与铁炮已射入寺内，众多背插桔梗旗的武士与杂兵也冲了进来。信长大叫一声：“来不及分辩了，拿弓来！”结果张弓一拉，弓弦却崩断了。信长丢掉弓箭，抢过一把长枪迎战，但是在潮水般涌入的敌兵围攻之下，不久就被刺伤了好几处，左肩也被明智军的铁炮打中，而身边为数不多的近习已经陆续倒在了人潮之中。自知无法幸免之下，信长一面令后院的女房们逃生，一面让小姓森兰丸将屋子点燃，自己奋枪逼退了几个靠上来的敌人之后，便毅然踏入了屋内的大火之中。

“人间不过五十年，世事如梦似幻；既有生，焉有不灭。”这一年，织田信长刚好49岁。天马行空般驰骋于战国的霸主，最终却在天下统一前的黎明，倒在了本能寺大火中。

明智光秀来不及等待大火被扑灭，转头又北上攻击妙觉寺的织田信忠。

此前织田信长已经把原来的二条城献给了准皇太子诚仁亲王，让诚仁亲王在城内逐渐代正亲町天皇处理政务，二条城因之改名为“二条御所”或“下御所”，相当于太子宫。由于妙觉寺根本无防御设施可言，京都所司代村井贞胜遂劝织田信忠逃往二条御所，一则可以借原二条城的防御设施再抵挡一阵，二则可以利用诚仁亲王当护身符。

结果紧追上来的明智军对二条御所照攻不误，为了避免亲王受到伤害，织田信忠派出使者，向明智光秀要求暂时休战，并让诚仁亲王与众公卿一起撤离了城池。亲王等一离开，明智军又向二条御所发起了猛攻。仅存的马廻众在织田信忠的带领下奋勇作战，三度将明智军击退。最后明智方的铁炮手爬到御所旁边近卫前久府邸的屋顶上，向城内射击，信忠身边的卫士接连被射倒。眼看已无突围机会，织田信忠最终也在二条御所内自尽，时年 26 岁。

一同战死在二条城内的，还有织田同族的津田又十郎、津田源三郎、津田勘七、津田九郎二郎、津田小藤次，村井贞胜、贞成父子以及马廻众猪子兵介、福富平左卫门、野野村三十郎、篠川兵库、下石彦右卫门、毛利新介秀高、赤座七郎右卫门、团平八、坂井越中、樱木传七、逆川甚五郎、服部小藤太、小泽六郎三郎、服部六兵卫、水野九藏、山口半四郎、塙传三郎、斋藤新五、河野善四郎、寺田右卫门等人，唯有信长之弟织田有乐斋长益，在落城前翻墙逃出，保住了性命，后来他也因此为世人所讥笑。

第 25 章

湖上之忠义

六月初的备中高松城，不管城内城外，都已淹没在五尺深的水中。羽柴军的士兵每日乘船架起大筒与铁炮向城内射击，落城只是片刻之事。加上传闻织田信长即将率大军到来，毛利方以小早川隆景为首的诸将已经开始向毛利辉元建议撤兵，并派使者与秀吉有过初步的接触。

六月三日半夜，织田信长在本能寺遇害的消息传到了秀吉的阵中。向秀吉报讯者乃是信长侧近长谷川秀一的使者。

六月初，长谷川秀一正作为导游带领德川家康前往堺町，在返回京都的半路上得到了本能寺之变的消息。由于每次秀吉向信长进献贡品时，都不忘给秀一带一些礼物，所以长谷川秀一在事变后第一时间派人通知了秀吉。

噩耗传来之际，秀吉尚在寝所，骤然之间跟随信长 20 多年的风风雨雨一起涌上心头，顿时百感交集，悲从中来。在这个时候，黑田官兵卫猛然提醒秀吉："现在，正是取得天下的大好时机。"秀吉闻言也冷静下来，立刻召来蜂须贺正胜与作为援军最先赶到的堀秀政一起召开了会议。最终，众人确定的方案为三点：

· 继续确认京都方面的消息，同时封锁山阴山阳通往

安国寺惠琼像

毛利领地的道路。

·以蜂须贺正胜为先锋，先行回姬路城打点行装，做好回师畿内的准备。

·准备与毛利家开始议和。为此秀吉于六月四日凌晨派人请来了小早川隆景阵中的外交僧安国寺惠琼。

安国寺惠琼，乃是被毛利元就消灭的安艺守护武田信重之子，落城之际被家臣送到安艺的安国寺不动院出家，成年后进入京都的东福寺修行，师从于东福寺的寺主竺云惠心。

东福寺是京都的禅宗五寺之一，与历代天皇及足利将军渊源深厚，竺云惠心本身也兼为毛利家在京都的外交僧，负责毛利对天皇与将军的交涉，另外竺云惠心还是毛利元就长子毛利隆元的皈依僧。因为这些关系，安国寺惠琼被惠心介绍给毛利隆元，作为毛利家的使者在各地的大名间活动。元亀元年（1570），安国寺惠琼促成了毛利与大友的和睦。

由于东福寺系统处于京都的政治旋涡之中，所以安国寺惠琼一直对天下形势了如指掌。天正元年（1573），他给小早川家臣山县越前守与井上春忠的一封书信中谈道：“信长的时代大概还能持续三五年，将来天下的主宰者，可能会是信长身边那个叫藤吉郎的人。”这样的使者，自然会在毛利家暗地里向秀吉效力。

羽柴秀吉让惠琼向毛利方转达的和平条件是：毛利家割让因幡、备中、备后、美作、伯耆五国。实际上因幡已经控制在秀吉手中，美作、备中、伯耆三国已经攻取了大部分，以上四国的割让只是让毛利家在形式上认可秀吉的占有。而备后则是小早川隆景的直辖领地，这一点咄咄逼人的要求，则是秀吉以自己的强势来掩盖信长已死的真相。

除此以外，黑田官兵卫还让安国寺惠琼在返回之前先去高松城怂恿清水宗治自杀。因为自三木城之战后，羽柴军便形成了一个惯例：围城若要投降，则须以城将自杀换取城兵的性命。为了不向毛利家示弱，这一原则还是得在高松城贯彻。而且当初毛利家两川在秀吉面前攻取上月城，杀死山中鹿之介，秀吉这次也需要如法炮制，以报上月之耻。

天亮之前，安国寺惠琼乘小船进入高松城，对清水宗治言道：“如今城池陷落已是必然，我军也难以与织田决战，眼下我奉隆景公之命已与羽柴谈妥协议，关键的难题是需要以你切腹来保住城兵的性命和毛利家的命脉。”清水宗治慷慨激昂地回答：“如能以我的性命换取主家的平安，正是让我之武名传扬后世的机会。”

接下来安国寺惠琼拉上黑田官兵卫一起进入小早川隆景阵中谈判。对于羽柴方提出的条件，割让因幡、备中、美作、伯耆小早川隆景都可以接受，但是割让备后则让他十分为难。黑田官兵卫见状提出替代方案：备后可以不割让，但是却得要高松城主清水宗治切腹。小早川隆景又找来吉川元春与毛利辉元共同计议，尽管主战派吉川元春坚决反对，但是主君毛利辉元却同意了这一提案，和议就这么确定下来。

趁着天还未亮，安国寺惠琼又前往秀吉的阵中传达毛利方的决定，旋即再度进入高松城，通知清水宗治切腹。清水宗治闻报后凛然笑道：“能以我之性命换得一城平安，实乃求之不得。”安国寺惠琼见状也流下了感佩的眼泪。

六月四日早上，迎着初升的朝阳，清水宗治与其兄清水月清以及部将难波传兵卫等乘一艘小船到达秀吉本阵的蛙之鼻附近。当时秀吉高坐于岸边的小丘之上，派出堀尾吉晴乘小船上前监督。在众人的注视下，清水宗治跳了一段名为《誓愿寺》的殉死舞，舞毕口占一首辞世词：“浮世之事皆如云烟，高松之苔记我武名。”接着静静地举刀切腹，随后清水月清、末次信嘉、难波传兵卫、近松左卫门四人一起为清水宗治殉死，清水宗治的郎党高市兴十郎将他们的首级一一装入首桶，各自放上写有首级姓名的标签，一并交给了堀尾吉晴。

目睹宗治切腹后，秀吉写下申明和睦的起请文，拔出胁差割破小指按上了血印。安国寺惠琼与秀吉的阵中祈祷僧大和坊一起将这封起请文带到了日差山的小早川隆景阵中。六月五日，小早川隆景、吉川元春、毛利辉元三人也立下

清水宗治切腹

起请文并附上了血印，由二僧带回羽柴阵中。和议由此正式达成。秀吉大喜之下，赏给安国寺惠琼沙金三袋，又让几名军士带上酒食随惠琼前去犒劳毛利军。

等到安国寺惠琼一走，秀吉就再也忍不住，对着众将号啕大哭起来，半晌后止住眼泪说道："由于明智日向守光秀突发逆心，主君织田右大臣父子已于六月二日在京都遇害。秀吉与毛利议和，正是为了迅速返回京都，对逆贼展开凭吊复仇之战。"众将闻言皆义愤填膺，怒火高涨。

当天晚上，1 万名宇喜多军先行返回备前清理道路，准备干粮。六月六日上午，以黑田官兵卫为殿军，羽柴军正式从蛙之鼻撤退，沿途抛弃了一切辎重，又掘破高松外的堤坝，涌出的洪水将两军之间的平野化为一片泥田。

正当毛利方为羽柴军的动作纳闷不已之际，播磨一向宗坊主休巴和尚与京都东福寺快然和尚的使者次第到来，向毛利家通报织田信长已葬身于本能寺的消息。毛利辉元马上召开了评议。席见吉川元春为遭到秀吉的愚弄而怒发冲冠，要求迅速追击秀吉军，而小早川隆景则主张："誓书之血未干即行追击是为不义，趁信长之死而出兵是为不祥。"加上两军之间已成泥沼导致行军不便，最终毛利方并没有展开追击。不过吉川元春回到山阴之后，于同年九月对秀吉的伯耆展开进攻，一度将南条元续、小鸭元清兄弟赶往因幡。

第26章

西国大返转

六月六日当天，羽柴军从备前冈山城通过，进入沼城。七日，下起了豪雨，秀吉在风雨之中继续赶路。面对涨水的西大寺川等河流，事前秀吉已派农民在河的两端架起绳索，士兵们到了河边便抓着绳索连成人桥，肩并肩强行渡河，终于当天晚上赶回姬路城。看到上自武将下至兵士皆是人困马乏、泥泞不堪，秀吉下令将城内的金银全部分发给武将、米粮全部分发给士兵以鼓舞士气，又与养子羽柴秀胜、堀秀政一起剃光头发，向众人强调：这是一场为主君信长的吊唁之战。

在姬路城休整一天后，秀吉以木下弥助与浅野长政为留守，自己继续带兵东进。据说为了加快进军速度，秀吉事先已动员沿路的百姓平整道路，准备酒食，又让士兵们脱下铠甲、刀具轻装前进，所有的武具与辎重由小西行长以海船运往前线的摄津。在此情况下，秀吉的1万余人于六月十一日到达摄津的尼崎，六月十二日到达摄津富田。

从备中高松到摄津尼崎，全程约200公里，包括在姬路休息的一天，秀吉总共用了5天时间，每天50公里的进军速度，在当时根本就是难以想象的神速，所以后世称秀

西国大返转路线图

秀吉在西国大返转时戴的头盔（兜）

吉的这段回军为“西国大返转”。

与秀吉的迅速回师相比，明智光秀的行动则符合一般人的常识。但是常识让光秀觉得，除去暴君织田信长乃是正义之事，理应受到天下人的拥护，事实却并非他想象的那样乐观。

在本能寺之变的六月二日当天，明智光秀一面向周边的织田系武将发出劝降信，一面向东方的近江进军。

然而在濑田附近的领主山冈景隆收到劝降信后，第一反应就是把京都向近江东部的通道濑田桥烧毁，光秀不得不先返回坂本城停顿，同时派人抢修濑田桥。六月四日，濑田桥修好，明智光秀得以进入安土城，随后他又出兵进攻丹羽长秀的佐和山城与羽柴秀吉的长滨城。在他被耽搁的近两天时间里，三座城池的武将家眷都已得到消息并安全撤离。信长的女婿蒲生赋秀与父亲蒲生贤秀已将安土城内的信长家眷移往居城日野城，而秀吉的夫人祢祢则与其他家属分别逃入长滨领内的大吉寺与称名寺。

明智光秀的行动在近江也有几个响应者：

阿闭贞征，原浅井家臣，后属秀吉部下，一直受到秀吉的欺压，向信长投诉又被无视，此时义无反顾地加入了明智军并作为先锋进攻秀吉的长滨城。

武田元明，室町幕府的若狭守护，朝仓家灭亡之后，信长剥夺了元明在若狭的所有领地，仅给他若狭远敷郡 3000 石，后又在天正八年（1580）将元明禁闭于神宫寺樱本坊，第二年原武田家臣逸见昌经去世，武田元明才得到了逸见的旧领大饭郡3000石。为了打倒丹羽长秀、夺回若狭，本能寺之变之后武田元明聚兵向丹羽长秀的佐和山城发起了进攻。另外明智光秀的母亲据说也是若狭武田之女。

京极高次，近江名门京极家的嫡流，其父京极高吉原是幕府重臣，在信长与足利义昭对立时出家，京极高次跟随信长消灭足利义昭后得到了近江奥岛5000石的领地。京极高次跟随明智光秀起兵，一方面是为了夺回旧领北近江，另一方面，他的姐姐京极龙子乃是武田元明的正室。

在这三家的协助下，长滨城与佐和山城迅速被明智军攻落。而蒲生赋秀的日野城，却因为纪伊的本愿寺显如上人号召近江一向宗僧徒全力援助，一时之间尚未被明智军攻落。

此时织田家的几个军团中，柴田胜家尚在越中，泷川一益在关东，织田信忠横死使得美浓尾张群龙无首，伊势的织田信雄则向来以无能著称，离明智光秀较近的强敌，便只有摄津的神户信孝、丹羽长秀兵团。在平定几乎整个近江之后，明智光秀留下女婿明智秀满在安土城继续督攻日野，自己于六月八日回到京都周边的坂本。在这里，他一面等待周边的旧部、亲党武将前来会合，一面着手改善与朝廷及寺社的关系，以求获得天皇的认可。

六月九日，明智光秀进入京都拜会了公卿吉田兼见，在兼见的引荐下进入皇宫参见了皇子诚仁亲王，并献上白银500枚。随后光秀又向“五山”（禅宗五寺）之一的大德寺献银100枚，本来光秀还要赠银给吉田兼见50枚的，似乎是钱没带足，便先从给兼见的50枚中预支20枚算入给大德寺的部分，并承诺后日再向吉田兼见补上。

在织田信长时代，信长为了繁荣安土城，故意对安土城下与京都推行差别税制，以促使京都的人口向安土流动。此时明智光秀发布公告，免除了京都町民的种种赋税，满城的百姓尽皆奔走相告：“明智殿下才是我们的主公。”

然而在信长时代属于明智军副将的几家诸侯却给光秀泼了冷水。

丹后11万石的国主细川藤孝，也是幕府奉公众出身，与明智光秀早年便是挚友，后来曾协助光秀平定丹波，两家原本关系深厚。天正六年（1578），织田信长做媒把光秀的女儿玉子嫁给了藤孝的嫡子细川忠兴，让两家结成了姻亲。

天正八年（1580），细川藤孝进攻丹后，遭到旧守护一色氏的反击而战败，后来得明智军援助，才将丹后平定下来，成为宫津城主。本能寺之变前，细川藤孝也收到了织田信长要其作为秀吉援军的命令，并已派忠兴领军西进。事变发生后，当天明智光秀派人向细川氏送去了一同起兵的邀请信。然而细川藤孝却召回细川忠兴，父子两人一起剃光头发向信长表示悼念。细川藤孝本人还出家为僧，法名“幽斋玄旨”（以后通称为“细川幽斋”），并把家主之位让给了忠兴。而细川忠兴则自感责任重大，虽然与光秀之女玉子素相亲爱，但也不得不忍痛与玉子分居，将她幽闭于丹后的三户野。

此后明智光秀又数度邀请细川父子出兵，但终不见回应。不过光秀依然认为细川父子会加入己方。六月九日，光秀曾写下一封觉书（备忘录）：“有关本能寺之事，你父子（细川幽斋、忠兴）心怀悲痛与不平是可以理解的。尽管如此，还是希望你家（细川家）能派出家老带兵助我，事成之后可将摄津与你，加封若狭、但马也是可以的。另外我还在考虑立忠兴（细川忠兴）为继承人，近50日100日平定周边诸国之后，我即引退让位。”写毕光秀派两名使者将这封觉书送到细川家，但是依旧没能改变细川父子的按兵不动立场。

明智光秀的另一个重要旧部，是大和的国主筒井顺庆。筒井氏乃是奈良兴福寺的护法僧人家族，早年曾与松永久秀相争，一度丢失本据地筒井城而在大和的山中打游击战。永禄十一年（1568）织田信长上京之际，松永久秀抢先参见，获得信长对他领有大和一国的承认，而筒井氏则受到松永与织田的联合镇压。后来松永久秀对织田信长举起反旗，在明智光秀的推荐下，筒井顺庆才被信长收入织田旗下，逐渐从松永手中夺回了大和半国。由于身为兴福寺僧人的关系，筒井顺庆不仅有寺院势力作为后台，还充当了许多畿内豪族与寺方交涉的中介。六月二日当天，筒井顺庆也为了出阵西国而赶往京都，中午收到本能寺之变的消息后立刻返回了大和郡山城。此时除了对信长去世的震惊和些许哀悼之外，筒井顺庆更多的是对未来局势看不明朗的惶惑，为此他首先做的竟是向周边征集大米和油盐以准备长期守城。

筒井顺庆画像

此后数日，筒井顺庆一直在郡山城按兵不动，明智光秀数度派出使者催他起兵，顺庆最初含混着答应了。到了六月九日，本是筒井军答应光秀的出阵日期，筒井顺庆又找借口推迟。通过寺院与领内忍者的眼线，筒井顺庆已经得知了羽柴秀吉从西国返转的消息。六月十日，明智光秀再度派出使者藤田传五郎前去动员，顺庆答应出兵之后，藤田传五郎起身返回，走出好远又被筒井顺庆叫回去商议，可见顺庆当时是多么的不安。当天明智光秀亲自带兵到达河内与山城交界的洞岭，以此对顺庆施加压力。受到威胁之下，筒井顺庆终于亲自率军北上，不过当他进至洞岭附近又停军观望起来，仅派出部将井户良弘带领少部分士兵前去协助明智驻守山城稹岛城。后来日本谚语“洞岭观望”便是形容筒井顺庆这种首鼠两端的态度。

六月十一日，在摄津尼崎，摄津有冈城主池田恒兴、茨木城主中川清秀、高规城主高山重友先后加入秀吉的阵列。这三家摄津诸侯本来就是信长已下令派往西国当秀吉援军的部队。

六月十二日，神户信孝与丹羽长秀在摄津富田与秀吉会合。此前为了征讨四国的长宗我部元亲，织田信长安排信孝为军团长，又以丹羽长秀与津田信澄为其副将在石山备战。

津田信澄，是早年与织田信长争夺家督之位而被杀的弟弟织田信行之子，然而这个身负其父罪业的侄子却智勇兼备且性格果断，《日本耶稣会年报》称信澄为“一时之逸才”“甚为勇敢残酷”，由此他得到织田信长另眼相待，在织田一族中的地位仅次于信长的儿子信忠、信孝、信雄及亲弟信包，时常被信长作为亲信留在身边。

然而津田信澄的另一桩罪业是，他娶了明智光秀的女儿为妻。由此产生的直接后果就是：一旦明智光秀战胜，信澄无疑将成为光秀的代理人和织田家族的第一继承者。尽管津田信澄自己未必有这种野心，但是其他人却不可避免地作如是想。六月五日，神户信孝与丹羽长秀联手将津田信澄袭杀，而后取下他的首级放在堺町曝晒。

由于本能寺之变后，摄津的四国征伐军距离京都极近，人心已经动摇。加上此番主将间的内讧，导致逃兵不断产生。另一方面，信孝的先锋三好康长已经先行渡海攻入阿波，与长宗我部元亲的战斗处于胶着状态，这两方面的原因，使得信孝与丹羽长秀在摄津停下了脚步，等到秀吉到来，他们才与羽柴军合流。

到了六月十二日，秀吉旗下总共已经汇聚了 36000 人。

第 27 章

山崎合战

六月十日，明智光秀收到秀吉主力到来的消息，慌乱之下顾不得再继续向筒井顺庆施压，转头把兵力撤回山城。光秀随后在京都附近的男山布阵，又于十一日起修筑淀城与胜龙寺城以加固防线，同时也开始传令分散在近江的兵力迅速前来集结。然则在北近江的武田元明、京极高次、山崎片家及安土城的明智秀满仍然无法及时赶到。

第一时间明智光秀旗下仅集结起了 16000 人，沿着淀城与胜龙寺城之间的圆明寺川前后分作五阵：

中路为明智军主力近江众，主要有斋藤内藏助利三、斋藤利次、明智光近、柴田胜定、柴田胜之、阿闭贞征、沟尾茂朝等部 5000 余人。

左路为部分旧幕府众与信浓的流亡武士，主要有津田三郎信春（津田信澄的家老）、村上和泉守清国、伊势安房守、上野筑后守等 2000 人。

右路为旧幕府奉公众与若狭、诹访的流亡武士，主要有伊势贞兴、御牧兼显、诹访盛直、逸见木工助、香川刑部等 2000 人。

另外在天王山方向则有丹波武士并河扫部易家与松田

政近、妻木范武等部 2000 人。

明智光秀亲率土岐、明智一族亲党及近卫武士 5000 人在后方的御冢坊布阵。

另外近江的明智秀满部 2000 人正在迅速赶来。

六月十二日，秀吉方在摄津的富田召开军议，会间确定以神户信孝为名义上的总大将，而作战负责人则是羽柴秀吉与丹羽长秀。由于秀吉带来的兵力接近 2 万人，成为联军实际上的主导者。根据明智军的配置，秀吉已把战场想定在山城国西部桂川与宇治川的交汇点山崎，因为明智方的兵力处于绝对劣势，定会选择在天王山与淀川之间的狭窄地带迎敌。

然而讨论由谁当先锋时，同为摄津众的高山重友与池田恒兴却起了争执。此刻兵力已经占据绝对优势，两人谁都不愿错失这一夜暴贵的机会。最后秀吉裁定：由领地离战场最近、熟悉地理的高山重友担任先锋，同时又把池田恒兴摆在与高山重友同样靠前的右方。联军方面的配置是：

最前方高山重友 2000 人、中川清秀 2500 人。

在中川与高山两军之后，是堀秀政 1500 人。

右翼为池田恒兴与加藤光泰、木村隼人、中村一氏 500 人。

秀吉与神户信孝、丹羽长秀共 25000 人在后方的宝积寺立下本阵。

尽管两军已经就着平原展开，但是左侧海拔约 270 米的天王山给秀吉带来了极大的不安。经过仔细观察后，他察觉到了此山的重要性：明智军若是占领此山，便可自上而下偷袭自己的后方；己方若是占领天王山，便能够突破明智军的右翼。

六月十二日夜，秀吉从本阵中抽出堀尾吉晴部 1000 人，让他带队前去占领天王山，同时又传令在前线已经位于山另一侧的堀秀政部给予协助。差不多在同一时间，明智光秀也命令山脚下的松田政近带领 1000 名丹波军向山头进军。

十二日的夜晚，正是月亮最圆的时候。松田政近与堀尾吉晴各自从山的南北两面向上攀登，爬到山腰七分处的时候，双方终于遭遇。堀尾吉晴急忙将弓箭与铁炮队摆成两翼进行射击，将松田部打倒一大片，随后与冲上来的松田政近军战成一团。在松田舍生忘死的突击下，堀尾部渐渐有所不支。此时堀秀政的部队也已经接近山腰，探明前方的混战情况后，堀秀政的兄长堀七郎兵卫（堀利宗）建议道："如果按原路上去与堀尾殿会合，一旦堀尾兵败，我方将一起崩溃，为今之计应该迅速改道上山以寻找胜机。"堀秀政随即采纳此议，绕道到松田军的侧面，在堀尾吉晴部崩溃之前横击过去，一举将松田军击溃。松田政近本人在最后的冲锋中，被堀尾军的铁炮手一枪打中胸口要害，落马而死。

从淀川的一侧远望天王山
（山下的城镇正是当年的战场）

占领天王山之后，秀吉派出黑田官兵卫、羽柴秀长、神子田正治率领 4000 人前去与堀尾吉晴汇合，将整个天王山变成了自己的左翼。而堀秀政则下山继续负责巩固高山重友与中川清秀的后方。天王山被占领，同时也使得明智军的右翼处于劣势，最精锐的丹波众与猛将松田政近的战死也使全军士气受到打击。

由于天王山之战足以影响到整个战役的结果乃至天下的归属，所以后世的日本人也常将"天王山"作为各种竞技活动中重要对决的代名词。

尽管天王山遭遇失败，明智光秀已经丧失了先机，但是正在迅速赶来的明智秀满部 2000 人，以及还在观望的筒井顺庆部让光秀还保持了幻想。战前由于敌我力量悬殊，部将斋藤利三曾建议光秀放弃京都与近江，全军撤入丹波的深山之中，断绝道路，一方面死守以观织田方众将争权之衅，另外则可对细川藤孝施压，同时寻求毛利家的支持。然而明智光秀却舍不得已经到手的京都之荣华和可以一战攫取的号令天下之权柄。在难以割舍的欲望操纵之下，光秀失去了战争常识与果断取舍的理性。

六月十三日凌晨 5 时左右，秀吉方的先锋高山重友，拄着脱去刀鞘的长刀凭几而坐，闭目祷告以积蓄勇气，他是虔诚的天主教信徒。周围的部将盐川长满、阿部仁右卫门等人却早已立马持枪，焦躁不安。不久朝阳升起，明智军中阵的精锐斋藤利三、明智光近部在晨曦中踏着整齐的脚步向高山队逼进。靠近之后，双方开始互射铁炮。此时高山重友还没有祷告完，其麾下的猛士甘利八郎太夫却按捺不住抢先一骑突出，与明智方的前锋队长仓桥茂太夫相遇后，仅一枪便把仓桥刺落马下，第二枪又刺倒茂太夫的弟弟仓桥次郎兵卫。甘利八郎太夫提着两颗首级转身回到阵中，向高山重友请责不听号令之罪。高山重友见他取下“一番枪”（第一枪）和两颗首级的功劳，也不好怪责，同时下令全军上前迎敌。

看到高山重友出动，在他后方的中川清秀部也跃跃欲试。中川军没有直接上前去加固高山重友的防线，而是迂回到高山队的左侧，准备对斋藤利三部进行夹击，不料明智军右路的御牧兼显、伊势贞兴见状立即迅速向前运动，给中川清秀部以痛击。此外明智光秀又抽调中阵后方的沟尾茂朝前去天王山下增援并河易家，封锁住山上的黑田官兵卫与羽柴秀长的同时，又能以铁炮攻击中川清秀的侧面。激战至午后下起了大雨，中川清秀与高山重友两部逐渐开始崩溃，尽管堀秀政队上前助阵，仍然挡不住明智方斋藤利三部的猛突。后方的羽柴秀吉见状，急令丹羽长秀队 3000 人向左上运动，增援受到两面夹击的中川清秀，神户信孝的 4000 人前去增援正前方的高山重友，秀吉的直属部队则随时增援其他方向的战场。

下午 5 时左右，随着天王山上的羽柴秀长、黑田官兵卫全力进攻，以及高举黄金短册的丹羽长秀到来，山下的明智方并河易家、沟尾茂朝部最先被击溃。随后丹羽、羽柴两军又与中川清秀一起突入伊势贞兴、御牧兼显阵中，伊势贞兴当场战死。此时右路的池田恒兴与加藤光泰、中村一氏也奋起从三面突破明智军左翼的津田信春部。接下来池田恒兴左进协助高山重友迎战斋藤利三，加藤光泰则与中村一氏、木村隼人一起向明智光秀的本阵御家坊突进。

下午 6 时左右，在洞岭的筒井顺庆判断羽柴方已经稳胜无疑，即刻带领手下的 1 万人向明智军的阵地进攻，同时又让稹岛城的井户良弘举城倒戈。当顺庆的金秤砣马印出现在战场上之时，一度让明智方产生了希望，不过随后筒井军的行动却是对明智士兵毫不留情地屠杀，斋藤利三之子斋藤利次见状顿时急红了眼睛，二话不说带着自己的一队人马突入筒井顺庆阵中，横冲直撞径向马印所在的位置杀去。然而在突破筒井军三层之后，斋藤利次手下的兵力也逐渐丧失殆尽，利次本人最终被筒井旗下的著名猛将岛左近清兴斩杀。

此时明智军的左右两翼已经全部被突破，中路的斋藤利三部人数也在不断锐减。右翼的御牧兼显向明智光秀派出一名使者传话道：“趁着我最后死战的当口，请您赶快撤退吧。”

光秀一度还准备亲自上前作战，然而他的本阵在羽柴军的左右包抄进逼下不断出现逃兵。最后亲随比田带刀强行拉着光秀，与剩下的 700 人一起退入胜龙寺城中。

明智方前锋的斋藤利三部，在与前后超过 1 万的羽柴军力战中已折损殆尽。由于羽柴军大多已冲到身后，斋藤利三无法再从后方撤退，只能带着身边的百余人继续向前冲锋。不久之后，挡在他前面的是一杆黄金杵马印，那是信长第三子神户信孝的队伍。斋藤利三素来便不把信孝放在眼里，当下振奋精神向前猛突过去，一场战斗下来，神户信孝的 4000 人生生被斋藤利三的 100 多人突破，信孝方还战死 300 余人，500 多人负重伤。而斋藤利三则得以冲到信孝的后方，择路渡过淀川，逃往近江。

到了傍晚时分，持续了一天的山崎合战，以羽柴方的全面胜利告终。但是就战后的统计而言，明智军的伤亡有 3000 人，而联军方面的阵亡人数则超过了 3300 人，由此也可以看出这场战斗的惨烈。

明智光秀的厄运并未到此终结。

当天晚上，光秀留下 300 人在胜龙寺城守城，以拖延联军的步伐，自己带上 500 人悄悄出城赶往坂本，准备集结近江的兵力以图东山再起。但是一路上士兵们不断逃走，加上沿途村民的袭击，走到山城国的小栗栖时，明智光秀身边仅剩下 30 余人。在这里，他们遭到了早已埋伏好的五六十名村民的袭击。

明智光秀小栗栖遇袭

当时农民们的这种行动被称作“落武者狩”，即专门袭击战败的落单武士，以洗劫他们的物品，取下首级去向战胜方领功。每逢大战之时，这项活动就能给战场附近的村民带来额外的收入。在村民们的围攻下，光秀身边的近卫不是被杀就是逃走。光秀本人也被一名百姓用竹枪刺伤腰部，自知无法免难之下，光秀以沟尾茂朝担任介错，在一处树丛中切腹自杀，享年 55 岁。临死前光秀留下的遗句是："顺逆无二门，大道彻心源。五十五年梦，觉来归一元。"以示对本能寺之变终无悔恨。

六月十四日，羽柴秀吉以中川清秀与高山重友等摄津军攻入明智光秀在丹波的居城龟山城，光秀嫡子明智光庆在落城之际自杀。

秀吉向坂本城派出的追讨军堀秀政、丹羽长秀部则在近江的打出滨与从安土赶来的光秀之婿明智秀满部 1000 余人遭遇。一场激战过后，明智秀满的从人尽皆散去。在堀与丹羽两军的追击之下，秀满单人匹马逃到近江的大津之滨，当着众多敌军的面，从三丈高的岸上跳入湖中。正当众人都为他的行动惊诧不已之际，秀满所乘的宝马"大鹿毛"已经从水中浮了起来，载着秀满游往湖对岸的唐崎滨。在唐崎登岸之后，明智秀满进入坂本町中的十王堂，将大鹿毛系在堂前的窗格上，找来纸笔写下"光春（秀满）涉湖之马"的字样，折好系在马的鬃毛之中，准备将这匹宝马留给他人，然后徒步进入坂本城。这种心胸，远远胜过抱着"平蜘蛛茶釜"自杀的松永久秀。

六月十五日，堀秀政的追兵到达坂本城下。在与一族饮过离别的酒宴之后，明智秀满登上城头，大声喊话道："敌军的先锋大将请上前来，有一言相告。"堀秀政跃马上前报上自己的名字："羽柴队下堀久太郎秀政在此。"

明智秀满说道："今日我方将在此城放火自尽，然而城中尚有信长公所持的珍宝名器若干，乃是千秋万代之宝，如今已失去拥有之心，现将所有宝物列成名册交给你，还望代我向羽柴筑前守申明此意。"说罢便派人将名册交给堀秀政，又告知他存放宝物的矢仓所在。

等到堀秀政把所有宝物运出之后，城门再度打开，明智秀满带领 70 余人冲出，与堀秀政部又是一场死战。结果堀秀政方面 200 多人战死，明智秀满身边也仅剩十四五人。力尽之后明智秀满返回城中，把整个城池点燃，先将明智光秀的妻子照子、次子十治郎、三子自然丸等家眷杀死，接着与明智光忠、沟尾茂朝等同族郎党一起切腹自杀。

六月十六日，明智方留守长滨城的妻木范贤、佐和山城的荒木行重、山本山城的阿闭贞征或是弃城逃走，或是降服，整个近江一天之内即被平定。

同一天，羽柴秀吉进入安土城，向天下宣布："复仇成功！"这一战奠定了他作为织田家首席重臣的地位。

明智秀满乘马渡湖

六月十七日，斋藤利三在琵琶湖西岸的坚田被搜出，秀吉命人将他押到京都的六条河原处以磔刑。

六月十八日，秀吉的死敌阿闭贞征被抓获，其一族都被秀吉下令诛杀。

六月底，逃窜的武田元明得到丹羽长秀的原谅，被招至近江海津。七月十九日，武田元明在近江海津的法云寺内被谋杀，享年 31 岁。而秀吉看上了武田元明的妻子京极龙子，在元明死后将龙子纳为自己的侧室，此后称作“松之丸殿”。由于京极龙子的乞求，她的弟弟、跟随武田元明起兵的京极高次得到了赦免，不久又被秀吉收为家臣。

另外，山崎合战前一直在洞岭观望的筒井顺庆，由于加入时间过晚而在战后遭到秀吉的斥责。筒井顺庆随即向秀吉献上家传的名贵茶器“筒井井户”，最终得到了原谅。

第 28 章

清洲会议

从本能寺之变到山崎合战期间，织田家的另外两个远征军团情况各有不同。

北陆的柴田胜家当时正在越中与上杉家作战，并在六月三日攻落鱼津城，紧接着包围了松仓城。六月九日（一说是四日）得知本能寺之变消息后才解围退军，而越中的鱼津城又被上杉军反击夺回。不过上杉景胜并未对柴田胜家穷追不舍，转而攻入了森长可的北信浓。

六月十八日，柴田胜家的军队才到达北近江的柳濑，此时消灭明智残党的战斗已经结束了。柴田胜家自知当下进京也没用，于是转军前往尾张的清洲城。

由于柴田胜家单方面的撤军，北信浓的森长可遭到上杉猛攻，最后放弃北信五郡的领地，退回旧领美浓金山城。在甲斐，武田旧臣的起兵此起彼伏，信长任命的国主河尻秀隆在镇压中兵败被杀。南信浓的毛利秀赖放弃伊那郡退回尾张，另一家南信浓领主木曾义昌则放弃织田信长加封的安昙、筑摩两郡，退回旧领地，转而寻求德川家的庇护。由于甲斐、信浓几乎全面陷入混乱，使得立于上野的关东管领泷川一益失去了后援。

此时关东管领泷川一益到任才三个月，在这三个月里，他一方面与南方的北条氏保持着友好关系，同时又向上野、信浓、下野、武藏的小领主挨个收取人质，五月上旬还召集关东大小诸侯共同举行茶会以提升影响力。

但是，泷川一益的种种行动让本来就是关东霸主的北条氏政时时感到不安。六月八日左右，关东北条家也得到了织田信长在本能寺遇害的传闻。当时北条氏政的第一反应是派使者向泷川一益表示：如若要上京报仇，北条家会积极出兵援助。不过随着织田信长与信忠遇害的消息被坐实，北条氏政迅速丢掉面具，动员起 56000 人的大军，以嫡子北条氏直与兄弟北条氏邦为大将，北上攻击泷川一益的上野。

仓促之间，泷川一益也动员起了 2 万人，由于整备与训练时间过短，一益对军队的掌控极其松散，不过他也以“信长的吊唁之战”为名，尽可能地激励士兵们同仇敌忾。

六月十八日，两军在神流川畔第一次遭遇，泷川一益以少胜多，击破北条方的先锋，斩杀北条氏邦的钵形军 3000 人与北条氏直的近卫队若干。

六月十九日，双方在神流川进行第二次激战。起初泷川一益一度击破北条军前部，并展开了深入追击，待到泷川军的阵形向纵深拉长，四散的北条军就返转过来，将泷川军切成数段。最后泷川方 4000 多人战死。泷川一益逃回厩桥城后，先放走关东诸侯们留下的人质，接着舍弃上野厩桥城，自己经信浓逃往北伊势的领地。顷刻之间上野和信浓东部尽归北条氏所有。

天正十年（1582）六月二十七日，织田家的重臣们在尾张清洲城召开了本能寺之变的善后会议。

选取清洲的原因是，本能寺之变时，织田信忠的家臣前田玄以从京都逃出，前往岐阜城将信忠嫡子三法师转移到了清洲。由于近江周边已为秀吉等人所控制，柴田胜家不愿多做停留，也带兵来到此地。加上尾张是众多织田重臣的故乡，大家不会在这里开战。在柴田胜家之后，羽柴秀吉、丹羽长秀、池田恒兴、中川清秀、高山重友、筒井顺庆、细川藤孝、蒲生赋秀、北田信雄以及神户信孝也陆续赶到了清洲城。

到会的诸将之中，身为织田家原方面军团长的只有柴田胜家、羽柴秀吉、丹羽长秀，这三人成为会议的主导者。另外池田恒兴是织田信长的乳母之子，资历与丹羽长秀相当，身份为摄津半国之主，又在山崎合战中立下大功，也被秀吉提携为主持会议的宿老之一。

实际上，由于这场会议的结果直接关系到山崎合战后的战功封赏，已经把羽柴秀吉、丹羽长秀与池田恒兴绑到了一起，而秀吉主导了整个合战，实力在三人之中最强，其余二人自然也唯他马首是瞻，由此就奠定了整个会议的基调。

会议的议题，首先是关于织田家的继承人问题。信长的第二子北田信雄与第三子神户信孝为了避嫌都没有参加这个议题。

按长幼之序来说，北田信雄与信长的嫡子织田信忠同为信长侧室吉乃所生，堪称与嫡流最为接近。不过信雄的人品与才能却一直令家臣们失望。天正七年（1579）信雄奉命带领大军进攻伊贺，被当地的众多忍者豪族击败，由此遭到了信长责骂。本能寺之变后，信雄的伊势军虽离京都也近，但是行动迟缓，根本没起到任何作用。

而神户信孝从年龄上说仅比信雄小几天，其生母是身份低微的坂氏，所以继承的门第神户氏也远远不如信雄继承的北田氏。不过信孝却是山崎合战的有功者之一。这两个人中的任何一个若被立为织田家的新主人，都有不少的缺憾，而且会因另一人的不满而酿成新的分裂。

最后，羽柴秀吉提出，以织田信忠的嫡子三法师为织田家继承人。

事实上，选择以尾张的清洲为会址，就已经表明了重臣们尊重织田家嫡流的立场。所以羽柴秀吉提出以三法师为织田家的新主人之时，得到了大多数重臣的赞同。

但是柴田胜家偏要和秀吉对着干，他主张立在山崎合战中作为总大将的神户信孝为主君。

第三位军团长丹羽长秀的意见决定了整个问题的结果。而在事先秀吉已经将丹羽长秀打通。

最后清洲会议决定：年仅 3 岁的织田三法师就此成为织田家的新主人和安土城主，安土城及附近近江坂田郡的 3 万石作为三法师的收入，由堀秀政代为管理。神户信孝、北田信雄两位叔父成为三法师的共同监护人，而天下的政务则由四个元老柴田胜家、羽柴秀吉、丹羽长秀、池田恒兴共同议定。

会后，两个监护人、四个元老以及旗下众多诸侯一起向三法师进献了绝对服从其号令的誓书。此时另一个军团长泷川一益还在信浓的木曾福岛城。秀吉以“临敌退缩，实在丢脸”为由，将泷川一益排除在了今后织田家的决策层之外。

织田三法师（秀信）画像

接下来就是织田家的领地分割问题。最后众人商定的结果是：

·北田信雄加增尾张一国，加上原有的伊贺、南伊势之地共计 100 万石，此后他改名为织田信雄，并以清洲城为居城。

·神户信孝加增美浓一国 50 万石，成为岐阜城主，此后他改名为织田信孝。

·柴田胜家除保有北陆之外，获得了秀吉的北近江长滨 12 万石之地，这是他向秀吉争取的结果。由于柴田胜家的越前属于北国，一旦南境的木目岭被大雪封山，胜家就难以在畿内展开军势行动，所以对他而言，急于获得离越前最近的北近江作为冬季的军事据点。秀吉明知这一点仍然答应了胜家的要求。

·丹羽长秀，在保有若狭一国之外，又加增近江的高岛、滋贺二郡 15 万石，并移居明智光秀的坂本城，实则是代理光秀成为京都与安土城的拱卫与监视者。

·堀秀政，在北近江获得领地，成为安土城另一侧的拱卫者，领有佐和山城。

·池田恒兴，加增摄津的石山、尼崎、兵库，加上原来的花隈，共计领有 20 万石。

·秀吉之养子，也即是织田信长第四子羽柴秀胜领有丹波一国，成为龟山城主。

·羽柴秀吉，加增山城、河内、和泉及丹波四国。

·另外的蜂屋赖隆、高山重友、蒲生氏乡、中川清秀等人各自得到 4000 到 3 万石不等的加增。泷川一益则得到了原属织田信孝的北伊势 5 万石作为心理安慰。

清洲会议上的领地分割，堪称是为满足各方要求而挖空心思对原织田领与明智领进行的分赃。柴田胜家由于晚到战场一步，在吃哑巴亏之余还不忘要来长滨作补偿。织田信孝与织田信雄虽不能继承宗家，却也得到了大国作为补偿。参与山崎合战的诸将也都得到了满意的封赏。

然而从这一刻起，以织田三法师为宗主的织田家宗主之位便被架空了，因为织田家的根本之地美浓与尾张名为给予同族的信雄与信孝，实则是变相从织田嫡流手中剥离了出来。三法师虽然身为安土城主和织田政权的主人，但这个身份却是需要直辖领地的收入与军力来维系的。此后直接受三法师控制的领地，便只有近江坂田郡3万石而已。

而羽柴秀吉战前控有播磨、因幡、但马、淡路，间接支配宇喜多的备前、美作，会议之后又获得山城、丹波、河内、和泉四国，山城是京都之所在，天下的政治中心，和泉是堺町之所在，全日本的经济中心，实则决定整个日本命运的权柄，在清洲会议之后已经开始向秀吉手中转移。

第 29 章 大德寺葬礼

清洲会议结束之后，羽柴秀吉即刻赶往长滨，完成将北近江转让给柴田胜家的手续。

柴田胜家派驻的新任长滨城主，乃是他的养子柴田胜丰。

柴田胜家和秀吉一样，一直以来也没有亲生儿子。不过他有两个姐姐，一个嫁给了佐久间信盛的从弟佐久间盛次，生下四个儿子：盛政、安政、胜政、胜之，其中佐久间盛政一直跟随柴田胜家在各地作战，是有“鬼玄蕃”之名的勇将，后被胜家赐以加贺一国，成为加贺金泽城主。佐久间安政在早年被过继给了河内豪族保田知宗。第三子胜政由于勇猛善战而得到胜家的喜爱，被收为养子，是为柴田胜政。第四子胜之则做了佐佐成政的婿养子，通称佐佐胜之。

柴田胜家的另一个姐姐则嫁给了籍籍无名的武士吉田次兵卫，生下的便是这位长滨城主柴田胜丰。虽然柴田胜丰与柴田胜政同为胜家的养子，但是和胜政兄弟受到重用相比，胜丰一直遭到冷遇。另外胜家还有一个养子名叫柴田胜敏，有可能是他的亲生子嗣，不过这一年才 15 岁左右。

从胜家对子侄的配置来看，安政、胜之过继给别家，佐久间盛政领有加贺一国，柴田胜丰领有长滨，那么他的继承人只可能是留在身边的柴田胜政或柴田胜敏。

七月十一日，羽柴秀吉进入京都，住进本国寺，这里是原将军足利义昭以前的住所。织田信长此前为了昭示自己不当天皇的臣子，在京都没有设下自己的宅邸，每次都是以本能寺作为自己的宿所。秀吉采取类似的行动，足以让世人习惯性地将他视作是京都的主宰者。

当天，细川幽斋、忠兴父子向秀吉献上了誓书，秀吉许可细川家保全旧领，同时又给他们加增了明智光秀在丹后的领地。此前筒井顺庆已经向秀吉献上养子筒井定次作为人质以示臣服。实则五畿内地区已经逐步被秀吉收纳在掌中。同时秀吉又以修复安土城为由，与近江附近的丹羽长秀和堀秀政保持着密切联络。

七月十七日，秀吉在山崎的宝寺筑造新城作为自己往来京都的据点。

在此期间，织田信孝与织田信雄兄弟已经起了纠纷。两兄弟在以前各自割据南北伊势时起便已产生不睦，这一次又为了美浓与尾张的领土边界问题起了冲突。最后织田信孝提出以木曾川为界，请求秀吉的裁断。这个问题涉及了秀吉的老根据地——木曾川、长良川之间地区的归属问题，由于织田信雄出身既高，又已经领有尾张、伊贺以及大半个伊势，为了保持两兄弟之间的实力平衡，秀吉同意了织田信孝以木曾川为界的方案。

木曾川划界事件之后，作为受损方的织田信雄尚没有什么公开的不满表示，反倒是受益人织田信孝的手腕令人眼花缭乱。

在清洲会议中吃了大亏的泷川一益多次向丹羽长秀和秀吉抱怨，没有产生效果之下，开始向织田信孝靠拢。在信长时代，泷川一益与信孝的领地同在北伊势，两人手下的豪族之间也有着千丝万缕的关系。而织田信孝尽管已得到美浓一国与两川之地，但是作为信长之子和山崎合战的总大将，他还是觉得赏赐过于微薄。另外，北陆的柴田胜家在发现秀吉霸据畿内、操控近江的真实意图后也产生了不满。

在此背景之下，织田信孝做了两件事：一是做媒将寡居的姑母阿市夫人嫁给了柴田胜家。另一件事则是扣留三法师，不让他前往已经在秀吉掌中的安土城。关于阿市与柴田胜家的成亲，后世虽有新的书状说是秀吉做媒，但就秀吉的立场来说，他一定不会有这样直接抬升柴田胜家地位的本意，事件的真相之微妙所在，就不得而知了。

九月十二日，距离本能寺之变整整100日。这一天，羽柴秀吉以养子秀胜为丧主，在京都大德寺为信长举行了百日忌法事。而在九月十一日，北陆的柴田胜家也以市夫人为丧主，在北之庄的妙心寺举行信长的百日忌。双方以这种方式，各自向天下显示自己是信长遗志的继承者。

织田信孝画像
（信长曾冒姓平氏，春高即信孝的读音）

十月三日，羽柴秀吉得到天皇授予的新官位："从五位下左近卫权少将"。随后，秀吉向柴田胜家、织田信雄、织田信孝以及织田旗下的大小诸侯发出邀请，让各家共同聚集到京都，为织田信长举行正式的葬礼。

由于地点是秀吉控制的京都，所以柴田胜家对此不予回应，而且他也意识到秀吉将借此次葬礼来向天下人展示自己的权威。为了阻挠秀吉，柴田胜家还联合织田信孝一起阻止三法师上京参加葬礼，以此否定葬礼的正式性，此外，胜家又与织田信孝、泷川一益一起联名向各地诸侯发出了针对秀吉独断专行的弹劾状。而秀吉则以一场盛大的葬礼作为回应。

十月十三日，羽柴秀吉和羽柴秀胜带领3万士兵进入京都。

十月十五日，是葬礼正式举行的日期，火场设在京都附近的莲台野。当天，黑田官兵卫、蜂须贺正胜、浅野长政、神子田正治、仙石秀久、大谷吉继等将领各自把守由大德寺通往莲台野的醍醐、山科、舟冈、梅津、东寺、四冢、西冈等地；小川土佐守、羽田长门守、桑山修理助、木下将监助防天皇的皇宫禁里；杉原家次、桑原治右卫门、副田甚兵卫三人被任命为法事奉行，负责大德寺的法事操办；生驹亲正、小西行长带领1000人在大德寺周围担任警护；羽柴秀长带领1万人作为葬礼的总奉行，负责人事的调度。这种宏大的阵势把京都的住民全都吸引到大德寺外的道路旁观礼。

在大德寺内，摆放有用锦绫金银七宝棺装放着的织田信长木像代替遗体，由 30 人抬起，棺舆正前方站定持天盖（大伞）的是池田恒兴的次子池田辉政，正后方持天盖罩住棺身的是羽柴秀胜。信长的第八子长丸奉牌位走在队伍正前方，羽柴秀吉持名刀“不动国行”走在队列的前方一侧，信长正室归蝶夫人的代表蒲生贤秀走在另一侧。其余的织田系诸大名一起护拥在周围，上下穿丧衣者 1000 余人，整个队列 3000 人，一起由大德寺前往莲台野。

到达火化场后，高僧笑岭和尚手持火炬为织田信长作偈道：“四十九年梦一场，威名何必问存亡。请看火里乌昙钵，吹作梅花遍界香。”随后由前田玄以作为三法师的代表上第一炷香，紧接着便是羽柴秀吉，再往下是其余诸将。上香完毕，笑岭和尚举火将棺木火化。

事后，羽柴秀吉又在大德寺内建立一座总见院，用于供奉信长的牌位，并向寺内进献白银 1000 枚、米 1000 石，以 50 石的土地收入作为总见院的维持费。

大德寺葬礼之时，就连远在西国的毛利家也派出了使者到会。毛利辉元的代表是福员越后守广俊、吉川元春的代表是谷川市太夫、小早川隆景的代表为中岛元行。而柴田胜家、织田信孝不仅不出席，还阻挠织田三法师的到场，他们与秀吉之间的对立也逐渐明朗化。而织田信雄尚与秀吉保持着密切关系，九月中信雄领有的伊贺与伊势都爆发了豪族起义，尽管有秀吉出兵援助，但是信雄在葬礼期间仍无法脱身。

第30章

冬季攻略

天正十年（1582）十月底，织田信孝旗下的美浓曾根城主稻叶一铁被秀吉策反。由于氏家直元战死于镇压长岛一向宗的战斗之中，安藤守就紧随佐久间信盛、林秀贞之后被信长流放，稻叶一铁便成为原来的西美浓三人众之中硕果仅存者。稻叶一铁向秀吉献上誓书效忠，使得织田信孝与秀吉的战争已经不可避免。

秀吉向五畿内的豪族统一收取人质，让近江的丹羽长秀、长谷川秀一、山冈景隆加强城池的守备，显示出积极备战的倾向。

阿波三好一族的长老三好康长为了向秀吉表示忠心，除去献上人质之外，又把秀吉的外甥治兵卫收为养子，取名为“三好信吉”，通常又作“三好秀次”。这个治兵卫，便是当年秀吉为劝降宫部继润而塞去做人质的孩子。秀吉成为独当一面的军团长之后，宫部继润也把治兵卫送还给了秀吉。而这一次他入嗣的三好氏，则是曾经独霸畿内、号令天下的名门。由于治兵卫入嗣的缘故，连带着他的生父木下弥助也沾光改名为“三好吉房”。

不过在柴田胜家方面，却不愿意在即将到来的冬季进行决战。为此柴田胜家于十月二十八日派出前田利家、金森长近、不破胜光作为使者，前往宝积寺与秀吉和谈。对于老朋友前田利家，秀吉也拂不下面子，最后爽快地立下了与柴田胜家和睦的誓书，不过却回避了胜家要丹羽长秀、池田恒兴共同订立誓书的要求。

这份誓书，只是秀吉麻痹柴田胜家的手段。接下来秀吉采取了一系列令胜家措手不及的行动。

十一月中旬，近江通往北陆的关口木目岭被积雪所封。二十四日，秀吉正式以池田恒兴、丹羽长秀、细川藤孝、中川清秀、高山重友等部出兵北近江。秀吉自己于十二月七日（一说九日）出阵，以约 3 万人的兵力将柴田胜丰的长滨城包围。

此前秀吉已经派出使者进入长滨城诱降。由于对柴田胜家厚待佐久间盛政、柴田胜政兄弟感到不平，柴田胜丰早已动摇。加上积雪阻挡了援军的到来，不久胜丰即向秀吉开城投降。乘着大雪，秀吉又让丹羽长秀警备加固越前—若狭交界地区、柴田胜丰在越前—近江交界的贱岳一带修筑城砦，以防备柴田胜家来年春天的进攻。

十二月十六日，秀吉转军攻入美浓。二十日秀吉进入大垣城，以稻叶一铁为首的美浓豪族纷纷向他献上人质。不久秀吉包围了织田信孝的岐阜城，并在城下町放火。势穷之下，织田信孝向秀吉让出三法师，又送上生母坂氏与女儿为人质请求降服。

压服信孝之后，秀吉将三法师安置于安土城内，并在年前向他献上小袖十重、白银千枚等礼物。

第二年正月，织田信雄在安土城以三法师代理的身份，接受了秀吉以下诸将的贺年。

年前由岐阜城回师之际，秀吉即向各地诸侯发出动员令，要求众将于来年正月二十三日集结到近江的草津以征讨伊势，目标是长岛城的泷川一益。为了避免春天雪化之后，遭到柴田胜家与泷川一益的南北夹攻，秀吉必须抢在年初将伊势征服。

这个动员令的直接效果，就是逼得泷川一益不得不提前一步动手。

天正十一年（1583）正月，泷川一益派兵袭击了北伊势关盛信一族的龟山城、关城、峰城等城池。关氏是北伊势神户氏的宗家，然而自信孝入嗣神户之后，就被配属为神户家的家臣。对此关盛信一族甚为不平，等到信孝移封美浓之后，关盛信率领一族脱离神户家，直接从属于秀吉之下。这个家族的向背，也是秀吉与织田信孝对立的焦点问题之一。

正月底，各方诸侯在近江草津聚集起 6 万余人，继而羽柴秀吉也率领 15000 人到达，随后秀吉把总计 75000 人的兵力分作三路：左翼由羽柴秀长率领，经美浓的关原、土岐多罗口进军。中路由三好秀次率领，走大君畑口。秀吉自率右路经南近江的日野、安乐口攻入伊势。

在泷川一益方面，几个重要的据点配置如下：龟山城，守将泷川三九郎、佐治新介以下 4000 余人；峰城，守将泷川仪太夫（一益外甥）3700 人；长岛城，泷川源八郎、泷川彦治郎等 3000 余人；泷川一益亲率旗本 8000 余人守桑名城。泷川一益的战略很明显：在主要的据点里配下重兵、屯足粮草，长期守城一直坚持到柴田胜家出兵。

羽柴秀吉与秀胜、蒲生赋秀、细川忠兴、蜂屋赖隆及直属旗本合计 3 万人从安土出发，经草津、水口，越过海拔 490 米的安乐隘进入伊势。

由于秀吉专拣地形最复杂的山路强行军，等到泷川军发现时，秀吉已经到达峰城之下。不久三好秀次也到达。秀吉分出蒲生氏乡、筒井顺庆与关盛信、关一政父子南下进攻龟山城，秀次留下包围峰城，秀吉自己率主力向泷川一益的桑名城进攻。

在秀吉的先锋中川清秀靠近桑名城时，泷川一益突然从城中杀出，一举将中川队击溃，而秀吉的本阵也受波及，败退了 3 里有余。随后泷川一益凭借着坚固的桑名城只守不攻，而秀吉编成别动队进攻泷川后方的长岛城与中井城的行动也被击退。尽管羽柴秀长不久赶来与秀吉会合，羽柴军一时间仍无法攻落桑名城。

二月二十八日，织田信雄的军队赶到龟山城下。到了三月三日，城将佐治新介因弹尽粮绝退回长岛，继而国府城与关城也接连被羽柴军攻落。

随后秀吉把龟山城还给关氏一族，又让织田信雄接替自己继续包围泷川家的峰城和桑名城，自己则率领直属部队返回近江。因为，北陆的柴田胜家终于扫雪前进，向近江出兵了。

第 31 章

近江对阵

天正十一年（1583）北陆的大雪一直持续到了二月下旬。连续不断的大雪，让柴田胜家在三个月的时间里，不仅丢掉了长滨城，还几乎失去了所有的南方盟友。

柴田胜家的出阵日期原本是定在三月十七日，由于北伊势泷川一益方面的战局日趋不利，为避免在织田信孝投降后再折一臂，胜家不得不把出阵日期大大提前。

二月二十八日，前田利家之子前田利长作为柴田军的前队先行出发扫雪。三月三日，佐久间盛政率领 8500 加贺兵进入北之庄城。第二天，柴田胜家亲率前田利家、佐久间盛政以下北陆之兵 3 万人出阵。

尽管木目隘的雪仍然很深，但柴田军在前方的士兵们历尽艰辛通过之后也逐渐踩出了可供行走的道路。

三月八日，佐久间盛政作为先锋最先到达近江的柳濑，随后一面构筑阵地，一面在下余吴、坂口方面放火。三月十二日，后续的柴田军陆续到达。柴田胜政以下诸将也带队沿着近江通往美浓的道路袭击周围的村落，最后在到达天神山下时，遭到山上羽柴军阵地的铁炮威吓射击才收兵回营。

柴田胜家的阵地，构筑在柳濑山东段海拔439米的内中尾山上。柳濑山沿着内中尾山向西南延伸有着海拔660米的最高峰行市山，乃是佐久间盛政部8000人的阵地所在，这里既扼守着敦贺街道与经椿井隘到越前的要道，又可以将羽柴军在南方贱岳附近的城砦看得一目了然。此外，前田利家、利长父子5000人配置在行市山南面的寺山，金森长近、拜乡家嘉、原长赖等部3000人配置在前田利家与柴田胜家阵地之间的中谷山、林谷山、枥谷山地区。

羽柴秀吉在接到柴田胜家出兵的消息之后，率领主力迅速由伊势北上，于三月十五日进入佐和山城，十六日进入长滨城。

长滨城的柴田胜丰在向秀吉降服之后便卧病不起，而他的部下山路正国、木下半右卫门、大钟藤八郎等一直担任着贱岳附近诸砦的守将。为了安抚军心，秀吉一面向柴田胜丰保证战后继续让他做城主、自由支配长滨，同时还派人去京都请来名医曲直濑道三为他医治。随后秀吉在长滨城下将旗下的5万人编作14阵，也向柳濑出发。

三月十六日，秀吉到达贱岳附近的木之本。看到柴田军由行市山以下连山设砦，处处坚壁森垒之后，秀吉意识到柴田胜家不急于马上一决胜负，而是准备进行持久战的心意，故而也相应地开始进行长期作战的准备：堀秀政部5000人被配置到从东侧扼守北国街道的东野山，此外沿着余吴湖又设下了三层战线，柴田胜丰家臣山路正国、木下半右卫门布阵于余吴湖北的堂木山，大钟藤八郎布阵于同在北岸的神明山，木村定重与蜂须贺家政（正胜之子）在附近布阵以监视这三将，在他们后方的中之乡是柴田胜丰的部将小川佑忠，以上是第一线阵地。第二线是沿余吴湖南岸贱岳布下的五个连珠砦，分别由丹羽长秀、桑山重晴、羽柴秀长家臣羽田正亲、中川清秀、高山重友驻守。第三线是田上山的羽柴秀长15000人与木之本的羽柴秀吉2万人。

接下来的十几天里，双方没有任何交锋，不过秀吉为防备柴田胜家随时出手的雷霆一击，着手于各种防护与警戒工作。丹羽长秀的7000人负责在海津方面监视整个琵琶湖以西地区，丹羽长秀之子丹羽长重以3000人监视敦贺与若狭的国境。细川忠兴则返回丹后，率领丹后水军在越前的几个港湾放火，以干扰柴田胜家的注意力。另外，去年在明智光秀之乱中保护了秀吉家眷的称名寺，也动员北近江的一向宗僧徒作为间谍，为秀吉提供柴田军一举一动的情报。

柴田胜家的战略意图，并不是在当前的形势下将秀吉击破，只是为了将秀吉的主力吸引在北近江，等待自己盟友进攻秀吉后方，趁秀吉前后受敌、手忙脚乱之时，再一举把他击破。急急忙忙从伊势赶来的秀吉，在第一时间内似乎没有察觉到胜家的这种意图。

尽管胜家最初的战略布局似乎是以不动掌握了主动，但是在随后的时间里，如他所愿捣乱秀吉后方的势力少得可怜。

自清洲会议之后，胜家便开始与毛利家的吉川元春联络，甚至不惜以拥戴前将军足利义昭为条件，邀请毛利辉元攻击秀吉的后方。二月十三日，胜家还向吉川元春递交了效忠足利义昭的誓书，而真正到贱岳对阵之时，毛利辉元在与元春、隆景两个叔父商议后却决定坐山观虎斗。

天正十年（1582）年底，柴田胜家曾向夺取了甲斐及信浓的德川家康派出使者祝贺，家康收下了胜家的厚礼，却也没有出兵援助。

四国的长宗我部元亲，尽管答应与胜家同盟，但是山高海远，加上秀吉派出仙石秀久带兵牵制，元亲只能在大海一端的阿波为胜家摇旗呐喊。

有一点实际行动的是纪伊的杂贺党，不过秀吉却将蜂屋赖隆与中村一氏配置在和泉岸和田城，封锁住了杂贺党的骚扰。

反倒是越后的上杉景胜，在天正十一年（1583）二月与秀吉结成同盟，将柴田胜家的一支重要战力佐佐成政军拖在了越中。

看到战局一直僵持不下，羽柴秀吉将木之本的阵地交给秀长驻守，自己于三月二十七日返回长滨城休整。

四月初，在羽柴军的第一线阵地，出现山路将监正国与柴田方内通的流言。堂木山砦的山路正国作为柴田胜丰的家臣，受到秀吉派出的木村定重监视，对于秀吉的这种不信任已经感到了不满。此外，柴田胜家又在近江发出一通悬赏布告：凡能为柴田家袭取长滨城的人，可获赏金子 100 枚，知行地 7000 石。这通悬赏也让羽柴方前线的几个将领互相猜疑不已，谁

柴田胜家木像

都害怕同伴会成为第一个背叛者。

所以在听到山路正国与柴田内通的流言之后，监军木村定重的第一反应是自己带兵进入堂木山砦的本城，让同为柴田胜丰部将的山路正国、大钟藤八郎、木下半右卫门守备外围，此举便使得山路正国更为不满。紧接着柴田胜家派出山路正国的旧友宇野忠左卫门前去诱降，开出的条件是胜利之后将柴田胜丰在越前的旧领丸山 45000 石封给山路。在这种巨大的诱惑之下，山路正国终于决定向柴田方倒戈。

四月四日，柴田胜家亲率人马进至东野山下，与山上的堀秀政部互射铁炮，第二天又直接向堀军进攻，小战一场便装作不敌败还。借着这个小动作，胜家想将秀吉的注意力吸引到东野山下，以方便堂木山的山路正国起事。

四月十三日，山路正国派人请木村定重到自己的阵中商议军务，准备借机将其诱杀。然而前一天晚上，山路的近臣野村胜次郎就将阴谋告知了木村定重，所以当山路的使者来请时，木村定重便以腹泻为由婉拒了邀请。

山路正国也是一个极为机敏之人，收到木村的回复，他已经感到计谋似乎败露了，于是急忙关上大门，将近臣招呼到一起点数，一看少了一人。旁边就有人汇报："野村胜次郎昨晚半夜起床出去了，至今未归。"山路正国此时不再犹豫，急忙派出两个外甥前去长滨解救做人质的七名家眷，自己贯甲持枪，放出一把火将阵地点燃，与数名亲随逃往行市山的佐久间盛政阵地。不过他的家眷随后还是被抓住，由木村定重派人押到佐久间盛政的阵前处以磔刑。

第 32 章

奇袭大岩山

四月十三日，柴田胜家等待已久的变局终于出现。

这一天，在北伊势被围攻的泷川一益，腾出手来进攻了伊势与美浓交界处织田信雄下属的吉村领地。对此柴田胜家尚未有所反应，一直在美浓蛰伏的织田信孝却被这个消息激活，迫不及待地起兵，攻击了秀吉旗下清水城的稻叶一铁和大垣城的氏家直通（直元之子）。

之前尽管织田信孝已向秀吉降服，但是柴田胜家的出阵再度唤起了他的野心。此时夺取天下的机会出现，信孝再也顾不得不久前立下的誓约和留在安土城做人质的家中老小了。

作为回应，羽柴秀吉一面派出使者前往安土处死信孝的老母与女儿，紧接着又于四月十六日率领本部 2 万人由长滨赶往美浓。

但是，秀吉进入大垣城之后就停军不动，仅是督促稻叶一铁与氏家直通对信孝展开小规模的进攻。柴田胜家等待的是这个机会，秀吉也利用这个机会就近应变。柴田要攻贱岳，羽柴要攻岐阜，先全力出手者将在贱岳的战场上陷入被动，双方都十分清楚这一点。

然而羽柴秀吉由长滨前往美浓展现出来的空当，已使得柴田军中的佐久间盛政热血沸腾。加上盛政军中的山路正国急于给妻小报仇，向盛政报告了羽柴军在余吴湖两岸的布防情况：由于自己的逃走，使得羽柴军加强了第一线堂木山、神明山的警戒，但是第二线的贱岳、大岩山、岩崎山的防御工事尚不完备，可以一战攻落。

发现这个战机，佐久间盛政前往胜家在内中尾山的阵地，请求胜家许可自己从余吴湖西岸的山地奇袭进攻大岩山。

柴田胜家也看到了这是一个危险的机会，然而深入大岩山既有被包围的危险，又要防备羽柴秀吉像西国大返转那样突然由美浓返回木之本。但是胜家不想打击佐久间盛政的热情，加上认为贱岳与大岩山之间的山地乃是柴田军最擅长作战的地形，即使秀吉回军在该地发生激战，己方也未必占下风，所以同意了盛政的出击计划。

但是柴田胜家同时又对佐久间盛政提出两点要求：第一，随时与后方保持紧密联系，防止被敌军截断退路。第二，一旦攻落大岩山，立刻退回原来的阵地。胜家的意图，不是指望着攻落大岩山而决定此战的胜负，而是通过这次行动，让秀吉看到自己的阵地中存在破绽，由此秀吉必然会转换兵力部署，将重兵配置到余吴湖西岸的山地。到那时，便是柴田军向羽柴方东边诸阵地发起总攻的时机。

随后柴田军的调配是：以佐久间盛政为总大将，率领其直属的加贺众以及林谷、中谷阵地的德山则秀、原长赖、拜乡家嘉共 8000 人作为奇袭大岩山的主力。另外由柴田胜家本阵分出柴田胜政率领 3000 人，移动到余吴湖西岸正对贱岳的饭浦之切通口立阵，以保障佐久间盛政的退路。前田利家、利长父子 5000 人前进到神明山附近的茂山，以牵制神明山、堂木山的羽柴军第一线阵地。柴田

“鬼玄蕃”佐久间盛政出阵图

胜家亲率 4000 人南下逼近狐冢，以牵制东野山的堀秀政与中之乡的小川佑忠。

按照柴田胜家原来的意图，如果两军是正面冲突，那么摆在最前线抵挡敌军冲锋的自是非直属部队的前田利家、利长父子及金森长近等部。但是现在变成了能够骤立大功的奇袭战，他就把前田父子放后，让嫡系的佐久间盛政去抢功。

四月二十日天未明之时，柴田军的行动开始。佐久间盛政的大部队从行市山出发，与别所山的德山、原、不破、拜乡等军合流之后，经西南的集福寺口、权现坂，再沿着余吴湖的湖滨前进，直奔中川清秀驻防的大岩山砦。另外前田利家顺利到达茂山，柴田胜政也到达饭浦附近的切通口，护住了盛政的退路。

最先发现柴田军的，是迎着晨光在余吴湖中洗马的七八名中川军武士，随即就有两人被佐久间盛政的先锋所杀，其余几人急忙上马回砦报讯。

中川清秀得报之后，立刻将铁炮手与长枪足轻摆至砦前的土垒后方警备，同时又向贱岳的桑山重晴与岩崎山的高山重友求援。

由于秀吉进攻北伊势不利，使得高山重友等人已经开始怀疑他的实力，另外高山重友的父亲高山友照在随荒木村重起兵失败后遭流放，一度受到柴田胜家的保护，所以重友本人对柴田的态度极为暧昧。据说此时高山重友尚在与柴田胜家暗地交涉，还没谈妥倒戈的条件，柴田军便对大岩山发起了进攻。所以高山重友对中川清秀的回复是：高山军要据守岩崎山以抵抗柴田军的进攻，无力给予援助。而贱岳的桑山重晴则因柴田胜政的牵制也无法出援。在无法立刻探明柴田军总体进攻方向的情况下，木之本与田上山的羽柴秀长部也不敢轻易移动阵地。

此时中川清秀的怀中揣着一封誓纸：

中川濑兵卫殿下：

近日忙于公务，常有失怠慢，然而我们今后约为兄弟之契约，在此特地申明。今后当助你取得河内、摄津之地，此心表里无二。

以上心意若有虚假，当受日本国中大小神祇、八幡大菩萨、爱岩、白山诸权现之神罚。

六月五日　　　　　　　　　　　　　　羽柴藤吉郎

这封结拜的誓约书，是天正八年（1580）羽柴秀吉写给中川清秀的。羽柴秀吉之前也同样给黑田官兵卫写过约为兄弟的誓书，但那一封已被竹中半兵卫放入火炉中烧掉了。可见，秀吉向各地的诸侯可能发出过大批量的约为兄弟誓书。但是，中川清秀比较较真。

另外据说在山崎合战胜利之后，秀吉乘着驾笼从中川的阵中通过，对着清秀喊道：“濑兵卫，努力！”而中川清秀则大叫道：“猴子，要一口气取得天下呀！”对此，秀吉假装没听到似的默然通过。

尽管作为结拜兄弟，中川清秀得到的封赏无法与丹羽长秀、堀秀政那样的织田旧臣相比，但是中川清秀已经认定秀吉将是时代的主导者，为了搭上顺风车，他决心奋战到底。

明确援军无法到来之后，中川清秀下定了死斗的决心。土垒后的铁炮手先将柴田军前锋打乱，接着中川清秀部下菅木工太夫、池田川右卫门等500人从大岩山砦内主动突出。

中川军菅木工太夫第一个冲入敌阵，紧接着太田平八等将也陆续突入，一场激斗下来，竟将佐久间盛政的先锋由砦下赶至余吴湖边。随后柴田方德山则秀的生力军赶来，才挡住中川军的攻势。慢慢的柴田军的包围圈再度向大岩山砦下缩小。中川清秀在城内高处看明战况，亲率300人冲出城外，一度又将柴田军赶往湖边。

佐久间盛政一面指挥部下围堵中川主从，一面命令神部兵右卫门迂回到城砦附近放火。不久火势由城脚向城内蔓延，看到整个大岩山被浓烟包围，柴田军顿时士气大振，次第将中川清秀赶入城内之余，又攻落城砦的外门，直逼本丸。中川清秀眼看大势已去，便命令神箭手熊田孙七以弓箭守住本丸的木门，自己进入室内切腹自杀。不久熊田孙七也用尽箭矢，拔出太刀力战身亡。而中川清秀的弟弟中川渊之助则穿戴好中川清秀的铠甲，上马持枪，向佐久间盛政的本阵突进，同时高喊着：“中川濑兵卫在此，有挡我者吃此一枪！”其凌厉无前的气势逼得柴田军生生让出一条道路。佐久间盛政身边也有一名骑马武士近藤无一，此人拔出三尺六寸长的太刀迎上前去。架住中川渊之助的长枪后，近藤无一一把抱住他滚落马下，在来回地翻滚搏斗中，趁着中川渊之助手没有近身利器，近藤一刀将他砍伤，接着取下了首级，并高喊道：“近藤无一，斩杀敌将中川濑兵卫！”整个山头顿时轰然欢呼。

随着大岩山砦陷落，岩崎山的高山重友心胆俱落，直接舍弃城砦，退往后方的田上山与羽柴秀长会合。由于羽柴秀长没有高山重友投敌的直接证据，只能叱责他的胆小了事。

不久，羽柴方的岩崎山砦也被佐久间盛政占领。大岩、岩崎两砦失陷之后，贱岳砦的桑山重晴也失去了战意，一度准备弃砦逃走。此时封锁琵琶湖湖岸的丹羽长秀也接到了败报，其部下劝他退往坂本城，而丹羽长秀直言：“如今已无路可退了。”随后率军上山，于当天晚上将已经开始撤退的桑山重晴拉回了贱岳砦，这才勉强稳住了羽柴方的阵脚。

轻易取得大岩山与岩崎山，使得佐久间盛政将柴田胜家的嘱咐抛在了脑后。

因为单攻大岩山只算是一次袭击，而岩崎山没来由的陷落，则影响到整个战局：佐久间盛政得到了类似山崎合战时天王山那样的重要阵地。进，可以突袭羽柴秀长的本阵；退，可以与柴田胜家、前田利家一起，合围羽柴军第一线的堂木山、神明山以及堀秀政。

触手可及的胜果，使得佐久间盛政无法放弃这两块好不容易取得的宝地。他迅速派出使者前往柴田胜家的阵中，献上“中川清秀”的首级，同时要胜家带领主力迅速突破隘口、会师攻击羽柴秀长的本阵，这确实是当时形势下能实现最大战果的极佳方案。

然而柴田胜家给佐久间盛政的命令却是：今日之内立刻返回本阵。

明智光秀在山崎的教训，已经让柴田胜家看到了秀吉进军速度的可怕。尽管他现在有两个极佳选择，一是主动进攻中之乡的小川佑忠或东野山的堀秀政，促使盛政回军作战；其二便是如盛政所说，向东野山与岩崎山之间的隘口突击，与盛政会合之后，一鼓作气将木之本的羽柴秀长拿下。但是柴田胜家显然还没有做好改变整个战略布局之后应对突变风险的准备，于是极为谨慎地坚持着原来的方案。

佐久间盛政收到胜家的后退归阵命令之后，仍然舍不得阵地，当夜驻扎在岩崎山砦中，以此激将柴田胜家放弃犹豫，采取进一步的行动。四月二十日的后半天便在双方的这种犹豫拖延中过去了。

第33章

贱岳七本枪

羽柴军方面，四月二十日午时，柴田军已到贱岳、大岩山陷落、中川清秀战死的消息经快马已陆续传到了秀吉在大垣城的阵所。

秀吉闻报之后，拔出腰刀横在额前，向战神八幡大菩萨默祷了几句，紧接着跳起来欢呼道：“此战必胜！”

接下来，秀吉迅速做出决断：留下氏家行广与堀尾吉晴防守大垣城，自己翻身上马，与麾下的15000人急速赶回近江木之本。

在奔袭途中，秀吉不时派出手下的近卫武士乘快马前趋，通知沿路的住民每一间（约1.8米）出米1升、豆1斗，煮熟了与饮水一起放在路边，并承诺事后将十倍奉还。又让各村准备火把与马匹，以备照明与沿路更换。

从大垣到木之本之间约53公里的道路，当晚被上万把火把照亮，士兵们饿了就在奔跑之中随便抓一把路边的饭团与大豆饱腹，从午后4时到晚上9时，仅用了5个钟头就跑完了全程。身在大垣城的堀尾吉晴也不愿错过抢功的机会，待到秀吉的主力走出一程之后，就把城池丢给氏家行广，自己带着本部人马向前追赶，也在当晚赶到木之本与秀吉会合。

同一天晚上，佐久间盛政接到了秀吉正在赶回的情报，急令心腹大崎对马守前往黑田观音坂的隘口查探通往美浓街道方面的动向。发现一路蔓延无穷无尽的火把之后，大崎立刻回营向盛政禀报。佐久间盛政判断到秀吉的主力正在返回，此时再等柴田胜家到来也已无益，果断下令向贱岳方向撤军，以原长赖、拜乡家嘉所部作为殿后。

秀吉本来定于第二天向大岩山砦发起反攻，但发现佐久间盛政拔营撤退之后，当即改变主意，在四月二十一日凌晨下令全面进攻。其中羽柴秀长与堀秀政两军负责牵制狐冢的柴田胜家本队，秀吉自己则带领 2 万人由贱岳方向追击佐久间盛政。

由于佐久间盛政撤军的时机及时，加上原长赖与拜乡家嘉率领铁炮手沿路设伏掩护，佐久间盛政部得以逃到余吴湖的西岸。在此佐久间盛政急忙通知驻扎在饭浦口的柴田胜政前来与自己会合。

此时丹羽长秀从贱岳砦派出 200 名铁炮手从高山上向下射击，将原长赖与拜乡家嘉两队打乱，佐久间盛政又派出旗下猛士长井五郎右卫门、原勘兵卫、鹫见源治、青木勘七、丰岛以兵卫、毛屋新内等人率军向丹羽军发起进攻以接应柴田胜政。

在随后的柴田胜政与佐久间盛政会合期间，羽柴秀吉的本部也陆续赶到。看到佐久间与丹羽在前方正战得难舍难分，秀吉把石田三成叫到近前，让他带着一柳直末、一柳直盛、大谷吉继、加藤光泰等部以及自己的“千成瓢箪”马印，迂回到佐久间盛政的侧翼。

这支别动队的出现，使得权现坂的佐久间盛政误以为羽柴秀吉的主力已经杀到，以致本阵出现了动摇，盛政不得不重新整编部队，以拜乡家嘉与山路正国为殿后，再度开始向北撤退。这时秀吉旗下以福岛正则、加藤清正为首的一群年轻马廻武士（亲卫队）也耐不得坐等战果，拿起枪向佐久间盛政队展开了追击。

在战斗尚未决出胜负的时候，佐久间盛政后方的前田利家、前田利长父子突然放弃茂山的阵地退走。

对于此时前田利家的态度，后世众说不一，通常认为在战前利家就已经与秀吉内通，在整个战斗过程中一直持观望态度，而对战斗的观望即是对己方的背叛。从这个角度讲，内通说法是站得住脚的。但是从撤退的过程来看却又不像是事先已和羽柴方商量好的叛变：前田利家由茂山向盐津滨方向撤退时，遭到了堂木山与神明山蜂须贺家政部的追击，前田旗下的殿后家臣横山长隆、小家藤右卫、木村三藏、富田与五郎等人尽皆战死，可见前田利家的撤退是十分被动的。由此从当时前田利家的角度来说，应该是看到贱岳—权现坂方向上的佐久间盛政部开始撤退，害怕被向北追来的羽柴军包围，加上利家也不想拼命全力和秀吉交战，才临时选择的撤退。

就后果而言，利家也没什么好顾虑的：一旦羽柴军占据了西面的山脉，前田军便被包围无法逃脱；而自己虽抢先退走，佐久间盛政借助山岭之险和贱岳西侧的琵琶湖岸，也足以逃回越前。不管前田利家的本意如何，随着他的撤退，整个柴田军也开始了雪崩。金森长近与不破胜光紧随其后撤离了战场，这两人加上前田利家，都是在去年年底出使羽柴之人。而东面狐冢的柴田胜家本队与西面的佐久间盛政队的逃兵人数则在不断增加。

在随后对柴田胜政与佐久间盛政的追击战中，秀吉的七名马廻武士专拣柴田军落单的武士大将搏斗，其中：

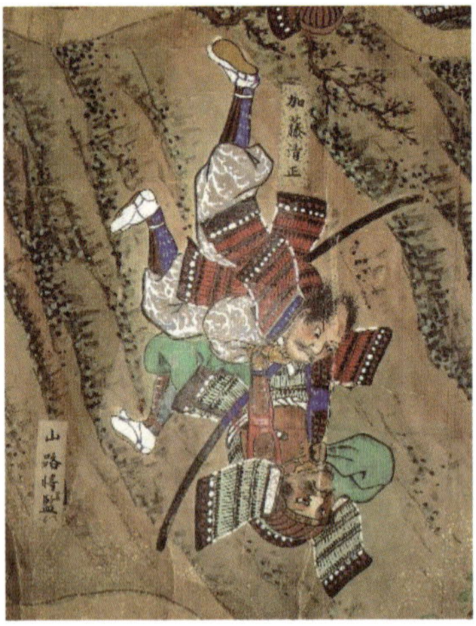

加藤清正战山路将监

加藤虎之助清正，斩取敌将山路将监正国。

福岛市松正则，斩取敌将拜乡五左卫门家嘉。

糟谷助右卫门武则，斩杀佐久间部将宿屋七左卫门。

平野权平长泰，斩杀敌将佐久间政赖。

胁坂甚内安治，斩杀敌将柴田胜政。

加藤孙市郎嘉明，斩杀柴田胜政部将浅井吉兵卫则政。

片桐助作且元，斩杀敌将安彦弥五左

卫门、丰岛以兵卫、长井五郎左卫门。

以上七人一战成名，被世人称为“贱岳七本枪”。

四月二十一日上午 11 时左右，秀吉停止追击，放佐久间盛政的残兵逃往越前。由于佐久间盛政、柴田胜政两军的兵力占去了柴田胜家嫡系兵力的三分之二，他们的全面溃退使得柴田军败局已定。

此时在狐冢与羽柴秀长、堀秀政对峙的柴田胜家旗下 4000 人逃得只剩 2000 多人。柴田胜家一度准备率领剩下的兵力上前进行最后的死战，小姓毛受胜照却将他拦住，表示自己愿意坚守最后的阵地，让胜家赶快逃回北陆。胜家在感动之下，将自己的马印“金之御币”交给毛受胜照，自己带领主力退回了越前。胜家走后，毛受胜照与其兄茂左卫门一起退到原长赖建在林谷山的空砦之中，继续抵抗追兵直至力尽身亡。

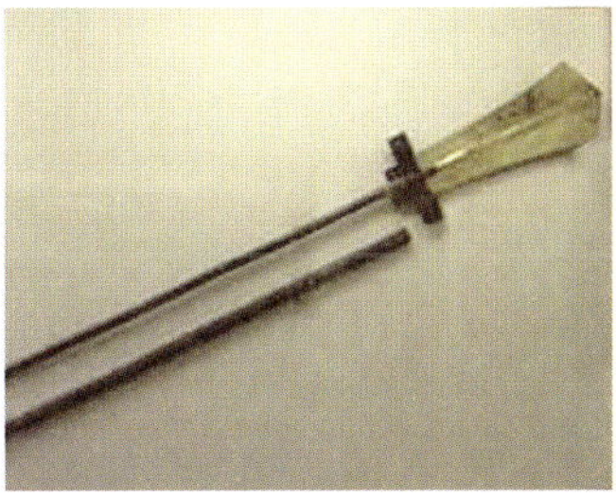
被羽柴军夺取的“金之御币”马印

到这个时候，羽柴秀吉与柴田胜家的争霸之战终于落下了帷幕。

卷之四：天下人之路

第34章

北陆平定

四月二十一日傍晚，柴田胜家主从30余人越过椽目隘，经越前虎杖、今之庄到达府中城下。府中城主是前田利家的长子前田利长，此时利家父子既害怕遭到秀吉的攻击，又怕被胜家追究未战先逃的罪责，正配备人手全副武装准备守城。柴田胜家主从到达城下，令城内的人骤然紧张起来。不过看到胜家身边的人数不多，胜家上前叫门，前田利家也立刻亲自出城，将胜家一行迎入城内。

当着胜家的面，前田利家自我开脱道："我本来是带有小病出阵，导致行动迟缓，交战期间，儿子前田利长又突然急病发作，不得已才先行返回城池。如今我方虽败，但还请您赶快返回北之庄城守城，我父子二人当据守此城与羽柴军决一死战。"

柴田胜家闻言莞尔一笑，说道："贵殿的深情厚意我至死不忘。此次败战乃是因为（佐久间）玄蕃头盛政不听从号令所致，与足下无关。接下来我将返回北之庄城做最后的一战，足下向来与秀吉交情深厚，应该及时归顺秀吉以保家名之长久。胜家我从早上起到现在一直没有吃东西，过府来只是想讨一顿饭吃。"

前田利家像

前田利家闻言，立刻命家人给柴田胜家主从送上汤泡饭和酒水。胜家狼吞虎咽吃完，大声向前田利家道谢，又绝尘而去。

当天夜晚，秀吉亲自率领的追兵也进入了越前并在今之庄宿营。四月二十二日早上，秀吉将军队留在今之庄，自己只带着加藤清正与福岛正则两人来到府中城下，叫门道："又左，是秀吉来了，快开门。"

前田利家看到秀吉没有敌意，也急忙打开城门，把他迎入上座。利家随后对着秀吉哀叹道："我方之兵一战即败，如今面目全失，只希望你能准我焚香沐浴，然后自我了断。"

秀吉闻言大笑道："你这说的是什么话，我们自弱冠时起便是好兄弟，虽然一时之间各自为了所守的义理而成敌我双方，这也是武家之常态。如今胜负已分，柴田灭亡之后，天下大事还要多多有赖于你。"利家长叹了一声，便低下头给秀吉斟酒了。

前田利家投降之后，府中城周边的金森长近、不破胜光也陆续向秀吉开城投降。

四月二十三日，秀吉以前田利家为先锋，将柴田胜家的北之庄城包围。此时北之庄城内只有守兵 3000，柴田胜家遂撤去外郭与外曲轮的守备，将兵力全部配置在二之丸三之丸附近。

看到前田利家到来，柴田胜家当即把利家留在城内做人质的女儿摩阿姬送还给利家，以报前日的一饭之情。

当天黄昏时分，柴田胜家在本丸大殿内召集一族及重臣 80 余人，拿出珍藏的种种前代墨宝、刀剑、乐器分与众人。其间胜家拿起一只名为"让梨子"的青瓷花瓶递给重臣中村文荷斋，说道："此花瓶乃是当初我攻下加贺国时信长公特赐的名器，现在留给你作为纪念。"中村文荷斋却一把将花瓶摔得粉碎，说道："您若自杀，我也将追随您而去，要此花瓶又有何益。"于是胜家就此作罢，转头强装笑脸，拉着大家举行了最后的酒宴。席间尽管众人皆欢声笑语，畅叙平生，反而更加难以掩饰即将到来的悲凉结局。

酒宴之后，胜家又到天守阁内与夫人阿市诀别，希望阿市带着三个女儿返回织田家中。这一回阿市却抱定决心要与胜家同生共死，只是同意把三个女儿送出城外。这三女皆是阿市与浅井长政所生，当时长女茶茶13岁、次女阿初11岁、三女阿江9岁。柴田胜家遂以家臣富永新六为使者，不顾女儿们的哭泣强行将她们装入乘舆之中，抬入秀吉的阵营。

富永新六随后向秀吉转述了胜家的嘱托："胜家我武运已尽，将在明早自戕，所托此三位女子非胜家之女，乃是故浅井长政之女，与信长公亲缘深厚，还望今后善为看顾。"

当天晚上，柴田胜家与众家臣们饮宴到深夜。夜深时，中村文荷斋命令属下们在本丸周围堆积好柴草。

四月二十四日辰时，北之庄城的本丸被点燃，阿市夫人先行一步自杀，享年37岁。紧接着柴田胜家也拔出宝刀"义弘"对腹部进行十字切，中村文荷斋在他切腹后的那一瞬间完成了介错（斩首），随后把夫妇俩的尸首放入火中，自己也跟着以腰刀自尽。柴田胜家时年62岁，留下的辞世句是："夏之夜之，梦路渺茫，袅袅之云，艳艳杜鹃，是吾身后之名。"

另一方面，佐久间盛政自脱离贱岳战场后，也急速向自己的领地加贺奔逃，却在中途的中村被乡民们活捉，送往秀吉处。

据说盛政就擒后，羽柴家重臣浅野长政曾取笑他："你不是一直有鬼玄番之名么，战败之后怎么不就地自尽。"佐久间盛政抗声道："源赖朝公（镰仓幕府第一代大将军）也曾为大庭景亲所败，一度落到钻树洞避难，最后不也终成大事了吗。"其虽败不辱的豪气让同座的羽柴军诸将尽皆为之赞叹。秀吉本人也爱惜盛政的豪勇，想把他召为家臣，盛政却以难以忘记柴田胜家的大恩为由，请求速死。

秀吉一怒之下，把佐久间盛政送到京都的市中巡游了数日，才在五月十二日实行斩首，盛政时年30岁。与盛政同一天被处死的，还有柴田胜家的亲子柴田胜敏，他在北之庄落城后逃入山中，仍然被秀吉不依不饶地搜出，被处死时年仅16岁。后来秀吉又恶作剧似的做媒，把佐久间盛政的女儿虎姬嫁给了被盛政攻杀的中川清秀之次子中川秀成。柴田胜家另一个早就投降的养子柴田胜丰，

柴田胜家与阿市铜像

则在贱岳的战斗开始之前的四月十六日，病死于长滨。

四月二十五日，羽柴秀吉以前田利家为先导又攻入加贺，小松城主德山秀现应时开城投降。

四月二十七日，秀吉到达佐久间盛政的居城尾山城下，由于盛政已经被俘，留守的家臣们未经抵抗便向秀吉开城投降。

四月二十八日，柴田胜家留在越中抵抗上杉的佐佐成政亲自前往尾山城参见秀吉，并以两个女儿作为人质保全了领地。

至此，原来柴田胜家旗下的北陆诸国尽皆归于秀吉之下。

在加贺尾山城，秀吉对北陆的领地做了重新配置：

·丹羽长秀，及时赶到贱岳，阻止了整个防线的崩溃，奠定了秀吉扭转战局的基础，堪称贱岳合战最大的功臣。战后丹羽长秀获得加增越前一国及加贺的能美、江沼二郡，加上原来的领地若狭，共计百万石，同时居城由近江坂本移到越前北之庄，并得到了越前守的官位。

·前田利家，虽然在合战时是羽柴军的敌人，但他的撤退直接导致了柴田军的全面崩溃。事后秀吉顾念着旧谊，特地让他担任了进攻北之庄和加贺的先锋，凭着以上毫不费力的功劳，利家不仅保全了旧领能登一国，还被加增了加贺的石川、河北两郡，居城由能登七尾移至金泽。同时秀吉又把“羽柴筑前守”

的称号送给了他。

·“贱岳七本枪”七员武将各得到了3000石的封地，其中的首席福岛正则为5000石，后来加藤清正对于自己比福岛少2000石有所抱怨，秀吉便给他又加增了播磨2000石。

·此外金森长近、不破胜光、佐佐成政等将的旧领都得到了保全。其中金森长近、不破胜光二人应该是自天正十年（1582）年底出使羽柴家时起，便与前田利家一起和秀吉达成了默契。

而另一个未参与其事的小松城主德山秀现，虽然与金森、不破同时投降秀吉，却在被没收了居城小松城后流放往高野山。

另外，秀吉爱惜佐佐成政的武勇与资望，希望他作为北陆的屏障，所以特意保全成政为越中一国之主。

随着秀吉号令的发出，盟友上杉家也退出了对越中的争夺。

在此之前的四月十七日，北伊势的峰城守将泷川仪太夫在苦守无援的情况下，将城池让给织田信雄，自己退往长岛。不久羽柴秀吉在贱岳获胜的消息传来，织田信雄留下已成困兽的泷川一益，自己带领主力于四月二十四日攻入美浓。

织田信雄平时对敌似乎很无能，但只要涉及兄弟相争之事，便马上变成一个精明强干的政治家、军事家。尽管此前秀吉已派稻叶一铁等部将岐阜城包围，织田信雄仍然带着2万余人前来，又毫不犹豫地将包围加厚了数十重。四月二十五日、二十六日，织田信雄向岐阜城发起总攻，将外城攻落。

织田信孝在走投无路之下，向秀吉派来的堀尾吉晴投降。据说投降之前，信孝曾向手下夸口道：“我乃信长公第三子，秀吉是我家家奴，料想也不会动我。”然而堀尾吉晴在接受织田信孝主从投降之后，却把信孝交给了织田信雄：暗示织田家的家事就由织田家之人处置。

大御堂寺之本堂

落城之后，织田信雄将织田信孝及其近臣 50 余人送到尾张知多郡的大御堂寺禁闭。紧接着又在四月二十九日（一说是五月二日）以 500 人将大御堂寺包围，当日仿佛是一场小规模的本能寺之变重演，织田信孝就此在寺中自杀，行年 26 岁。

据说织田信孝临死之前下咒：“若与古来野间灭主之事相应，羽柴筑前报应亦不久。”信孝葬身之地野间大御堂寺，乃是古时源赖朝之父源义朝为家臣长田中致所杀死的地点，后来长田中致惨遭败亡。织田信孝尽管恼恨织田信雄，但更加恼恨让自己走上败亡道路的羽柴秀吉，所以借这个典故诅咒“羽柴筑前”早日败亡。或许是为了避开这个诅咒，秀吉十分大方地把“羽柴筑前守”称号送给了强运的前田利家。

在织田信孝自尽之后不久，伊势的泷川一益终于向秀吉开城投降。秀吉命令一益剃发出家，没收了泷川家在北伊势的领地，仅给他近江南郡 5000 石之地以维持生活。

第35章 天下之城

天正十一年（1583）五月七日，羽柴秀吉由北陆返回长滨。同一天前往安土城拜见织田三法师，汇报了战胜的情况。

此期间天皇方面已经意识到秀吉乃是织田家实际上的统治者和天下的霸主，故在五月七日当天派出使者向秀吉祝捷，紧接着又在五月二十二日授予他从四位下参议的官位。

五月底，秀吉对织田旗下的领地做了重新分配：

·美浓织田信孝原领地30余万石被收归织田三法师所有，但由秀吉代管。

·织田信雄，获得泷川一益在北伊势的领地，并将居城由清洲移到长岛。

·池田恒兴，前次获得的摄津之地的基础上转换美浓大垣13万石，居城移到大垣，旧领花隈则由次子池田辉政担任城主。

·池田元助（池田恒兴长子），成为美浓岐阜城主。

·杉原家次，获得丹羽长秀让出的近江坂本城。

·浅野长政，成为近江势田城主，浅野与杉原家次同时被任命为管理京都的长官。

· 加藤光泰，成为近江高岛城主。

· 山内一丰，成为近江长滨城主。

· 羽柴秀长，成为播磨姬路城主，领有播磨、但马 25 万石。

· 蜂须贺正胜，成为西播磨龙野城主。

· 前野长康，成为播磨三木城主。

· 神子田正治，成为播磨广濑城主。

· 蜂屋赖隆，由和泉岸和田移封到越前敦贺。

· 中村一氏，成为和泉岸和田城主。

以上的分封，主要是对播磨、近江、美浓、摄津、和泉四个地区进行了调整。秀吉把自己的亲信家臣配置在京都左右两侧的播磨与近江，实则是要以播磨与近江为屏障，在摄津、和泉与山城地区建设自己的根据地。为此，非嫡系的池田恒兴一族被从摄津移到美浓，蜂屋赖隆也从和泉移往敦贺，此前丹羽长秀也由近江移往越前，以上几家都得到了不小的加增作为补偿。这种配置也显示了秀吉以羽柴家为中心建立新政权的勃勃雄心。

早在清洲会议之后，秀吉便在分得的山城、丹波实行了检地，天正十一年（1583）大分封之后，秀吉又在近江、摄津、河内、和泉实行了检地，而播磨的检地，在他征服播磨之后便已经完成了。

所谓的“检地”，乃是通过丈量土地、计算粮食产量，对各国土地生产力进行统一的核算，一般水田即是以稻米产量按石、斗、升的单位来核算；旱田则根据所产麦子、豆类的数量按一定比例换算成米的数量。检地的实行有着三大难点：领主与寺社隐瞒土地收入，不同地区的土地肥沃、贫瘠程度不同，各地计算米数的度量衡不统一。

对此，秀吉在自己的领国内采取了强有力的措施：他所派去检地的使者，大多是在自己身边的亲信武士或诸如贱岳七本枪之类的勇士，一方面足以威慑小领主促使他们积极配合，同时也使羽柴军中的年轻一代积累了行政经验。秀吉同时也向各大寺社与公卿们献上金银，以安抚他们对检地的不满。在检地实施的过程中，秀吉又命人制定了土地肥沃程度的等级标准，统一了量尺、米升的大小规格。对于丹羽长秀、前田利家等外样大名们的领国，秀吉则是让他们自行检地申报石高数量，不过这些非嫡系大名遭遇频繁的转封，秀吉的检地标准很快就在旗下的大部分领国普及开来。

检地的结果，直接使得各地小领主隐瞒收入以实现地方割据的生存基础荡然无存，日本中世纪的庄园制经济也被瓦解。随着检地产生的是统一标准的纳税，这也是日本真正成为一个国家的开始。

与检地政策配套的是“兵农分离”。中世纪日本的农民在耕地之余，同时还承担着军役，这既使得军队的整体素质不高，又常因战争的频繁而让大量田地荒芜。自织田信长起制定的“兵农分离”政策则是以金钱（由粮食换算而成）雇佣军役者，实则便是后来的雇佣加志愿军制，由此既能保障农民的稳定生产，又加强了金钱作为流通中介的作用，促进了商品经济的发展。而羽柴秀吉则在领内全面贯彻“兵农分离”政策，制定了“石高数与出动人数相对应”的统一标准，保证自己拥有一支强大的常备军。

天正十一年（1583）六月二日，秀吉在京都的大德寺举行织田信长去世周年祭。这一次，不光毛利与上杉家派有使者到场，平定了甲斐与信浓的德川家康也派出重臣石川数正上京致祭，顺带向秀吉的胜利表示祝贺。

在之前的山崎合战与贱岳合战期间，秀吉始终与毛利家保持着密切联络，不时向毛利辉元和小早川隆景去信以说明战争的进展。这一年的五月十九日，毛利辉元与吉川元春向秀吉送去了北陆平定的祝仪，而小早川隆景与安国寺惠琼更是建议毛利辉元应该及早向秀吉臣服。

七月十日，堀秀政与蜂须贺正胜、黑田官兵卫作为秀吉的使者，前往毛利家商谈西国的领土事宜。此前在天正十年（1582）九月，吉川元春曾一度攻入伯耆，并占领了南条元续的羽衣石城。在这一次的和谈中，毛利辉元表示愿意将占有的伯耆、美作、备中之地让予秀吉。

八月二十二日，毛利家送来吉川广家、毛利元总为人质，正式向秀吉臣服。吉川广家乃是吉川元春的次子，毛利元总是毛利元就第九子，被小早川隆景收为养子。

天正十一年（1583）八月，羽柴秀吉下令在摄津石山本愿寺的遗址上建造一座新城，并命名为“大坂”。把池田恒兴移出摄津国的原因正是为此。

大坂附近河川交互、水网密集，兼之连通大海。本愿寺的僧众们凭借着石山抵抗织田军进攻达十年之久，堪称是天下无双的要塞之地。新城的设计者是黑田官兵卫，筑城的奉行则由堀秀政、片桐且元、筒井顺庆一起担当。大坂城的规划，是以能容纳 10 万人的石山旧址作为本丸（内城），在其上建有三层石垣，石垣之上再建起一座比安土城天守更大的五层天守。天守外壁全部漆以最庄重的黑色，在瓦根上皆施以金箔，以象征秀吉的威严与辉煌。

而石山周围的河川，则被就地利用为护城河兼运河，在河的周围建立着城下町与各地诸侯的宅邸，沿着河网再建起二之丸与三之丸（二城与三城），在最外围以总构（外城墙）将所有的城下町、河网、三层城墙包围起来。此后的一年半时间里，仅完成了本丸及天守。而二城、三城与总构及城下町的建设，在接下来的近 20 年时间里一直没有停止。这就是现代日本大阪的前身。

当年堀秀政、片桐且元、筒井顺庆施工时所驻停的临时阵地，后来也都发展成为热闹的街市，各自被命名为堀町、片桐町、筒井町。

大坂城本丸复原模型

借着这座城池，羽柴秀吉向天下人昭示：自己已取代安土城的织田家，成为整个日本的中心。

第 36 章

小牧·长久手

天正十一年（1583）年底，羽柴秀吉向织田家旗下的诸侯发出通告，要求大家在天正十二年（1584）的元旦到大坂城在建的本丸向自己朝贺新年，一如织田信长在世时的安土贺年之例。

收到这个通知的诸侯之中，有织田信长的次子织田信雄。而前一年的元旦，织田信雄是作为三法师的代理，于安土城接受秀吉与众大名的新年祝贺。对于这种主从之间的骤然换位，织田信雄自然是难以容忍的。此外在攻略织田信孝的岐阜与美浓中，织田信雄出了大力，却仅得到北伊势之地，而织田信长、信忠、信孝三世领有的美浓与岐阜却被给了池田恒兴父子。秀吉这种变相剥夺织田家领地的行为，让顽劣的织田信雄也感到了危机。为了与秀吉抗衡，织田信雄开始寻求东海道德川家康的支持。

本能寺之变发生时，德川家康正在堺町，得报之后经伊贺、伊势逃回三河，和他一起同行的穴山梅雪则在木津川畔的草内被杀。

回到领地后，德川家康一面派出旧臣接管穴山的领地，一面派依田信蕃前往信浓收拢暴动的武田遗臣，自己也起兵西上准备讨伐明智光秀、争夺天下。但德川军进至尾张热田时，家康收到羽柴秀吉已在山崎合战获胜的消息，不得不退回了冈崎。

织田信长横死后的直接后果，就是家康得以放开手脚，与北条、上杉一起争夺因河尻秀隆败死、森长可出逃而空出来的甲斐信浓之地。

天正十年（1582）十月二十九日，德川家康就甲斐、信浓的归属问题与关东北条家达成了协议：北条家的继承人北条氏直娶家康之女督姬为妻，甲斐、信浓由家康领有，北条家割取上野。实际上此后在北信浓，还有一批小豪族以上杉家为靠山，与德川·北条联盟对抗。与北条结成同盟，足以使得家康腾出手来经营武田旧领，同时坐观畿内的动向。

德川家康向来是以织田家的盟友自居，自然不甘于眼睁睁地看着原来的织田家臣羽柴秀吉一跃成为天下之主。而且平定甲信、结盟北条，使得他如同当年的武田信玄一样，对东方再无顾虑，可以一心一意地往西面用兵。

1583—1584 年的秀吉包围网形势图

织田信雄的求援，令家康获得了扶助织田家的大义名分。此后织田信雄与德川家康又向秀吉周边几大势力派出使者，游说各家一起向羽柴家展开进攻。然则上杉、毛利依旧不为所动，丹羽长秀、前田利家、佐佐成政等织田旧臣则坚定地站在秀吉一方。唯一有所行动的，仍然是在柴田胜家生前就已成为秀吉敌人的长宗我部元亲和纪伊杂贺众。

对于德川家康与织田信雄的行动，秀吉不可能没有察觉。

秀吉一方面让美浓地区的大垣城主池田恒兴、曾根城主稻叶一铁、金山城主森长可加紧备战，另一方面又在织田信雄的领内放出种种流言。

天正十二年（1584）三月六日，织田信雄因为听信流言，在长岛城的天守阁内杀死了三个据说成为秀吉内应的家老：伊势松岛城主津川义冬、尾张星崎城主冈田重孝、尾张苅安贺城主浅井长时，公开表明了与秀吉决裂的态度。

收到信雄的出兵邀请后，德川家康于三月七日率领 15000 余人从滨松出发，三月十三日进入尾张清洲城。

在德川家康到达清洲城的同一天，美浓的池田恒兴与其婿森长可一起出动，攻占属于织田信雄的尾张犬山城，确保了羽柴方在木曾川南岸的登陆点。而德川家康则在三月十五日占据曾被织田信长作为居城的小牧山，利用山上残存的城池遗址修筑自己的阵地。

三月十七日，德川方的酒井忠次袭击了森长可在羽黑的阵地，将森长可赶入犬山城内，以此正式向秀吉挑战。

织田信雄举兵之后，秀吉最先已派出蒲生赋秀、浅野长政向信雄的伊势领进攻，同时还起用了蛰居的泷川一益策反北伊势与尾张众豪族。收到德川家康筑城小牧山及森长可在羽黑战败的消息，秀吉不得不于三月二十一日由大坂亲自出阵尾张。

但是在秀吉离开大坂的第二天，纪伊的根来、杂贺众 8000 余人就兵分两路攻入摄津、和泉。一路杂贺众占领堺町，将堺的长官松井友闲赶走；另一路 5000 人由土桥兄弟率领，先袭击了中村一氏的岸和田城，接着又在二十六日到达摄津天王寺，与大坂建筑工地上的留守武将蜂须贺家政、生驹亲正、黑田长政相战。情况之紧张，一度使得半路上的羽柴秀吉想要回师，但这伙敌军在各地赶来的羽柴军合击之下还是由和泉、摄津退回纪伊。

三月二十七日，秀吉的 4 万人进入犬山城，加上后续到来的兵力，总人数为 6 万人左右。

此前德川家康已在三月二十二日完成小牧山的防御工事，接着又在小牧山周围修筑了蟹清水、北外山、宇田津等砦，并修缮了三河与清洲之间的小幡城与比良城，以加强与后方的联系。

等到秀吉到达时，小牧山城周边的一圈连环砦让他根本无法下手，于是秀吉也下令在犬山城周边的二重堀、岩崎、小松寺山、青冢、内久保等地筑砦。其间羽柴军袭击过姥怀口，德川军也干扰过羽柴方在二重堀的筑砦工事，不过都是极小规模的接触战。

四月六日，秀吉将本阵移到乐田城，在这里，羽柴军制定了从尾张东部的丘陵地带迂回，向德川后方冈崎进军的计划。这支别动队的总兵力为 2 万人：先锋池田恒兴 6000 人，第二阵森长可 3000 人，第三阵堀秀政 3000 人，总大将兼后队为三好秀次 5000 人，于四月六日晚上向三河出击。

从人员的配备来看，秀吉显然对于这个计划抱有很大的信心，也希望秀次能借此机会立下大功。而且池田恒兴、堀秀政是尾张本地豪族出身，熟悉当地的地形。羽柴方的计划看似很完美，但是最大的问题是路程过长，几乎由北向南穿越了整个尾张国，加上沿途都是山路，给行路增加了种种不确定性。

一前一后领军的池田恒兴与三好秀次，也完全没有秀吉西国大返转、贱岳大返转中的那种决断力与行动力。仅前进了一天，三好秀次就在上条附近的篠木花费老大精力筑起一座城砦进行宿营休整。由于他的动静过大，停留时间过长，被周围的农民们发现。四月七日下午 4 时，小牧山的德川家康便收到了线报。

四月七日下午 7 时，德川家康以神原康政先锋 4500 人先发。看到秀吉方面没有第二拨出兵迹象后，家康自己也率领 9300 人离开小牧山城，于四月八日进入小幡城，准备以全部的主力来集中歼灭羽柴军这支别动队。

四月九日拂晓，羽柴军别动队先锋池田恒兴出现在岩崎城下，由于越过岩崎便是德川的老根据地三河，眼看奇袭计划即将成功，池田恒兴不再隐藏行踪，直接向岩崎城发动了猛攻。当时的岩崎城主丹羽氏次正在前方作为德川家康的向导指路，守城的乃是氏次的弟弟丹羽氏重与姐夫加藤忠景。由于城兵仅有 200 人，不久丹羽与加藤就在池田恒兴的猛攻之中战死，岩崎城也随之陷落。

但是三好秀次的行军速度极为缓慢，当池田恒兴攻击岩崎城的时候，他的后军才到达离岩崎 6 公里开外的白山林。

秀次所部在吃早饭的时候，遭到德川方正面水野、大须贺、丹羽，侧面神原康政的袭击，转瞬之间便全军崩溃。慌乱之中，秀次自己的马也跑丢了，还是部将木下勘解由利匡让出自己的马由秀次逃走。而木下利匡与兄弟木下佑久皆在德川军的追击中战死。这一对木下兄弟似乎是祢祢生父杉原家次那边的亲戚。

在秀次前方的堀秀政，于两个时辰之后收到了秀次的败报，随即迅速掉转头，在桧根的丘陵上摆好迎击阵势，同时收拢四散逃来的秀次部溃兵。不久德川方的先锋神原康政部也追到桧根，由于神原队在追击中阵形已经跑散，立足未稳之际，遭到堀秀政的铁炮连射，大乱之后又遭到堀军的突击，最终造成大量伤亡败走。

在此期间，德川家康的本队 9300 人已经迂回到长久手附近的色金山，将堀秀政队与前方的池田恒兴、森长可队分隔开来。收到前锋败退的消息后，家康即刻向堀秀政的后方进军，堀秀政看到家康的“金扇”马印，自知再战无益，在第一时间下令全军撤退。

羽柴军前方的池田恒兴与森长可在得到家康出现的报告后，也急忙下令由岩崎城撤军，按原路返回，此时家康的 9300 人已经在池田军撤退路线上的御旗山展开。由于没有变更道路，结果池田恒兴部在山下与德川军遭遇。当时池田加上森两军也有近 9000 人，池田恒兴以长子池田元助、次子辉政 4000 人为右翼，女婿森长可为左翼，自己立阵于后方，与德川军对峙了两个时辰之久。

上午 10 时左右，双方互射铁炮，紧接着德川军便从山上冲下，在两军接触的第一时间，池田方的左翼森长可即因眉间中弹落马身亡。随着左翼的瓦解，剩下的后阵与右翼也迅速崩溃。混战之中，池田恒兴被德川方武士永井直胜（一说长田传八郎）一枪刺死，池田元助为安藤直次斩杀，池田与森军全部覆没。仅有池田恒兴次子池田辉政在己方出现败势之际，受到父兄劝告先行脱离了战场。整个战斗羽柴方共战死 2500 余人，德川方仅战死 550 人，大胜之后的德川家康，即刻引军返回小幡城。

在长久手激战的同一天早上，羽柴秀吉也派出一支小部队，试探性地攻击小牧山，却被击退。到了下午，秀吉得到白山林方面的败报，急忙率领 2 万人向前线战场附近的龙泉寺进军。此时“德川四天王”之一的本多忠胜（四天王为本多忠胜、神原康政、酒井忠次、井伊直政）率领 500 人跟上秀吉的队伍，利用铁炮和山地地形来回骚扰，以拖延秀吉的进军速度。

池田恒兴画像

本多忠胜在 15 年前的秭川合战之际便已名震天下。忠胜手上的名枪“蜻蜓切”乃是战国三大名枪之首，由蜻蜓落在枪尖上也会被自动切成两半而得

本多忠胜画像

名。为了放手施展枪法，本多忠胜每次合战都只穿最简单的胴丸（只护胸腹部的铠甲），然而他一生参战 57 次，却从未受一处伤。相比起来德川四天王中的另一人井伊直政，出战时通常都穿着重甲，结果却落得浑身是伤，两人在世人眼中由此也分出了高下。

在本多忠胜仅以 500 人与秀吉的 2 万大军对峙之际，加藤清正、福岛正则曾向秀吉请求出战斩杀本多，秀吉说道："如此勇士杀之甚为可惜，待我消灭德川之际要收他为家臣。"

四月九日晚，秀吉得知家康已进入小幡城，下令在龙泉寺就地休整，准备第二天发动总攻。结果当天晚上家康乘夜行军由小幡赶回了小牧山。掌握不了任何主动的情况下，秀吉只得在第二天退回了乐田。

长久手合战之后，两军继续在小牧山—犬山的阵地上对峙，谁也不肯主动出击。

为了激怒秀吉，神原康政一度向羽柴阵中射出了一封檄文："羽柴秀吉本是信长公之臣下，却在信长公死后无视织田家，公然篡取天下的权柄，刚害死了信孝殿下，现在又来攻击信雄殿下。此等大逆不道之人，必将受到神佛的天罚。"

据说秀吉看到这封檄文后极为愤怒，悬赏 10 万石的领地来征求神原康政的首级。不过愤怒归愤怒，在战场上他仍保有绝对的理智，并没有因一封檄文而贸然出兵，反而也写了一封挑战书，让细川忠兴与高山重友送到德川的阵中，其言辞无非是讽刺家康结栅自守、不敢出战之类。

家康随即也返书一封："结栅之事乃是兵法，待我三河的后续部队赶来，足下恐怕就来不及逃走了。"

羽柴秀吉读罢冷笑着命人牵出马来，只带着四五骑奔到小牧山旁边一座名叫松原的小丘上。在这里，秀吉对着德川军阵地一边拍打自己的屁股，一遍又一遍地喊道："家康是个饭桶。"而小牧山城内看到秀吉的唐冠头盔和孔雀尾羽织，直接就是一枪打过去。号令天下的霸主，就这样被敌军的铁炮打中，传出去也会让全天下的人笑话，羽柴秀吉只好又退回阵中。

到了五月一日，秀吉对于在此地决战已不抱任何希望，仅留下部分兵力继续与家康对峙，自己返回了大坂。

尽管秀吉在尾张方面无法打开局面，但是西路由蒲生赋秀率领的别动队进展却十分顺利，不仅攻取了织田信雄的伊贺，还占领了大半个伊势。九鬼嘉隆的水军也配合蒲生的行动，由尾张和伊势的海域向信雄领地施加压力。

六月十六日，织田信雄旗下的西尾张蟹江城主前田种利受到泷川一益的策反，举城投向秀吉方。紧接着泷川一益又拿下蟹江周边的前田、下市场两城，将织田信雄的伊势与尾张切作两段。

但没过多久德川家康开始分兵对西尾张发起猛攻，并于六月二十二日将蟹江城包围。七月三日，泷川一益接受了德川家康的降服提案，献出前田种利的首级，向德川方开城投降。由于对自己的行为感到羞耻，不久泷川一益在京都的妙心寺正式出家为僧，后来秀吉给予他越前大野 3000 石的扶持地。

同年五月，受到德川家康在小牧长久手胜战的鼓舞，越中的佐佐成政加入了织田・德川联盟，并答应家康负责牵制越后的上杉景胜与加贺的前田利家。而同年六月，上杉景胜向秀吉送去同族的田山景广（上条政繁之子）为人质，进一步向秀吉靠拢。九月，佐佐成政出兵奇袭前田家的能登末森城，但被迅速赶来的前田利家击退。此后佐佐成政据有越中，与上杉、前田长期相持。

十一月十五日，秀吉亲自出阵伊势，在桑名城南面的矢田川原与织田信雄达成了和议。

此时织田信雄也是迫不得已，本来他联合德川家康出兵，只是想给秀吉一点颜色，结果虽然让秀吉吃到了苦头，但受直接损失最大的还是信雄自己：秀吉夺去了他的伊贺与南伊势，德川家康则以援军的名义霸占了他的尾张，借着与织田家患难与共的盟友之名，家康将尾张东部的丹羽氏次、水野忠重等人笼络到了自己旗下，表现出逐步向尾张蚕食渗透的迹象。这种局面是织田信雄始料未及的。而秀吉虽然惨败，投入到前线的兵力反而越来越多，也使信雄逐渐认识到羽柴家的基业已经无法动摇。

最后双方达成的协议是：

· 织田信雄割让伊贺与南伊势，保有北伊势四郡与尾张。

· 秀吉收信雄的长女小姬为养女，实则是人质。

· 信雄旗下的重臣与同族向大坂送出人质。

相应地，蒲生赋秀因为战功，被秀吉加增北伊势 12 万石之地，居城由近江日野移居到伊势松岛。不久，蒲生赋秀改名为蒲生氏乡。

出于对家康的不满，这份协议由织田信雄单独与秀吉订立，事前并没有知会德川方。事后德川家康也失去了继续在尾张作战的大义名分，加上受到羽柴军从尾张与伊势的两面威胁，德川军于十一月二十一日从尾张撤走。

十一月二十一日，羽柴秀吉叙任为从三位权大纳言。

十二月十二日，德川家康也与秀吉达成了停战和解，并将次子於义丸送到大坂，这个孩子作为秀吉养子后来被赐名“羽柴秀康”。

而越中的佐佐成政在织田信雄与秀吉议和后大受打击，害怕家康也会步信雄的后尘，从而做出了一个惊世之举。佐佐成政赶着在十一月二十三日带领 50 名家臣踏雪从富山城出发，用一个月的时间翻越越中、飞驒与信浓之间的无人区，于十二月二十五日到达德川家的远江滨松城。不过此时家康已与秀吉议和，成政再怎么鼓动，德川方面也是无动于衷。随后佐佐成政又去清洲城拜见织田信雄，得到的同样也是冰冷的回答。带着被两个盟友出卖的愤恨，佐佐成政只能翻山越岭返回越中，去迎接秀吉的讨伐。

织田信雄画像

第 37 章

平定纪伊

与东面的织田信雄及德川家康讲和之后，羽柴秀吉得以腾出手来平定近在咫尺、已成心腹之患的根来、杂贺众。

天正五年（1577）织田信长的纪伊征伐，以杂贺七家共同立下誓书向信长降服告终。不过由于有支持本愿寺一向宗与反抗织田政权两项主题存在，在织田军退走之后，作为织田方内应的中乡、南乡、宫乡豪族立刻遭到了本愿寺派铃木重秀与土桥守重的联合报复。天正六年（1578）五月，宫乡的太田氏向本愿寺谢罪降服，标志着信长第一次杂贺征伐的失败。

天正八年（1580），本愿寺显如上人与织田信长达成和睦，延续了 11 年的石山战争由此结束。事后显如上人将法座移至纪伊的鹭森别院，受到十之乡的铃木氏保护。

此后本愿寺对织田家采取的恭顺合作态度，使得杂贺众就支持本愿寺与反对织田两个主题产生了分裂：铃木氏跟随显如上人向织田家靠拢，得到了信长的支持。而杂贺庄的土桥守重选择继续对织田家作战。由于根来寺四坊中的泉识坊为土桥家先辈资助建立，土桥一族历代也有多人担任泉识坊主，故而该坊成为土桥家的后盾。

天正十年（1582）正月二十三日，铃木重意在信长的默许下暗杀了土桥守重并攻取土桥家居城栗村城，成为杂贺众的支配者。后来他为协助织田信孝远征四国，曾提供船 100 艘，在本能寺之变之前一直与织田家保持着紧密联系。

天正十年（1582）六月三日，铃木重意从堺町方面得知本能寺之变的消息，自知在杂贺树敌过多，当天晚上便带领一族逃离了杂贺。

六月四日，土桥守重的五个遗子在泉识坊僧众的协助下起兵攻落铃木重秀居城，又修复了与宫乡、中乡、南乡的关系，再度结成对抗织田系政权的统一战线，并奉河内旧守护田山一族的田山贞政为盟主。

与土桥家的坚决对抗相反，信长死后，本愿寺俨然由武装僧团变成了坚定支持织田政权的和平守护者。

明智光秀进攻进江之际，本愿寺显如上人即下令近江的一向宗僧徒协助守卫蒲生家的日野城，称名寺的一向宗也保护过秀吉的家眷。天正十一年（1583）七月，本愿寺显如上人又把法座由纪伊鹭森移往和泉的贝冢。为了借助一向宗力量平定纪伊，秀吉用尽手段笼络显如上人，不仅在大坂城下专门划出一块土地作为本愿寺的寺町（城内的自治区，以本愿寺的御坊为中心，周围散居着工商业者和信徒），还于天正十一年（1583）九月在摄津有马温泉亲自款待显如上人与其妻如春夫人。

天正十三年（1585）三月上旬，羽柴秀吉以高野山的僧人木食应其为使者，派往根来寺劝降，并许诺返还一部分寺领。当天根来寺的僧众就这个提案争议不下，结果反对派在晚上向木食应其的寝所开枪射击，木食应其连夜返回京都向秀吉汇报，拉开了纪伊征伐战的序幕。

三月二十日，秀吉在大坂城总共集结了 10 万兵力，以三好秀次为先锋进驻贝冢，秀吉自己则在二十一日进入岸和田城。此外小早川隆景也亲率毛利水军来援，与小西行长一起以数百艘船向前推进。相应地，根来、杂贺众则在和泉南面与纪伊交界处修整田中、千石堀、积善寺、泽等城池准备迎击。

三月二十一日傍晚，三好秀次催督堀秀政、长谷川秀一、筒井定次（筒井顺庆养子）部 15000 人向千石堀城发起进攻。守城方为根来寺僧官根来左大仁与 1500 名精锐僧兵，此外城内还有百姓四五千人助守。

战斗一开始，守城方便派出500余人诱敌，羽柴军一追到城下，便遭到城头铁炮的攒射。而三好秀次完全无视这种危险，不断下令各军向前，平白造成了巨大伤亡，单是筒井方的8000名大和伊贺众，就有数千人倒在城前的铁炮射击之下。

根来寺僧兵的铁炮祭

最后看到强攻无效，秀次派出家臣田中吉政、渡濑繁诠率兵3000绕到千石堀城侧翼进攻，仍然被守城方以铁炮重创。最后秀次将身边的马廻3000人全部投入战斗，一举突破外城和二城，消灭城兵300余人后又向本丸发起冲锋，但不久即在本丸方面遭到强烈抵抗，一小时内又损失了千余人。最后还是筒井军中的中坊秀行率领少数伊贺忍者，绕到千石堀本丸附近射入火箭，将城内的弹药库引爆，才把城池攻落。事后秀吉惨无人道地下令：不仅城内全部军民，就连鸡犬猫狗也一只不留地屠杀干净。

在千石堀城陷落的同一天，由农民兵与田间武士守备的田中城遭到中村一氏攻击，当天晚上，城兵将城池烧毁四散逃走。另一座城池积善寺城遭到细川忠兴、大谷吉继、蒲生氏乡、池田辉政的攻击。三月二十二日，贝冢本愿寺的住持卜半斋了珍作为中介劝服积善寺开城投降。二十三日，泽城也在高山重友与中川秀政（清秀之子）的攻击下开城降服。

完成对边境诸城的制压后，羽柴秀吉于三月二十三日离开岸和田城，亲自攻入纪伊。随后的两天内，以根来寺、粉河寺为首的根来系寺庙全部被放火烧毁，10万羽柴军从四面八方攻入纪伊各地。

三月二十四日，羽柴军攻落土桥氏的居城粟村城，土桥家家主土桥重治带领一族乘船逃往长宗我部元亲的土佐。

三月二十五日，由于部将白樫与神保两家临阵倒戈，田山贞政放弃居城岩室城逃走，不久即向秀吉降服。由纪伊各地逃出的僧兵与小豪族，全部退到了太田宗正的宫乡太田城，一时间守城兵力达到5000人之众。

三月二十五日，中村一氏和铃木重意作为使者前去劝太田城开城降服，遭到太田宗正的拒绝。此后大部分的羽柴军汇集到太田城下。

由于在和泉千石堀吃了杂贺根来铁炮的苦头，秀吉没有采取正面强攻，最初他打算采取的是兵粮战法，不过中途感到耗时太长，临时又变更为水攻。这一次秀吉亲自担任总大将，秀长与秀次也参与坐镇，细川忠兴、蒲生氏乡、中川秀政、增田长盛、筒井定次、宇喜多秀家、长谷川秀一、蜂须贺正胜、前野长康各自分段筑堤。由于人数众多，从三月二十八日到四月五日，仅用了七天便筑起一圈全长 7200 米、高约 7 米的大堤，这一次的筑堤长度，是高松城大堤的 7 倍，而且和水淹高松不同的是，太田城周边高地极少，所以堤坝沿着城池绕了整整一圈。

四月八日，羽柴军掘开拦住河道的横堤向围堰内放水，一度让守城方慌乱不已。然而在第二天，水压的变化导致水流把堤防外围的一段冲毁，刚好在那段堤防附近的宇喜多秀家部被淹死多人。尽管四月十三日羽柴方又把大堤修复加固，守城方却认为是有神灵暗助而继续顽强抵抗。

四月二十一日，小西行长乘坐载着大炮的安宅船驶入堤内，将城防工事破坏多处，不过最终也遭到守城方铁炮手的狙击损失多人，不得不马上撤退。

羽柴军层出不穷的攻击方式已经逐渐摧垮了守城方的斗志。四月二十二日，守城方以交出为首的 53 名豪族为条件，正式开城投降。秀吉将这 53 人全部斩下首级，摆到大坂天王寺附近的河滩上示众，其他的杂兵与农民兵均被允许退出城池。

在水攻太田城期间，以新宫城的堀内氏善为首，纪伊最南端的高河原、小山、

太田城水攻图

色川等豪族先后向秀吉降服。

在此之前，四月十六日，日本佛教真言宗圣地高野山以木食应其为使者，前往太田城的阵中向秀吉传达了降服之意，以求保全山门的寺领。所以太田城的陷落，实际上标志着纪伊征伐的完成。

藤堂高虎铜像

纪伊平定之后，秀吉将纪伊、和泉两国总计 64 万石的领地封给了羽柴秀长，同时以秀长的家臣藤堂高虎为筑城奉行，在纪伊建造和歌山城作为秀长之居城。

这位藤堂高虎，也是一位十分传奇的人物。据说此人身高六尺二寸（约 190 厘米），精于兵法与内政，在成为秀长的家臣之前，已经换过四个主公：藤堂的故乡是近江犬上郡藤堂村，所以他最初的主公是浅井长政，在元亀元年（1570）的姊川合战中，因为作战英勇，还得到过浅井长政的军功感状。浅井长政灭亡后，转仕于浅井旧臣阿闭贞征，不久又转仕矶野员昌、织田信澄。最后在天正四年（1576）成为时任但马竹田城主的羽柴秀长家臣。此前藤堂高虎历仕的四任主公，全部都没有得到善终，但是高虎总能在事发之前即与主家脱离干系，而且每转换一次主公，所得到的俸禄都有所增加，让人不能不叹服此人的强运。高虎最初从秀长处得到的俸禄是 3000 石之地，在贱岳合战中由于他立下不逊于贱岳七本枪的战功，又得到 2000 石的加增，平定纪伊之际又受加增纪伊粉河 5000 石，成为拥有 1 万石领地的诸侯级家臣。

作为纪伊征伐的最后一步，藤堂高虎接受秀吉指示，在粉河将最后的杂贺党首领——铃木重意谋杀，以此杜绝杂贺众再起之患。

这一年的四月十六日，久病在床的丹羽长秀因为不堪忍受胃癌的痛苦，在病榻上切腹自尽，享年 51 岁。

此前的两年之中，丹羽长秀一直忍受着病痛的折磨。而秀吉却开始对他进行排挤。秀吉一度因为听闻长秀与织田信雄联手的流言，而要求长秀上京解释，而长秀却因病重无法起身，只能予以回绝，双方的关系也因此恶化。在切腹之际，丹羽长秀忍着剧痛从内脏上切下肿瘤，让嫡子丹羽长重装在一个盒子里送给秀吉，以让秀吉亲眼看到自己的痛苦与愤懑。

而秀吉打开这个盒子的时候，当年的民谣“前进柴田、后退佐久间，米五郎左、木棉藤吉”以及与长秀携手奋战的岁月，必然也在那一刹那从他脑海中浮现，引起无限的感怀。

第38章

四国征伐

在羽柴秀吉称雄畿内的同时，土佐的巨人长宗我部元亲也完成了四国岛的统一。

长宗我部元亲，原本只是土佐一隅的小豪族。最开始在土佐，像长宗我部这样的豪族共有七家，号称“土佐七雄”，其实力大致如下：

一条氏：幡多郡 16000 贯，约 4 万石。

本山氏：长冈郡 5000 贯，约 12500 石。

吉良氏：吾川郡 5000 贯，约 12500 石。

安艺氏：安艺郡 5000 贯，约 12500 石。

津野氏：高冈郡 5000 贯，约 12500 石。

大平氏：高冈郡 4000 贯，约 1 万石。

香宗我部氏：香美郡 4000 贯，约 1 万石。

长宗我部氏：长冈郡 3000 贯，约 7500 石。

其中一条氏乃是公卿出身的大名兼土佐国司，为各豪族之宗主，而长宗我部氏在七家之中本属最弱。不过在元亲的父亲长宗我部国亲生前，安排元亲的三弟继承香宗我部家，称为“香宗我部亲泰”，元亲成为家主之后，又安排次弟继承吉良家，名为“吉良亲贞”。在两个优秀兄弟

长宗我部元亲像

的辅佐下，长宗我部元亲陆续讨平土佐诸雄，并在天正三年（1575）的四十万川之战击破一条兼定，完成了土佐的统一。同年元亲派遣家臣中岛可之助与织田信长通谊，他的嫡子也得到信长的“信”字，被命名为“长宗我部信亲”。

此后，元亲又趁着阿波三好氏衰落之机，向阿波、赞岐与伊予展开侵攻。不过织田信长却不愿看到长宗我部家统一四国。在天正八年（1580）信长曾提出以让长宗我部保有土佐与阿波为条件，要求元亲降服，却遭到元亲的拒绝。此后长宗我部氏便开始公然与织田家敌对，不断地蚕食十河存保在阿波的领地。天正十年（1582）由织田信孝与丹羽长秀组成的四国征伐军便是为讨伐长宗我部家而发，只不过因为随后的本能寺之变长宗我部元亲才逃过一劫。

趁着畿内动乱的机会，长宗我部元亲于天正十年（1582）八月底，在阿波的中富川合战击破十河存保，完成了对整个阿波的占领，紧接着又向十河存保领有的赞岐发起进攻。

天正十二年（1584）小牧长久手合战之际，秀吉曾派遣淡路的仙石秀久登陆赞岐援助十河存保，结果仙石却在引田之战被元亲击败。同年六月，长宗我部元亲攻占十河城与虎丸城，十河存保放弃领国退往大坂。

仿佛是与秀吉赛跑似的，在秀吉征伐纪伊期间，元亲又制压了伊予的西园寺公广与河野通直，在天正十三年（1585）五月完成了整个四国岛的统一。但是，仅过了一个月之后，长宗我部元亲即迎来了和秀吉的决战。

在秀吉的纪伊征伐期间，杂贺众的土桥一族为躲避秀吉的军锋，逃往长宗我部家的土佐，已对元亲产生了震慑。

纪伊征伐结束之后，长宗我部元亲已经感觉到自己将是秀吉的下一个目标，于是以家臣谷忠澄为使者，前往大坂和秀吉进行交涉，表示可以放弃阿波、赞岐两国向秀吉降服，只希望保留土佐与伊予。而秀吉则要求长宗我部割让阿波、赞岐、伊予三国，双方的谈判就此破裂。长宗我部方面稍后整备沿海各城的防御工事，准备迎战羽柴军的来袭。

秀吉原定于六月三日亲自出征四国，但是临行时身体有些不适，加上北陆佐佐成政方面不稳的消息传来，便打消了亲自出战的想法。随后羽柴秀长被任命为征讨四国的总大将，三好秀次为副将，黑田官兵卫、蜂须贺家政为军监，负责监军与协调作战。

天正十三年（1585）六月十六日，羽柴秀长率领 3 万大军由堺出海，经淡路洲本航往阿波。同一天三好秀次的 3 万人由播磨明石出海，经淡路北端的岩屋前往阿波。两军在淡路的福良浦会合，乘坐 800 艘战船渡过鸣门海峡，在阿波的土佐泊上陆。另外宇喜多秀家与仙石秀久、小西行长合兵 23000 人，从播磨出发，在赞岐的屋岛登陆。毛利家的小早川隆景、吉川元春率兵 3 万，以来岛通总为向导，由安艺出发，在伊予的新间登陆，总计 11 万人分四路攻入四国。

相应地，长宗我部元亲在四国的要害城池也都配置了重兵猛将：阿波方面由长宗我部亲吉守胁城，长宗我部亲安守一宫城，长宗我部亲兴守岩仓城，东条关兵卫守木津城；赞岐方面由长宗我部亲武与细川源左卫门守植田城，国吉右卫门守西长尾城，香西伊贺守守藤尾城；伊予方面由河野氏诸将守佛殿城，金子元春守金子城，金子元宅守高尾城。长宗我部元亲本人率领精锐旗本 8000 人，以阿波、赞岐、土佐交界的白地城为本营。

伊予方面是长宗我部家新近征服的，而攻击伊予的毛利军也非秀吉之嫡系，故而长宗我部元亲的防御策略是放任伊予豪族拖住毛利，重点在赞岐与阿波挡住羽柴军的进攻，寻机进行决战。尽管他征服赞岐与阿波的时间也不长，尚未全部收服这两国之豪族，但是长宗我部比起其他的诸侯来说，有一种独有的“一领具足”政策，为元亲提供了强大的动员力，使他有自信与数万大军对敌。

“一领具足”的统一军装

所谓“一领具足”，即指农民们在田间耕作时把一领具足（武器、铠甲）摆在田边，只要领主一动员，立刻拿起具足前去参战。正规的武士通常有二领具足以备更换，而这些农民兵通常只有最简单的半套铠甲，“一领具足”也由此得名。这项制度之所以为长宗我部家特有，乃是因为长宗我部元亲将这些半农半兵的农民兵当作武士看待，同时只有应时参战一个要求，兼之免去了他们身为军人所要负担的种种杂务，由此得到了广大农民的拥护。长宗我部的动员令一出，农民们便踊跃参战。以土佐当时约 12 万石的收入来说，通常的动员力最多不过四五千人，但是在天正十年（1582）的中富川之战中，长宗我部元亲用“一领具足”动员起了约 23000 人，一举将十河存保的 6000 人击败。这一次面对秀吉的 11 万大军，长宗我部元亲总共动员了约 4 万人。

六月下旬，羽柴秀长和三好秀次在木津城遭到城将东条关兵卫的拼死抵抗，由于该城既扼守海峡，四周又皆是岩石，羽柴军的主力一度被拖在城下无可奈何。最终蜂须贺家政发现木津城虽险，但饮水却要受制于北面的高山，于是率领数百人占据北山，截断了木津城的水源。到了七月七日，东条关兵卫开城降服，退往土佐。

与此同时，由黑田官兵卫辅佐的宇喜多秀家军在赞岐势如破竹，连续制压了牟礼、喜冈、藤尾等城池。随后宇喜多秀家让黑田官兵卫率兵 5000 前去进攻植田城。从地理上来说，植田城与阿波的坚城岩仓互为犄角，又与长宗我部元亲的白地城本阵相隔极近，且有元亲之弟长宗我部亲武率领 2500 人驻守。植田一岩仓一白地，是长宗我部家为分散羽柴军并引诱对方分兵决战的铁三角。黑田官兵卫在植田城周边查探没多久，便看破了这个陷阱，即刻返回宇喜多军在赞岐高松的阵地，向秀家建议道：“若先攻阿波，则赞岐之敌自然不战而破。”

七月十五日，2 万名宇喜多军转头南下，与攻落了木津城的羽柴秀长、三好秀次军会合，然后又兵分两路：一路由羽柴秀长为大将，蜂须贺家政为参谋进攻一宫城，另一路由三好秀次、宇喜多秀家为大将，黑田官兵卫为参谋，进攻岩仓城。

在岩仓城方面，尽管城将长宗我部亲兴奋勇守城，但是黑田官兵卫却奇计迭出，在城外造起比城内箭橹更高的井楼，站在上面即可对城中的配置一目了然，又把大炮吊到井楼上，每天对着城内的要所轰击三次。到七月十九日，受尽折磨恐吓的长宗我部亲兴终于开城投降。

由于岩仓城的陷落，一宫城便成了长宗我部家在阿波境内的孤城。此时在一宫城中尚有 5000 人，由江村亲俊与谷忠澄凭借着阿赞山脉的天险防守。但是攻城的蜂须贺家政采用与攻打木津城相同的计策——切断一宫城的水源，到七月二十五日，江村亲俊、谷忠澄二人也开城向羽柴军投降了。

与此同时，毛利军在伊予方面也进展顺利。河野方面的诸家豪族因为来岛、村上水军的中介，一直与毛利家交好，唯有金子元宅兄弟为了恪守对长宗我部家的忠义而拼死抵抗。七月十四日，小早川隆景攻落金子元春所守的金子城，紧接着又在第二天包围金子元宅的高尾城。两天之后，金子元宅城破自杀。十八日，高尾城被攻陷。七月二十一日，毛利军由伊予向长宗我部元亲的本阵白地城急速逼近。

在长宗我部家内，最先开城逃回的木津城将东条关兵卫，被长宗我部元亲责以无能之罪，勒令切腹自杀。但随后赞岐、阿波方面开城降服，退回土佐的城将越来越多，其中大多是长宗我部家的亲族，甚至连元亲配置在阿波的牛岐城主香宗我部亲泰也弃城而回。

羽柴军刻意采取弃城不杀降的策略，放这些败将逃回，逐渐瓦解了长宗我部家的斗志。最后逃回的谷忠澄，再度向元亲转达了羽柴秀长要求长宗我部降服的劝告，尽管元亲大斥谷忠澄软弱无能，但已没有自信让他去自杀了。事后谷忠澄联合香宗我部亲泰等重臣一起向元亲进言。最终，长宗我部元亲同意向羽柴家投降。

八月六日，以羽柴秀长为中介，长宗我部元亲献上第三子津野亲忠为人质，正式向秀吉降服。不久，元亲亲自前往大坂，向秀吉行臣下之礼，才保全了土佐一国。而他另外的阿波、赞岐、伊予三国则被没收。

战后，秀吉在四国封赏是：

蜂须贺家政，获得阿波一国 18 万石。

仙石秀久，获得赞岐高松 10 万石。

十河存保，获得赞岐十河 3 万石。

胁坂安治，获得淡路洲本 3 万石。

小早川隆景，获得伊予 30 万石。

安国寺惠琼，获得伊予 23000 石。

阿波的 18 万石，秀吉本来要封给蜂须贺正胜，正胜却以自己要留在秀吉身边侍奉为由，让给了嫡子家政。由于蜂须贺家政在羽柴家内的年望、资历尚浅，所以领有赞岐 10 万石的仙石秀久实际上成为秀吉在四国的代理人。此外，秀吉只封赏小早川隆景而不封赏毛利辉元与吉川元春，可以看作是他分化毛利家两川体系的开始。

征伐四国的总大将羽柴秀长，另外被加增了大和一国 40 万石。大和的领主筒井顺庆在前一年已经病死，继任的养子筒井定次被秀吉找了个借口移封到伊贺上野，仅保存下 5 万石的领地。而三好秀次则获得近江八幡 43 万石的领地。同年年底，秀吉的养子羽柴秀胜突然去世，年仅 18 岁。三好秀次便改名为“羽柴秀次”，被列为秀吉的继承人之一。

第39章

关白丰臣秀吉

天正十三年（1585）三月十日，羽柴秀吉叙任为正二位内大臣。

在内大臣之上，尚有三个官位：太政大臣（正一位或从一位），左大臣（正二位或从二位），右大臣（正二位或从二位），分别相当于中国的太师、太傅、太保，或是相国、左丞相、右丞相，乃是日本的人臣之极。

通常以上大臣级的官位都是由公卿担任，武士能预其中者也只有三位足利将军与织田信长而已，织田信长临死前刚刚辞去了右大臣之职。而摄政的“关白”称号，则是作为加官，由担任大臣的藤原氏一族“五摄家”近卫、一条、二条、九条、鹰司之间轮换担任。

天正十三年（1585）之初的关白与大臣就任情况是：左大臣一条内基，右大臣二条昭实兼任关白，内大臣近卫信辅。

不久一条内基辞职，后位者依序升进为：左大臣二条昭实兼任关白，右大臣近卫信辅，内大臣羽柴秀吉。

同年五月，二条昭实辞职，依序升进为：左大臣近卫信辅，右大臣菊亭晴季（前任内大臣），内大臣羽柴秀吉。

正亲町天皇画像

另外辞任大臣的二条昭实还保留有关白称号。

朝廷方面预定的计划是菊亭晴季辞职之后，由羽柴秀吉按序补任右大臣，但是秀吉却表示："信长公就是在达到右大臣之后被明智光秀所害，右大臣之位实属不祥，我若升迁，就要直接升到左大臣。"

此时的正亲町天皇已经年逾 68 岁，自天正九年（1581）起就老病不断，在本能寺之变前曾要让位给皇子诚仁亲王，但因为退位后的财政问题未能与织田信长达成一致而搁置。

战国时代，由于频遭战乱，加上各地诸侯割据，天皇在各分国直辖领的收入往往被当地的大名与豪族截夺，导致天皇与公卿们的极度贫困。正亲町天皇为了从诸侯手中获得献金，不惜将皇室之仪降格相授：永禄三年（1560），毛利元就为天皇即位三周年献上礼金，正亲町天皇便准许毛利家在家纹中使用皇室的纹章"菊与桐"。本愿寺显如上人向天皇献上黄金，天皇便授予他只有出家的皇族及将军才能使用的"门迹"称号。而正亲町天皇拖着老病迟迟不肯让位的原因，是要等织田信长出资为他修缮退位后的隐居地仙洞御所。一场本能寺之变把天皇原定的计划全部耽搁了。所以为了让秀吉接手织田信长没完成的仙洞御所工程，只要秀吉提出官位要求，天皇不惜全部应允。

时任左大臣近卫信辅得知秀吉想要自己的左大臣官位，自知没有反对的余地，但是他还有一个未了的心愿，就是要在辞职之前当上关白。

大臣之职除了"五摄家"之外，其余高格公卿也能担任，但"关白"则是五摄家首领所特有的称号，也是所有公卿之首。近卫信辅的父亲近卫前久此前也担任过关白左大臣。近卫信辅以父亲的前官为例向正亲町奏请，希望在辞去左大臣之前得到关白的称号。对此，现任关白二条昭实却声称："二条家从来没有就任关白不到一年即让位的例子。"

从五月到六月，近卫信辅与二条昭实为了关白的归属，在天皇面前争论了四次，另外还各自向大坂的秀吉申诉自己的主张，以求获得支持。

秀吉得知争议之后，即找来右大臣菊亭晴季商议。天正十年（1582）五月，天皇曾向安土城派出使者，让信长在征夷大将军、关白、太政大臣中任选一职，信长尚没有给出明确答复便在本能寺遇害。这一回菊亭晴季以信长未尽的憾事为前例，建议秀吉借着五摄家的纠纷之机，直接把关白抢到自己手中。对于关白只限于五摄家担当的问题，菊亭晴季则出了一个主意，让秀吉去要求近卫信辅之父近卫前久将自己收为养子。

这位近卫前久，却是有把柄在秀吉的手中。本能寺之变时，明智光秀的铁炮队爬到近卫家的屋顶上向二条城射击，最终迫使织田信忠自杀。事后近卫前久尽管以出家谢罪，仍然遭到秀吉与丹羽长秀的责难，被迫由京都逃往德川家康的滨松，后经家康的斡旋才得到秀吉的谅解，于 1583 年返回京都。所以对于秀吉提出的要求，近卫前久不敢有任何拒绝。另外若是二条昭实在争论中胜诉，近卫家也会失去脸面。

最后近卫前久与秀吉达成的方案是：前久收秀吉为养子，秀吉以近卫家之人的身份，直接以内大臣兼任关白。近卫信辅的左大臣之位保留，将来，秀吉要再把关白之位传给近卫信辅。

天正十三年（1585）七月十一日，正亲町天皇正式颁下准许羽柴秀吉以近卫家养子身份就任关白的敕旨。争论的双方二条昭实与近卫信辅，以及菊亭晴季都升任为从一位。另外秀吉给出补偿与酬谢，近卫家获得 1000 石，其他四摄家获得 500 石的加增。

到了天正十四年（1586），正亲町天皇还没有退位，他的储君诚仁亲王却先行一步，于九月七日去世。出现这种白发人送黑发人的情况，让一直想着退位的正亲町天皇更加窘迫。

当时秀吉又有了新的构想，尽管顶着近卫家养子的身份就任了关白，但自己毕竟并非五摄家出身之人，难免有些名不正言不顺。为此秀吉找来菊亭晴季和一些学者商议。他们讨论的结果是：与其遵循先例，不如创造更荣耀的典范——干脆直接让天皇下赐一个新的姓，光明正大地就任最高官位。

日本古代有四大名族：源、平、藤原、橘，其中源氏与平氏是天皇的子嗣后裔，藤原氏与橘氏是天皇赐给臣子的姓氏，像织田氏是号称平氏，德川氏是号称出自源氏，五摄家的始祖乃是一代名臣中臣镰足，受赐了“藤原”之姓，繁衍成为与源氏和平氏不相上下的名族，秀吉的功业不比中臣镰足差，为何不能向天皇要求下赐与源、平、藤、原、橘并列的新姓氏？

经过挑选，秀吉已经选好“丰臣”作为自己家族的姓氏。恰巧诚仁亲王在九月七日去世，秀吉乘机抛出赐名方案，作为协助正亲町天皇完成退位事务的条件。

九月九日，正亲町天皇正式颁下诏书，将“丰臣”姓授予秀吉，这是自公元 669 年中臣镰足受赐“藤原”姓、708 年橘宿弥受赐“橘”姓之后，近 900 年未在日本再出现的荣耀。此外秀吉的家纹，也由木下的日足纹、羽柴的五七桐，变为皇室特许的桐纹。

秀吉家纹

天正十四年（1586）年底，秀吉修缮仙洞御所完毕，正亲町天皇于十一月七日正式退位，新任的天皇为皇太孙周仁亲王（原太子诚仁亲王之子），是为日本第 107 代天皇：后阳成天皇。

在新天皇即位之际，丰臣秀吉直接由内大臣晋位到官制最顶端的太政大臣，同时兼领关白，成为名副其实的代理天皇统治日本之人。此后在丰臣秀吉的主持下，五摄家以及其余的公卿官位升迁全被停滞，朝廷的官位与“丰臣”“羽柴”姓氏被秀吉作为笼络人心的利器，分赐给了家臣和各地的诸侯，其中，代替秀吉继任内大臣的是织田信雄。

第40章

家康臣服

早在天正十三年（1585）五月，越中的佐佐成政即打算与秀吉议和。不过佐佐成政的政治嗅觉大概很有问题，他所选择的议和中介，不是与秀吉关系亲密的前田利家，而是不久前才与秀吉结束对阵的德川家康。或许是因为前一年的末森合战，所以成政还把利家当作死敌。而家康尽管抛弃成政单独与秀吉议和，成政却仍把他看作是实力雄厚、先知先觉的盟友。

实际上德川家康虽然与秀吉议和并送去了人质，但仍然没有承认羽柴家的宗主地位，只不过是以退为进等待下一次时机。毕竟，家康在战场上还没有败给秀吉。

所以，由德川家康将佐佐成政的降服请求传到大坂后，秀吉自然不会让家康平白做好人。秀吉让德川家向佐佐成政转达极为苛刻的条件：没收成政的越中一国，成政本人前往高野山隐居。此外又要德川家康派出两三名家老做人质，留在大坂为佐佐成政担保。

得到答复之后，德川家康立刻病倒，而且神情恍惚，对于派遣人质之事无法做出回应，佐佐家议和之事也就不了了之。在此期间，佐佐成政一直在加贺与前田利家交战，这便是秀吉无法抽身亲自出征四国的原因之一。

平定四国之后的天正十三年（1585）八月八日，秀吉亲率五畿内之兵，会合北陆的丹羽长重、前田利家、金森长近诸将一起由加贺攻入越中，越后的上杉景胜也从东面出兵呼应，总兵力共计 10 万人。而佐佐成政则将越中 36 处城塞之兵总计 2 万人全部收拢到富山城内。

以 2 万人守城，很显然将遭受敌人的兵粮战法，而佐佐成政明知如此仍然为之，显然是为了表明自己不想与秀吉交战。然则秀吉却根本不领他这个情，因为此次出兵北陆，除了要征服佐佐成政之外，还有一个目的便是要震慑上杉景胜。

八月二十日，秀吉将富山城包围，随后又派金森长近率兵攻入佐佐成政盟友姊小路赖纲领有的飞騨。

接下来秀吉准备对富山城实行水攻，但是因为富山城周边的水网与地形复杂而筑堤未成，此外还遭到山洪侵袭损失了一些人马。

金森长近像

八月二十六日，佐佐成政通过织田信雄做中介，再度向秀吉提出了降服请求。二十九日，成政削发后身着墨衣，亲自进入秀吉阵中请求降伏，终于得到了秀吉的许可。与此同时，飞騨的姊小路赖纲也在金森长近的攻击下投降。

战后秀吉的处理是，仅给佐佐成政留下越中新川郡一郡，其余的越中之地全被没收，转封给前田利家之子前田利长。金森长近获得飞騨一国。此外佐佐成政一族被要求移住大坂，成政本人成为秀吉的御伽众。

所谓的“御伽众”也称“御咄众”，多由知名武士、学者、茶人、僧侣担任，负责陪在君主身边谈论各地的民风世事，以及讲授专业的知识，拿到现在来说，即相当于“参事”“顾问”。当时与佐佐成政一起担任秀吉御伽众的，还有破落的名门大名山名丰国等人，这些人一方面熟知武家掌故及地方风情，可以为秀吉提供建议，另一方面都曾是称雄一方的国主型人物，将他们收为自己的侍臣，也是向天下展现秀吉权威的一种方法。

在秀吉征伐纪伊、四国、越中的同时，德川家康表面上对秀吉采取和睦态度，实则仍在积极向处在德川与羽柴、上杉夹缝之中的北信浓地区扩张。不过由于信浓小豪族真田昌幸的坚持，给德川军的侵攻造成了意想不到的困难。

真田昌幸之父真田幸隆是武田信玄的军师之一，真田昌幸本人也曾作为武田家臣位列武田二十四将的名单上。武田灭亡后，真田昌幸从属于泷川一益，泷川一益在神流川败走，真田又投降北条，后来一度又背弃北条投入德川阵营。

真田家前后倒戈的一个重要原因在于：真田家跟随武田的时期，拥有信浓上田和上野沼田两块领地。而在天正十年（1582）德川家康与北条氏直的和谈中，将包括沼田在内的上野划给了北条家，此事严重侵犯了真田家的利益。尽管真田家总领地不到 5 万石，动员力不超过 3000，为了这块代表着自己名誉的沼田之地，真田昌幸还是奋起与德川・北条联盟反目，转而臣从于越后的上杉家。

随着上杉家向秀吉臣服的缘故，真田昌幸留在上杉家做人质的次子真田信繁（后改名真田幸村）也被上杉家派到大坂成为秀吉的人质，真田家因此已经算是秀吉旗下的诸侯。

尽管如此，德川家康还是在天正十三年（1585）八月，派出以家臣鸟居元忠、大久保忠世、平岩亲吉为大将的 7000 人进攻真田家居城上田城。谁知真田昌幸活用地形进行反击，仅以 2000 人的兵力，给德川方造成了约 1300 人的伤亡，此战让他名扬天下。八月二十八日，德川军从上田城下撤退，此后以信浓小诸城为据点，一直与真田持续着小规模的战斗。但以上行动尚不足以表明家康公然再度与秀吉为敌的态度。

天正十三年十一月十三日，德川家康的心腹石川数正由德川家出奔，逃入秀吉旗下，当时石川数正担任的是德川家的冈崎城代、西三河方面总大将，兼对羽柴家交涉的使者。

石川数正背弃德川家的具体原因至今没有定论，不过就事件本身，反映的当时情况必然是：石川数正已经开始倾向于秀吉一方，而德川家内对秀吉的敌对态度，让他作为使者的工作左右为难，最后数正不得不出奔了事。由于石川数正青年起便作为德川家康的近侍，参与了德川家军队的创立以及三河、远江的平定，对德川家内机密了如指掌，他的出奔在德川家内引发了大地震。德川家康在疏远石川系的家臣之余，还将军队的编制由三河时的传统军制改为武田流军制。

另一方面，或许秀吉从石川数正处得悉了德川家的底细之后，反而更加没有自信在战场上打败德川家康，此后秀吉对家康的外交手段可以用“荒诞”二字来形容。

秀吉总共有一个亲生姐姐智子（阿友），一个异父弟秀长，一个异父妹末津（阿里）。智子嫁给同为农民出身的三好吉房，生下三个儿子秀次、秀胜、秀保，被秀吉视若己出。秀长成为大和、纪伊、和泉百万石之大名。而末津最初的夫婿也是一个农夫，被秀吉提拔为武士后称佐治日向守，这位佐治日向守据说在秀吉担任长滨城主期间，因为触到了不祥之事而被勒令切腹。此后末津又被安排嫁给织田家武士副田吉成，夫妻两人甚相亲爱。

天正十四年（1586）四月，秀吉看到家康的正室空缺，强行让末津与副田吉成离婚，将她送到远江去给家康填房，此后末津又称“朝日姬”。副田吉成也是位痴情男子，事后秀吉要给他 5 万石之地以做补偿，吉成却断然拒绝，并出家为僧，回到尾张的乡下隐居。

尽管如此，德川家康仍没有向秀吉低头之意。十月十八日，秀吉又把自己的生母阿仲（作为关白之母，当时已被世人尊称为“大政所”）送往三河的冈崎城充当人质，以示要家康前来大坂并无恶意。

到了这个时候，德川家康的面子再也挂不下去，终在十月二十日自冈崎西上，于二十六日到达大坂，住进丰臣秀长府邸。

当天晚上，秀吉连夜前去拜托家康：“明日只要你在众人面前向我行一下礼而已！”

十月二十七日，德川家康正式登上大坂城本丸，在众多诸侯的面前，向秀吉行臣下之礼。随后，家康被任命为正三位权中纳言。

这一年的六月，越后的上杉景胜也亲自上京，正式向秀吉行臣下之礼，并献上自己的外甥上杉义真为人质。秀吉对上杉家的领地及发展方向做了明确限定：上杉家放弃越中与上野的领有，但是被许可占有佐渡，向东北的出羽扩张。同时秀吉又向天皇奏请，授予上杉景胜正五位下右近卫少将的官职。

第41章

九州三国志

日本主要由四个大岛本州、四国、九州、北海道组成。在本州岛与四国岛的西面，就是日本第二大岛九州。

所谓九州，即是由九个国组成，分别是：丰前、丰后、筑前、筑后、肥前、肥后、萨摩、日向、大隅。在战国时代，九州的强者有三家：丰后的大友，肥前的龙造寺，萨摩的岛津，这三家共同谱写了一段此起彼伏的“九州三国志”。

丰后大友氏乃是自镰仓时代以来的名门，在九州繁衍了500年20代，到第21代大友宗麟继任时，已经领有丰后、筑后、筑前国之守护。

天文二十年（1551），西国之雄大内氏家内发生变乱，重臣陶晴贤举兵袭杀了主公大内义隆，大友宗麟之弟晴英被迎立为大内家之主，改名为大内义长。借着协助大内家平定叛乱的名义，大友军开始渗入北九州。弘治三年（1557），大内义长在毛利元就的侵攻下灭亡，大友宗麟乘机占领了成为空白地带的北九州筑前、丰前两国，又向将军足利义辉献上重金，获得九州探题的任命。

此后，大友家在北九州与毛利氏展开了长达八年的争夺战。永禄十二年（1569），大友宗麟策动尼子复兴党与大内氏遗裔大内辉弘袭击毛利家后方，促使毛利元就从九州全面撤军，成功独霸了北九州。最盛时的大友家版图，领有丰前、丰后、筑前、筑后、肥前、肥后及伊予半国。

大友宗麟像

“肥前之熊”龙造寺隆信，崛起时间比大友宗麟晚了一步。在大友氏称霸北九州六国时，龙造寺家才控制了肥前的东部。

永禄六年（1563），龙造寺隆信击破南肥前两家有力大名有马氏与大村氏的联军，引起大友宗麟的注意。最开始，为压制龙造寺家，大友宗麟仅是扶植肥前旧国主少贰政兴与隆信对抗。结束与毛利的战争之后，宗麟以其弟大友亲贞为总大将，于元龟元年（1570）率领6万大军攻入肥前。但是在大友军发动总攻击的前夜，龙造寺家的锅岛直茂奇袭了大友军设在今山的本阵，一举将大友亲贞斩杀，大友军也随之崩溃。

今山之战后，龙造寺家借着胜利主动向大友求和，待大友军退走，便又开始攻击肥前的小豪族。到了天正六年（1578），龙造寺隆信已降伏南肥前的大村纯忠、有马晴信，放逐少贰政兴，完成了对肥前的统一。虽然大友方面屡次派出问责的使者，但并没有再次派出讨伐军，等于是默认了龙造寺隆信对肥前一国30万石的领有。

九州岛的南端，有着和大友氏历史一样悠久的名门岛津氏。

镰仓时代的岛津家一度领有萨摩、大隅、日向三国之守护，后来众多庶家并立，使得萨摩的宗家削弱、内讧不断，日向与大隅两国也为其他豪族所割据。进入战国时代，岛津庶家之一的伊作家岛津忠良先是继承了另一个庶家相州家，接着又安排自己的嫡子贵久继承了嫡流伊集院岛津家，父子俩联手压服众多同族，将整个萨摩统一起来。

岛津贵久是有着“英主”之称的人物，除了扩张之外，他还建设内城作为居城，积极扩大城下町，发展对明朝与琉球的贸易。另外铁炮也是由岛津家旗下的种子岛传入日本的。

永禄九年（1566），岛津贵久在消灭大隅的对手肝付兼续之后隐居，将家

九州三雄形势图

主之位让给长子岛津义久，当时岛津家已经领有萨摩一国和半个大隅。

岛津贵久有四个儿子，名为岛津义久、岛津义弘、岛津岁久、岛津家久，堪称是日本战国最强的四兄弟，祖父岛津忠良曾这样评价自己的四个孙子：“义久材德兼备，堪当三州（萨摩、大隅、日向）之总大将；义弘雄武英略盖不世出；岁久智计出众，能辨明利害；家久尽得军法战术之妙。”

岛津义久继承家主后，在三个优秀兄弟的辅佐下继续书写着岛津氏的传奇：元龟二年（1571），岛津氏征服整个大隅，开始与东北面日向国的伊东义佑相争。天正元年（1573），岛津义弘在日向木崎原设伏，仅以 300 人之力歼灭伊东家 3000 人，此后号称“伊东四十八”城的众多日向小豪族纷纷向岛津降服，最终岛津兄弟在天正五年将伊东义佑赶出了日向。

伊东义佑自日向败走后，投奔了丰后的大友氏。当时大友宗麟已将家主之位让给嫡子大友义统，自己隐居到丹生岛城。

此前的五年里，由于宗麟醉心于西洋文化与天主教，在领内大肆兴建西洋式的教堂、医院与学校，试图在自己的领内建立一个天主教王国。这五年中，大友家的对外扩张全面停止，引发了嫡子义统与急进派家臣们的不满，这也是宗麟隐居的原因之一。

所以伊东义佑寻求庇护之际，大友义统不顾宗麟的反对，以舅舅田原亲贤为总大将，向日向派出了 4 万大军以协助伊东家复国。相应的，岛津义久也在领内发布总动员，集结起 2 万余人的兵力。双方于天正六年（1578）十一月十二日，在日向的耳川之畔发生激战。结果如同武田家的长篠合战一般：大友军在全面溃败之余，还损失了军师角隈石宗，猛将田北镇周、佐伯宗天，筑后方面的大将蒲池鉴盛等家内支柱。

以耳川之战为转折点，此后大友领内的豪族叛乱此起彼伏。岛津军由日向向大友家的本据地丰后展开了侵攻。而龙造寺隆信乘机由肥前攻入筑后，在短时间内便强占了筑前、筑后，以及丰前的一部分。

天正九年（1581），岛津氏击破肥后的相良氏，开始由九州岛的西线向北侵攻。相应的在天正十一年，龙造寺隆信一度出兵南下，将岛津军压制在肥后一线。

天正十二年（1584）三月，从属于龙造寺家的南肥前豪族有马晴信突然倒戈投向岛津家，龙造寺隆信亲率18000大军（一说是4万或6万）进攻有马的日野江城。收到有马晴信的求救后，岛津义久以四弟岛津家久为总大将派出了增援部队。三月二十四日，龙造寺的大军与岛津·有马联军8000人在岛原半岛南部的冲田畷交锋。

战斗中龙造寺隆信临时改变重臣锅岛直茂制定的作战计划，采取了中央突破战法。而岛津家久却将兵力分作三队，两队在左右设伏，一队上前交战佯装败退，将向中央猛突的龙造寺主力引到冲田畷的泥田之中，此时两面埋伏的岛津铁炮队一起射击，假装败退的中路部队也掉过头来迎战，从三面将龙造寺军包围。混乱之中龙造寺隆信本人被岛津家的川上忠坚打死，有“龙造寺四天王”之称的四名猛将成松信胜、江里口信常、百武贤兼、圆城寺信胤（一说木下昌直）或是战死，或是殉死，这便是岛津家屡试不爽的“钓野伏”战术。此战之后，从战场上生还的锅岛直茂辅佐隆信之子龙造寺政家掌握了国政。

冲田畷合战之后不久，龙造寺向岛津家降服。此外肥后的隈部亲永、筑前的秋月种实、筑后的筑紫广门次第向岛津义久表示臣服。另一方面，大友家则趁着龙造寺的衰退，派出家中第一名将“雷神”立花道雪的筑前军团展开反攻，一度回复了在筑后的势力。不过好景不长，天正十三年夏，立花道雪以73岁的高龄在筑后的阵中去世。

丰臣秀吉在平定了四国之后，也开始关注九州的形势。天正十三年（1585）十月二日，秀吉通过正亲町天皇向岛津义久发出了一道号召“天下静谧”的敕旨，要求义久停止在九州的战争，并附书通告：如不听从停战劝告，岛津家将成为秀吉的下一个征伐对象。秀吉后来也曾向关东和陆奥、出羽发出类似的停战敕旨加命令，这种宣示他权威的命令，被统一称作“总无事令”（战事全部停止之令），实际上也是秀吉向各地尚具有反抗之心的诸侯开战的大义名分。

此时岛津义久的九州统一战已经到了最后阶段，经家中重臣讨论，义久决定无视秀吉的号召。天正十四年（1586）初，岛津义久以肥后的岛津义弘军团向筑前、日向的岛津家久军团向丰后，对大友家的领地展开了最后的侵攻。

第 42 章

兵败户次川

天正十四年（1586）四月五日，一艘来自九州的海船到达堺町，上岸的正是昔日的九州霸主大友宗麟。

面对岛津义久的侵攻，大坂城的秀吉已经是大友宗麟最后的救命稻草。此前大友家因为发展海上贸易而与博多及堺町的豪商结下了友谊，通过堺町总代官松井友闲与茶人千宗易的引荐，宗麟在当天便登上大阪城本丸参见了秀吉。

为了求得秀吉向九州派出援军，大友宗麟向秀吉献上了多年来收集的名贵茶器“大友瓢箪”“似茄子”“新田肩冲”以及大友家家祖辈从镰仓初代将军源赖朝手中拜领的名刀“吉光腰物骨食”，而秀吉则在大坂城内的黄金茶室里举办茶会招待宗麟，又拉着宗麟的手参观了大坂天守阁，拍着他的肩膀说道：“战争的事就放心交给关白我吧，岛津家的恶人猖狂不了多久的。”

但是此时由于石川数正的出奔事件，为了防止德川家的军事行动，秀吉也无法亲自率军前往九州，他向宗麟做出的承诺是，等到第二年再亲自出阵九州。不过在四月十日，秀吉也向毛利辉元发出指示，要求毛利军准备出阵九州，救援大友家的筑前、丰前。秀吉同时以安国寺惠琼、黑田官兵卫为毛利军进击筑前、丰前方面的军监，实则等同于是自己的代表。另一方面，秀吉又让四国的仙石秀久统合长宗我部元亲、十河存保等四国诸侯，前去救援大友家的本据地丰后。

秀吉让毛利家与长宗我部家出兵，实际上另有一个目的：黑田官兵卫与仙石秀久集结兵力之时，分别督促毛利与长宗我部在领国内撤除关所、破弃除要冲以外的支城，确保收入直接上交给丰臣家的“藏入地”。由于支城被强令破除，众多小领主只得直接依附于国内的主城，从而加强了毛利与长宗我部的动员力；另一方面，也使得领国的支配简单化，秀吉由中央发出的号令可以及时贯彻到地方。此外，关所的撤除与道路的整备，则把毛利与长宗我部两家的领国完全纳入了丰臣政权下的经济、政治、交通一体化体系之内。由于以上工作，两支九州征伐军的出阵日期被推迟到了当年秋季。

同年七月，岛津与大友在筑前的战斗已经白热化。大友家在筑前，仅保有三座城池：高桥绍运的岩屋城、立花宗茂的立花山城、高桥统增的宝满山城。其中立花宗茂与高桥统增分别是高桥绍运的长子与次子，高桥绍运本人乃是“大友三老”（吉冈长增、吉弘鉴理、臼杵鉴速）之一吉弘鉴理的次子，也是大友家中仅次于“雷神”立花道雪的猛将，后受大友宗麟之命继承了筑前高桥家，成为立花道雪之副将。立花道雪由于老年无子，在天正九年（1581）将女儿誾千代嫁给高桥绍运的长子高桥统虎，让统虎继承立花家，改名为“立花宗茂”。据说当宗茂前往立花家时，高桥绍运曾交给他一把太刀“备前长光”，说道：“要把道雪殿当作是亲生父亲追随，如果有一天我与道雪殿相争，你便用这把刀来杀死我。”立花道雪去世之后，高桥绍运与立花宗茂父子实际上成为道雪的精神和军事遗产的继承者。

“雷神”立花道雪画像

七月十二日，高桥绍运拒绝了岛津家的降服劝告。两天之后，岛津方向他的居城岩屋城展开了攻击。

此战岛津的总大将为岛津忠长与伊集院忠栋，

总兵力 2 万人，而守城的高桥绍运旗下总共只有 763 人。不过由于岛津的军队大多是临时征集过来的肥前、筑前、肥后豪族，战意明显欠缺，在高桥绍运的顽强抵抗下，一度陷入了苦战。

围城期间，高桥绍运共受到过五次劝降，其中有三次是来自岛津方面，另外两次则是立花宗茂与黑田官兵卫先后劝他放弃岩屋城退走，均被绍运拒绝。高桥绍运对于岛津家的回答是：“在主家兴盛时忠诚，主家衰败时背叛，此等忘恩负义之人，与鸟兽何异。”

到了七月二十七日，岛津军攻破外城，冲到绍运所在的本丸下。最后高桥绍运登上橹楼，壮烈地切腹自杀，一同作战的 763 名城兵全部战死，没有一人投降。而岛津方面在岩屋城下被拖延了半个月之久，战死者超过 3000 人，负伤者超过 1500 人。

岩屋城陷落后，岛津军又包围了宝满山城，当时城将高桥统增的岳父筑紫广门已从属于岛津家，由他向高桥统增劝降，并提出：只要让出城池，便可保全城兵的性命，还会任由统增夫妇退往立花山城。结果在高桥统增开城后，岛津军却不守信用，将高桥夫妇二人捉为俘虏。

当岛津军随后进攻立花山城时，立花宗茂一时据城坚守，一时出城游击，还一度使用诈降计突入岛津军本阵，斩获数百枚首级。岛津军在立花山城下寸步难进。

随着毛利军出阵九州的风声传来，八月底，岛津军从立花山城下退走。随后立花宗茂又连续出击，夺回了被占的岩屋城与宝满山城。秀吉得知宗茂的事迹后，称赞他是“忠勇镇西（九州）第一，为将之楷模”。

八月十日，毛利家以神田元忠率 3000 人先向九州出发。十六日，毛利辉元与黑田官兵卫出阵。八月下旬，小早川隆景从伊予、吉川元春从出云各自出阵，总兵力约为 25000 人。

九月初毛利军在丰前门司登陆，丰前的山田、广津、仲蜂屋、时枝、宫城等小城迅速开城投降并献上人质。但此时掩盖在岛津家羽翼下的一只怪兽浮出了水面：原本一直从属于毛利家的筑前小豪族秋月种实，在耳川之战后投向了岛津家，并借助岛津家向北侵攻之机蚕食着大友家的土地。等到岛津军从立花山城退走时，秋月家已经有城二十四，占据了丰前、筑前 11 郡 36 万石的大片领地，同时兼为城井、原田、长野、加来等小豪族的盟主。由于不愿割舍刚刚占来的领地，秋月氏一族对登陆九州的毛利军展开了全面阻击。

同年九月十三日，仙石秀久率领的四国方面军在丰后府内的冲滨登陆。这支队伍总计 6000 人，其中长宗我部元亲、信亲父子 3000 人，仙石秀久 2000 人，十河存保 1000 人。

仙石秀久进入府内之后，与大友家现任家主大友义统言谈投机，一下子便结为莫逆之交。

当时大友义统的舅父田原亲贤因为耳川战败受到家中怪责，被贬到丰前妙见岳城蛰居。秋月种实与毛利军展开全面交战之际，田原亲贤由于害怕遭到秋月家盟友城井镇房的夹攻，向大友义统请求援军。尽管大友宗麟极力劝阻，大友义统还是执意邀请仙石秀久率领四国军团助防妙见岳城。

此前秀吉也给仙石秀久发过教书，让他不要轻易与岛津军决战，只需协助大友守好丰后，等待自己的大部队到来。而仙石秀久为了大友义统，毅然两肋插刀违反禁令，在十月初率领四国军转战丰前。

岛津义久得知丰臣家的两路征伐军全部集中到丰前，同时也收到秋月种实的求援请求，认为这是占领大友家的丰后、与征伐军决战的机会。岛津军在十月兵分两路：老二岛津义弘与三弟岛津岁久率领 37000 人走肥后，四弟岛津家久率领 1 万余人走日向，从西、南两面对丰后展开了侵攻。

仙石秀久画像

十月二十一日，由肥后向丰后进攻的岛津义弘部在冈城受到大友方冈城守将志贺亲次的阻挡。尽管岛津军先后攻落周边的片濑田、津牟礼等城，但直到年底，始终无法攻陷志贺亲次凭借天险扼守要道的冈城。第二年正月，秀吉先后给志贺亲次发出了两道军功感状。

由日向攻入丰后的岛津家久部，最初也在丰后南方的栂牟礼城受到大友家年轻武将佐伯惟定的阻击，不过岛津家久丝毫不以为意，留下 2000 人牵制佐伯，又绕道继续北上。

到了十一月下旬，岛津家久已经攻到府内馆附近的鹤贺城下。

鹤贺城是大友义统居城府内馆与大友宗麟隐居地丹生岛之间的连接点。当时城主利光宗鱼跟随仙石秀久在丰前作战，守城的是其子利光统久。利光统久准备向岛津家送去人质投降，利光宗鱼闻讯急忙从丰前赶回，并组织城兵奋勇抗战，将岛津军又拖延了十天。十二月七日岛津军发起总攻，一举将鹤贺城的外城和二之丸打破，城主利光宗鱼也中了流弹死在乱军之中。不过利光统久与城内的男女老幼却因此受到激励，拿起竹枪与石块据守着本丸。此时岛津军也付出了上千人的伤亡。岛津家久当机立断，仅留下部分兵力继续监视城池，自己率领主力后退到离城五町（550 米）之外的梨尾山休整。

当时仙石秀久已急速从丰前返回府内。接到鹤贺城的求援后，大友义统认为应该遵守秀吉的命令，不轻易与岛津家决战，而仙石秀久却说道："见死不救有违武士之义，您若不去我便自去。"

十二月十一日，仙石秀久以大友家的户次统常为向导，带领四国军团 6000 人进入与鹤贺城隔着户次川相望的镜城。发现援军已经到来，岛津家久在十二日装作慌不择路似的，由梨尾山向南面的坂原山后退，看起来像是要退到平原上再立阵。

看到岛津军的移动，仙石秀久对旗下来自四国岛的众将提出，要立刻渡河给予迎头痛击。

十河存保与长宗我部元亲一致认为这是岛津家久的诱敌之计。时近黄昏，岛津家却放弃有险可守的山地，去往平原附近扎营，本身就是极为反常之举。而冬季急急忙忙地渡河，会大为损耗己方人马的体力，一旦敌方乘着我方半渡而击，后果将不堪设想。对于以上建议，仙石秀久通通无视，仍然执意下令渡河作战。

随后仙石秀久把 6000 人分作左右两翼，右翼为长宗我部军 3000 人，从前到后分别是第一阵桑名亲光 1000 人，第二阵长宗我部信亲 1000 人，第三阵长宗我部元亲 1000 人；左翼第一阵为十河存保 1000 人，第二阵仙石秀久 2000 人。

此时岛津家久将 18000 人分作了四阵。岛津军第一阵的本庄主税助 2000

人行动迅速，已经到达南端的平原。第二阵伊集院久宣 5000 人行动迟缓，但是人数众多，是岛津方留下来的诱饵。第三阵 3000 人新纳大膳正潜伏在第一阵与第二阵之间的山林中。岛津家久本队 8000 人在第三阵之后。这样给仙石秀久造成了错觉：岛津军前后脱节，南端本庄队人数不多，北端伊集院队行动不便，正好可以各个击破。

当天黄昏时分，仙石秀久的 6000 人毫发无伤地渡过了户次川，出乎意料的是渡河时没有遭到敌方半渡而击。

长宗我部家先锋桑名队最先与岛津家的伊集院部交锋。战前，长宗我部元亲曾对旗下的士兵们说过：“土佐兵的勇猛，虽然名震四国，在这里也要一步不退，千万不要输给九州兵而被天下人耻笑！”在长宗我部军的猛攻之下，不久伊集院队阵形变得混乱，开始向鹤贺城方向后退。

当长宗我部军展开深入追击之际，岛津家久下令新纳大膳队上前，对长宗我部军进行包围，此时伊集院队也掉转头来，完成了“钓野伏”战术。

岛津家的“钓野伏”不局限于以中路部队为饵，而是活用地形让左右翼皆可当饵诱敌，加上其余部队高度衔接的配合，成为岛津家作战时独有的绝技。

尽管遭到岛津方的包围，长宗我部军仍然秉承元亲的教导，沿着户次川河原进行一步都不退的死斗。岛津家久眼看久战下来仍无法拿下敌方，迟迟分不出胜负，便一鼓作气将自己的本队 8000 人全部押上。由于兵力悬殊，长宗我部信亲和桑名亲光两队不久即被切割包围，激战之中，桑名亲光最先战死，不久长宗我部信亲也被新纳大膳正的部下铃木内膳斩杀，年仅 22 岁。

长宗我部信亲身长六尺一寸（180 厘米），容貌“白皙温和”，为人又英勇刚强，被父亲和家臣们寄予厚望。据说织田信长对长宗我部信亲也极为喜爱，曾经想破格让他成为养子。信亲的战死，令后队的长宗我部元亲心灰意冷，一度想在阵中切腹自杀，最终在家臣的拦阻下，元亲还是离开战场，退往四国。而前方奋战的 2000 名土佐兵及领军大将大部分战死，阵亡率据说高达十分之七。

长宗我部军遭到“钓野伏”之际，左翼的仙石秀久看到情况不妙，直接不再管战场形势，先行遁走，留下十河存保在前方死斗。

十河存保本来也准备拨马撤走，但是听说长宗我部信亲还在包围之中，便又回头前去救援，结果也和宿敌长宗我部信亲一样踏上了不归路。

十河存保是三好家的名将三好义贤之子，曾为保卫阿波、赞岐，与长宗我部家缠斗多年。到最后，十河存保居然是为了救援长宗我部信亲而战死，实在是讽刺之极。但在三好家全面没落的时代，存保的义举也让世人看到了三好家最后栋梁的器量。

长宗我部信亲之铠

除此以外，担任仙石秀久向导的大友部将户次统常100余人也全部战死。四国军总人数为6000，而战后统计伤亡人数竟然超过了3000人。

乘着胜势，岛津家久一举攻克鹤贺城，接着又在十三日攻入丰后府内。大友义统黔驴技穷之下，被迫逃往丰前龙王城。仙石秀久战败后也退往丰前小仓与毛利军合流。丰后一国转瞬之间即被岛津家席卷，仅有大友家臣志贺亲次的冈城、佐伯惟定的栂牟礼城还在顽抗。

十二月十九日，丰臣秀吉收到户次川的败报，一面对长宗我部信亲和十河存保的战死表示哀悼，一面追究仙石秀久的责任，在没收仙石秀久的全部领地之后，把他流放到高野山。此时秀吉亲自出阵九州已是迫在眉睫。

在丰前、筑前方面，毛利军主要受到秋月种实与其弟高桥元种的阻击。

十月四日，毛利辉元攻落丰前小仓城，随后马岳城，以及筑前剑岳、浅川、古贺等城陆续投降。仅有秋月种实的古处山城、高桥元种的香春岳城，以及加来氏的宇留津城还在正面抵抗。

特别是宇留津城，由于周边皆是沼泽，限制了攻城方的行动，拖延毛利家的2万大军达半个月之久。最后黑田官兵卫命人从附近找来几头白犬，放在城边来回走动，看到白犬从某处越过沼泽跑入城内后，官兵卫便让家臣沿白犬留下的足迹向城内展开进攻，终在十一月七日一举将宇留津城攻落。

到了十二月上旬，高桥元种的香春越城也向征伐军开城投降。

同年十一月十五日，毛利家“两川”之一的吉川元春，病逝于丰前小仓的阵中，享年 57 岁。据说这位名将一生出战 76 次，胜 64 次平 12 次，未曾有一败。在征战之余，吉川元春还亲手抄写了《太平记》40 卷，堪称文武兼备之人。由于不愿向秀吉低头，元春在生前已经把吉川的家主之位让给了儿子吉川元长，而且一直拒绝出阵九州。但是在秀吉的执着邀请与侄子毛利辉元的劝说之下，吉川元春还是以隐居之身参加了北九州出阵。

吉川元春病死的直接原因据说是吃了黑田官兵卫准备的鲑鱼，导致自身的化脓性炎症恶化。当时九州不产鲑鱼，鲑鱼的产地陆奥出羽还没有向秀吉臣服，因而在西国乃是十分贵重之物。元春无法拒绝黑田官兵卫的盛情，最终却付出了自己的生命。吉川元春的去世，对九州征伐军又是一个打击。

第43章

九州征伐

天正十五年（1587）正月，丰臣秀吉完成了九州征伐军的编成，总兵力约为25万，一共准备了30万人的兵粮与2万匹战马的草料。

正月二十五日，宇喜多秀家作为先锋率领备前、备中、美作之兵出阵。二月一日，宫部继润率领龟井兹矩、垣屋光成、南条元续的因幡、伯耆、但马之兵出阵。二月五日，前野长康与明石全延、福岛正则、中川秀政、高山重友、细川忠兴等播磨、摄津、丹后之兵出阵。二月十日，丰臣秀长与筒井定次的南近畿之兵出阵。二月十八日，丰臣秀长到达丰前小仓城，随后由他率领集结到此地的8万人沿九州岛的东段向丰后、日向展开进攻。

二月十五日，秀吉的亲族木下胜俊（弥弥亲兄木下家定之子）、生驹亲正、丰臣秀胜（秀次的二弟）出阵。二月二十日，前田利长、堀秀政、长谷川秀一、木村重兹、青山宗胜、沟口秀胜等近江、北陆之兵出阵。二月二十五日，蒲生氏乡、九龟嘉隆、池田辉政、森忠政、稻叶贞通等伊势、美浓之兵出阵。三月一日，秀吉亲率8万人从大坂出发，沿着山阳道的播磨、备前、备后、安艺向九州行进。

秀吉中途在备后的赤阪接见了流亡将军足利义昭，又于三月十八日参拜了安艺严岛神社，三月二十八日从长门的赤间关渡海，二十九日进入九州岛的丰前小仓城。

此时筑前的筑紫广门、丰前的原田信种与肥前的龙造寺政家已经降服于丰臣军的前锋之下，并承担了整备道路、提供兵粮军力的任务。唯有古处山城的秋月种实还在顽抗。

四月一日，丰臣军攻落秋月家支城岩石城，秋月种实将另一座支城益富城破除，全军收拢到古处山城。而秀吉却突发奇想，在四月二日夜，发动士兵与周边的乡民，仅用了一夜时间，就将益富城修得比破弃前还要宏大，并将此城作为自己的本阵。

四月三日，秋月种实从古处山城看到这座一夜城，深知敌我兵力与财力悬殊，顿时失去了战意，当天打开城门向秀吉投降。为表示诚意，秋月种实向秀吉献上了宝刀“国俊”与茶器名物“楢柴肩冲”，加上大友宗麟献上的“新田肩冲”与德川家康献上的“初花肩冲”，日本茶器中的“天下三肩冲”全部被秀吉收到手中。此后丰前、筑前的立花、高桥、原田、麻生、长野、城井等豪族陆续也都加入了丰臣军的队列。

四月十日，秀吉率领 12 万人由筑前向筑后、肥后进军。

早在三月初，秀吉曾派出原幕府奉公众一色昭秀与高野山的木食应其前往萨摩劝降。

岛津家内，岛津义久、义弘、家久兄弟仍然坚持抗战，唯有老三岛津岁久认为“秀吉由一介农民成为关白，绝非普通的对手”，主张就此降服，但是他的建议遭到了三个兄弟的反对，和谈也因此破裂。

由于三月上旬秀吉还没有在九州登陆，岛津家最初的战略目标是在丰后、日向全面迎战丰臣秀长。为此，岛津义久将岛津义弘调到丰后的府内城作为第一道防线，让岛津家久进入丰后与日向交界的松尾城作为第二道防线，猛将山田有信驻守日向南部的高城，作为第三道防线。

然而当丰臣秀长的 8 万大军出现在府内城下时，岛津义弘才明白，在敌方压倒性的兵力与物资面前，守城唯有玉石俱焚一途。于是，岛津义弘在三月十五日夜趁着风雨从府内城撤出，沿海路退往岛津家久镇守的松尾城。此时还在抗战的大友家武将志贺亲次与佐伯惟定乘机展开反击，协助丰臣秀长重新占领了丰后国。

三月下旬，丰臣秀长由丰后攻入日向。此时岛津家的主力仍未集结完毕，岛津义弘与岛津家久遂由松尾城退往日向南部。岛津义弘同时派使者向岛津义久传达自己的建议，希望赶在秀吉的本队到来之前，集结全部的兵力在日向与丰臣秀长决战。这也是岛津家的唯一胜机。

三月二十九日，秀长攻落松尾城，又包围了日向南部的要害高城。高城的守将是岛津家的猛将山田有信，此前在岛津家击破大友的耳川决战中，便是山田有信以 500 人的兵力将数万大友军拖在高城下，为岛津军创造了胜机。这一次丰臣秀长的 8 万大军，对仅有 1300 名守军的高城依旧无可奈何。

四月初，岛津义久亲率萨摩、大隅之兵增援日向，在都于郡城与岛津义弘、岛津家久会合后，总兵力约达到35000人。这一次岛津军本来也是要以高城为饵，寻找丰臣方的破绽进行决战。不过丰臣秀长的稳重性格与严整指挥让岛津兄弟一时找不到进攻的机会。

到了四月中旬，秀吉本队由筑后攻入肥后。由于岛津家的主要战力全在东线，使得西线防守出现空虚。肥后以相良长每、隈部亲永为首的小豪族全都望风降于秀吉旗下。随着秀吉步步逼近岛津的老家萨摩，岛津义久不由得着急起来。

为了及早结束东线的战事，岛津义久决定，在四月十七日直接以夜袭的方式向高城下的丰臣秀长挑起决战。尽管岛津家久认为此时进攻时机不成熟而加以反对，不过为了及时保住余下的领国，岛津义久已经别无选择。

进攻高城的丰臣秀长方面，为了防备岛津军的突然袭击，已经命令宫部继润率领 1 万人在高城南面的根白坂修筑城砦，挖下深壕与陷阱。

四月十七日夜，岛津义弘亲自立在阵头，率领 2 万岛津军向根白坂发起冲锋。

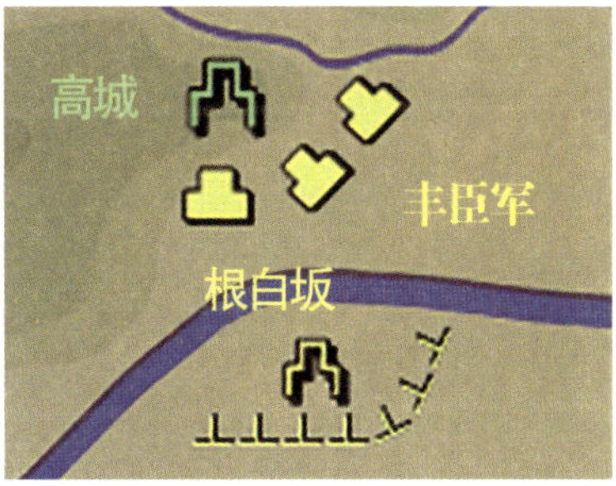

根白坂形势

虽然宫部继润充分运用铁炮队，给岛津军以迎头痛击，但是这群萨摩武士却前仆后继地以尸体填平壕沟，冲入砦内与宫部队展开白刃战。

羽柴秀长看到根白坂内形势危急，一度准备出动全军救援，却遭到军监尾藤知定的制止。这位尾藤知定，乃是秀吉最早的家臣与黄母衣众之一，以知兵著称，在仙石秀久被放逐之后，他获得了赞岐 5 万石，并代替仙石成为丰后、日向方面的军监。

由于有了仙石秀久以轻率出战而败落的前车之鉴，尾藤知定作为后继者显得分外的谨慎。不过此番的大将并非杂牌诸侯，而是秀吉的亲弟丰臣秀长，尽管尾藤竭力制止，秀长还是以个人的名义，派藤堂高虎率领 500 人前去救援。有秀长作为表率，宇喜多秀家、小早川隆景与黑田官兵卫也跟着向根白坂派出了增援部队。源源不断的援军从各个角度对岛津军进行痛击，陆续给岛津方造成了极大的伤亡，岛津岁久的养嗣子岛津忠邻也战死在乱军之中。

到了天明时分，岛津义弘终于下令全军退走。黑田与小早川欲上前追击，又遭到尾藤知定的制止。不过随着岛津方败局已定，高城的山田有信不久即在丰臣方的劝告下让出了城池。而尾藤知定事后因为以上种种失策而遭秀吉问责，最后被没收领地，处以流放。

岛津方战败之际，岛津家久退往日向佐土原城，不久即向丰臣秀长投降。而岛津义弘退往日向饭野城坚持抗战，岛津义久带领主力返回了萨摩。

接下来丰臣秀长又派出木食应其与一色昭秀前去向岛津义久劝降。当时岛津义久的家老伊集院忠栋向义久主动申请前去丰臣家充当人质。得到义久的许可后，伊集院忠栋在四月二十一日剃光头发，进入了秀长的阵中交涉降服事宜。

在西线，秀吉的本队于四月二十六日从肥后水俣渡海，绕过岛津家布在萨摩与肥后边境的守军，直接在萨摩登陆。这一幕，仿佛是当年织田信长从琵琶湖走水路突袭京都的重演。随后丰臣军在萨摩四面出击，逼降岛津同族的出水城主岛津忠辰，击破岛津忠长，于五月三日在岛津家居城内城附近的川内泰平寺立下本阵。

这时，秀长派人向秀吉传达了岛津义久的降服之意，所以秀吉下令全面停止战斗。

五月八日，岛津义久削发为僧，自号“龙伯”，穿着墨染的僧衣前往泰平寺向秀吉谢罪。秀吉接受了他的投降，并在当地举行了盛大的宴会。

岛津义久在泰平寺参见秀吉

但是此后岛津方的残余抵抗还没有完全终止。在秀吉将阵地由泰平寺移往大口之际，秀吉本人乘着驾笼路过岛津岁久在祁答院的领地，结果岛津岁久派家臣本田五郎左卫门在山路上相候，待到秀吉的驾笼经过时，本田与随从连续放箭，其中有六箭都射到了驾笼上。幸好当时摆在队伍前方的是个空驾笼，秀吉才逃过一劫。最初主张向丰臣家降服的岛津岁久，却是抵抗到最后的人，据说是因为他的养嗣子岛津忠邻在根白坂战死的缘故。

在伊集院忠栋与岛津义久的斡旋之下，秀吉最终原谅了岛津岁久。另外由于岛津义久的工作，仍在据城抵抗的岛津义弘与新纳忠元等武将不久也都开城降服。到了五月下旬，岛津家的抵抗全面平息，整个九州被纳入丰臣家旗下。

战后秀吉对九州岛的重新分配是：

岛津义久领有萨摩一国，岛津义弘领有大隅一国，岛津义弘长子岛津久保领有日向诸县一郡。此后岛津家内实际上是半退隐的岛津义久与岛津义弘并行的双头政治，由于岛津义久没有亲生子嗣，义弘之子岛津久保已经被确定为岛津义久的继承人。

岛津家久则在这一年的六月于日向佐土原城突然去世，一般说法是病死，毕竟无论是丰臣还是岛津方面，此时暗杀岛津家久的意义都不大。不过另有说法是由于家久发现伊集院忠栋背着主家暗通丰臣家的秘密，忠栋害怕家久告发而将他毒杀。真相如何已不得而知了。

岛津家的总石高，最初上报时只有 224522 石。文禄三年（1594），岛津义弘邀请石田三成前来实施统一检地，最后得到的数字是 569533 石。

秋月种实，由筑前转封到日向高锅，仅剩下 3 万石。比种实先一步投降的兄弟高桥元种反而获得日向延冈 53000 石。而日向旧主人伊东佑兵因为担当丰臣军进攻日向的向导，获得日向沃肥 28000 石。

小早川隆景，获得筑前一国与肥前、筑后各一郡，共计 371300 石。隆景的养子毛利元总已改名为小早川秀包，受到秀吉的喜爱而获得筑前三郡 75000 石。而吉川家则再遭厄运，当主吉川元长于六月十五日在日向的都于郡去世，享年 40 岁，此时距其父吉川元春去世只有半年。吉川元长与岛津家久都是在同年六月去世，地点也同是日向国，从这一点来看，或许是因为进入盛夏，加上大量人口死于战乱，使得日向发生了瘟疫。吉川家的家业后由吉川元春次子吉川广家继承。

立花宗茂，获得筑后三郡 132000 石，成为柳川城主。秀吉提拔立花成为独立于主家大友之外的大名，不外乎是想以他作为模范，让各地诸侯的重臣名将效仿，越过原来的主家直接向丰臣家效力。立花宗茂之弟高桥统增，因为继承其父高桥绍运的家名，而单独获得筑后 18000 石领地。

黑田官兵卫孝高，获得丰前六郡 125000 石之地，成为丰前中津城主。据说黑田家旗下六郡实施检地后，实际石高达到 17 万石。

此前黑田官兵卫与儿子黑田长政领地合计才只有 3 万石。在跟随秀吉平定播磨，回师畿内，远征四国、九州的过程中，黑田官兵卫均立下了无人能及的奇功。最后赏赐的微薄，可以看出秀吉对官兵卫的刻意抑制。

据《名将言行录》记载，秀吉曾说过："世上最恐怖的两个人，是德川家康与黑田官兵卫，但是家康是一个温和的人，而官兵卫那烂疮脑袋下面是何居心，却没人能知道。"后来又有侧近看不过去，曾向秀吉进言道："官兵卫这样的人，只成为 10 万石左右的大名，未免也太屈才了。"秀吉立马就呵斥道："你真没有识人的能力，若是给官兵卫 100 万石，他就能够夺取天下。"或许是这些传闻使官兵卫感到了危机，天正十七年（1589），黑田官兵卫以 44 岁的壮年落发隐居，把家主之位让给嫡子黑田长政，此后自称"黑田如水斋圆清"，简称"黑田如水"，一直侍奉在秀吉身边。

秀吉的亲信家臣毛利胜信获得丰前除去黑田家六郡之外剩余的企救、田川二郡 6 万石，作为小仓城主扼守由本州登陆九州的要道。

大友义统，被保全了丰后一国。本来秀吉还准备将日向的土地赐给隐居的大友宗麟，不过这位曾经的九州霸主临老屡遭大变，已经失去了扩张领土的欲望，最后拒绝了秀吉的好意。同年五月六日，大友宗麟在自己的隐居地去世。与大友宗麟类似，长宗我部元亲也因为嫡子信亲的战死而失去了进取心，秀吉本来要封给他大隅的领地以做补偿，也被元亲拒绝。

龙造寺政家，被保全肥前六郡 32 万石。另外秀吉又单独给予龙造寺家重臣锅岛直茂肥前养父郡一郡及半个有马郡，共计 3 万石。天正十八年（1590）三月，秀吉勒令龙造寺政家隐居，将家政移交给锅岛直茂。

肥前剩下的小领主日野江城有马义纯、大村城松浦镇信、福江城五岛纯玄、金石城宗义智均被保全了领地。

佐佐成政，成为肥后一国国主，以肥后隈本为居城。人吉城的相良赖房、宇土城的伯耆显孝、隈府城的隈部亲永皆为其部下。

从以上的配置来说，秀吉在九州的统治原则是以嫡系或亲信之人控制丰前与筑前、筑后，作为统治九州的中心。黑田官兵卫、小早川隆景、佐佐成政成为这次九州征伐的最直接获益者。

毛利军与黑田官兵卫作为九州征伐的先锋，共同平定了筑前、丰前。黑田官兵卫作为毛利军的军监，加上 20 年来为秀吉立下的各种大功，虽然获得丰前的 12 万石，并不算多。

作为毛利家的代表，小早川隆景与秀吉有着特别的信任，因为这种双重关系，隆景和小早川秀包获得了整个筑前国接近 45 万石的领地。以这样的方式，秀吉既奖赏了毛利家的先锋之功，又没有让毛利家直接获得领地，同时还进一步拉拢了小早川隆景，可谓一举三得。

秋月、高桥、伊东三家领有的日向与佐佐成政领有的肥后，乃是秀吉与岛津家的缓冲地带。特别是肥后的众多小豪族，长期在岛津家与大友家之间朝秦暮楚，又没有遭到丰臣远征军的正面攻击，难免会有所桀骜不驯。而佐佐成政作为织田家的旧国主级大将出身，在领地治理与统合豪族方面自有其独到之处，或能对肥后进行有力统合。所以秀吉把佐佐成政任命为肥后国主，给予这位知名武将绝大机会的同时，也是对他寄予了厚望。

卷之五：大坂猿之梦

丰/臣/秀/吉

第44章

博多、海贼与天主教

完成对九州的重新划分之后，秀吉北上筑前，参拜了太宰府的天满宫、观世音寺，接着又于六月七日参拜了箱崎八幡宫等名所。

在箱崎，秀吉让黑田官兵卫与石田三成、小西行长、长束正家等人作为奉行，重建被战火破坏的博多町。

日本战国时代，博多町乃是北九州最重要的经济中心和贸易港口，一度和畿内的堺町有着相同的地位。此外博多还有岛井宗室、神屋宗湛等茶人豪商，此前与织田信长往来密切。秀吉九州出阵之际，岛井宗室、神屋宗湛与堺町的今井宗久、千宗易一起参与了兵员与物资的运送。堺町在秀吉征伐九州、四国时起到了后勤基地的作用，而此时秀吉想把博多变成另一个后勤基地。

除了直接派奉行指导重建工程之外，秀吉还发布了一系列的保护政策，如实行“町割”，即城町分离，将博多定性为独立的自由都市而非附属于城池的城下町，禁止武士在博多津居住，同时保证町人的自治，免除了所有的赋税和徭役。

与博多的建设相应的是，秀吉于六月十五日向对马的宗氏派出使者，让宗义智与朝鲜方面交涉，催促朝鲜国王来朝，并通告不服从即将施以武力。或许从这时起，秀吉就产生了以博多为兵站，向朝鲜出阵的野心。但此时对朝鲜的通告，仅是一次威慑而已。

秀吉在北九州监督筑前、筑后、肥前诸国破除多余城砦、实行检地、禁止盗贼之余，开始发布正式的“海贼禁止令”，并处罚袭击长崎港的龙造寺家臣深堀纯贤，没收其在肥前的全部领地。“海贼禁止令”的目的，是在保护海上贸易，同时将对外侵扰的倭寇与对内霸据各海域的水军全部收为己用，有名的海贼如肥前五岛纯玄、伊予来岛通总、土佐森村春，以及伊势志摩的九鬼嘉隆不但没有被消灭，还被秀吉赐予土地，成为割据一方的“海贼大名”。

六月十九日，秀吉突然发布了“天主教禁止令”，勒令日本境内的传教士在二十日内全部退往国外。

在织田信长时代，为了打击畿内旧有的佛教势力，织田信长一直对天主教持扶植态度。信长为耶稣会的修士发放了传教许可证，还允许耶稣会在安土城下建立教堂与神学院。

最开始，秀吉也对信长的宗教政策持继承态度，甚至还于天正十四年（1586）三月十六日在大坂城接见耶稣会传教士加斯帕·科尔贺，并于同年五月四日重新颁发给耶稣会布教许可证。

在前后两任天下霸主和诸国大名的支持下，日本的天主教徒发展到12万人，形成了肥前平户与畿内的京都—堺町两大布教中心。两大中心附近的诸侯有不少人也成为天主教信徒，其中较有名的有：九州的有马晴信、大友宗麟、大村纯忠、小早川秀包，畿内的黑田官兵卫、高山重友、小西行长等。原本大友义统和其父大友宗麟正好相反，对天主教持排斥态度，但在九州征伐期间，由于黑田官兵卫的劝导，大友义统也加入了天主教。

秀吉颁布禁教令的背景众说不一。一说是秀吉停留在箱崎期间，曾让肥前的有马晴信送上美女，但是此举违反了天主教一夫一妻制的教义，有马领内的教民们多将女子藏匿起来。而有马晴信对此也加以庇护，使秀吉的权威受到了质疑。以上说法出自耶稣会传教士路易斯·弗罗伊斯编撰的《日本史》，可能有失偏颇。实际情况是肥前的有马氏与大村氏两家大名，作为天主教狂热信徒，一度强迫领内的人民成批地改信天主教，同时大肆破坏领内的寺社佛阁，将土地进献给教会。而织田信长时代的旧有寺社势力此时已经基本解体，原来信长扶植天主教打击佛教的政策已不再适用。为了避免天主教会成为一向宗那样遍布日本的割据势力，秀吉才迫不及待地推出了禁教法令。而且罪恶的阴影一向与圣洁的光辉同在，当时传教士勾结东印度公司，将日本人卖往海外当奴隶的事也时有发生。

秀吉的天主教追放令主要内容大致包括以下几点：

一、日本乃是神国，神国之内不容邪法传播。

二、此近之教徒，破坏神社佛阁之事，前所未闻，为保天下之法度，当严格处办。

三、伴天连（天主教）教导信徒种种思想，为强迫人民信教而破坏日本之佛教，因此不再准许传教士停留日本，限令20日内各自归国。

四、若为贸易而来的南蛮船只，可以停留，但须严格与传教之事划明界限。

由于丰臣秀吉仍然需要依靠发展南蛮贸易获得财富与海外物资，所以这条禁教令执行得并不彻底，实际上只是打击了教会的机构力量。在发出禁教令的第二天，秀吉将教会在长崎与浦上的领地和教堂全部没收，并禁止竖立十字架。但随后并没有强制执行在20日内把传教士全部赶出日本的条款，只是把日本各地的传教士全部集中到肥前的平户港，并禁止公然传教。而且，秀吉并不完全禁止人民在私底下信教。

不过对于身边信教的诸侯，秀吉又是一种态度。禁教令一发出，秀吉身边的黑田官兵卫就抢先抛弃了天主教信仰，据说此事给日本的教会造成了很大的打击。此外小西行长等诸侯也都开始隐藏自己支持天主教的态度。对于这些人，秀吉一概没有追究，只是勒令领有播磨明石6万石的高山重友改变信仰。

高山重友乃是畿内地区最早信教的诸侯之一，正是此人把黑田如水等人拉入了天主教，因而成为秀吉的重点打击对象。与之前毫无节操的变换阵营相反，在信仰方面，高山重友是一个虔诚的教徒，为了自己的信仰，他毅然舍弃了大名的身份和6万石的领地，从此过起了20多年的流浪生活。庆长十九年（1614），日本发布更严厉的禁教令，高山重友被迫离开庇护者加贺前田家，由长崎坐船前往菲律宾，最后终老于当地。在高山重友死后，罗马教廷将他追封为圣徒。

第 45 章

盛世之会

天正十五年（1587）七月十日，秀吉乘坐海船由堺町上陆，凯旋回到大坂城，结束了历时四个月的九州征程。

在之前的天正十四年（1586）二月，秀吉命人在京都内野（皇宫附近）建造的政厅兼宅邸“聚乐第”，历经一年半，在天正十五年的九月正式完工。

秀吉的佑笔（秘书）大村由己在《聚乐第行幸记》中记载：“此第尽聚长生不老之乐，是以命名为聚乐第。”实际上，聚乐第的建筑形式是一座由天守所在的本丸与二之丸构成的小型平地城池，然而所有屋瓦上皆贴以金箔，室内以名家绘以彩绘，庭内聚有各地搜集来的名木、奇石，堪称当时日本建筑与园林设计的巅峰之作。在聚乐第的周边，秀吉为各地的大名建造了屋敷。

聚乐第建成之后，秀吉于天正十六年（1588）四月与天正十九年（1591）十二月两次接待天皇前来行幸，借此向天下展示自己的权威与荣华。

除了大兴土木之外，茶道也是一种展现统治者权威的形式。

在日本自室町时代后期起，上自足利将军，下至一般

聚乐第屏风图

庶民，全都养成了品茶的风气。日本的茶会上，由中国制造的陶瓷茶器，常常被珍称为“唐物”奉作至高无上的宝物。前有足利将军，后有织田信长，乃至大友宗麟、三好长庆、秋月种实等大名，全都有收藏名贵“唐物”茶器的爱好。由此派生出了在豪华殿宇内，以唐物茶器召开盛茶会的“书院茶”，而织田信长更是把这种“书院茶”发扬光大，将名贵的茶器作为下属军团长攻城略地的封赏，大大提升了茶器在世人心中的价值。

丰臣秀吉深受信长的影响，也养成了收集唐物茶器的爱好。

织田信长所收集的茶器，有三种流向：其一是葬身于本能寺的大火之中；其二经安土城—坂本城流入秀吉手中；其三是分赏给嫡子织田信忠及几位军团长、附属大名。本能寺之变之际，织田信长随身携带了天下名茶器 38 种，天下三茶壶中的“三日月”“松岛壶”以及泷川一益求之不可得的“珠光小茄子”等一大批名器，全部都在本能寺的大火中被烧毁。

“初花”茶壶

秀吉随后命人在本能寺的瓦砾堆里孜孜不倦地清理，居然扒出了“九十九发茄子”等几件逸品。此外秀吉在接受岐阜城和抚养织田三法师之际，将织田信忠的收藏全部纳为己有，其中就有天下三茶壶中仅存的“初花”。

除了收集名贵茶器之外，秀吉还笼络天下的知名茶人成为自己的茶头。“茶头”，负责主持秀吉举办的茶会，又担任秀吉身边的御伽众。在秀吉的身边共有茶头八名，号称“茶汤八人众”。这八人之中有号称茶道“天下三宗匠”之今井宗久、津田宗及、千宗易，这三人均为堺町的豪商，其中的千宗易，更堪称日本的一代茶圣。

千宗易师承于日本茶道中的村田珠光—武野绍鸥一脉。和崇尚豪华的“唐物”

热相反，村田珠光喜欢用年代并不久远，形质也较为粗糙的中国陶瓷器品茶。而他的弟子武野绍鸥则更进一步发展，将日本陶瓷中的信乐烧与备前烧引入茶会。千宗易将两位前辈的习俗进一步革新，发展出与“书院茶”截然相反的“草庵茶”，即无须高堂大殿，仅在一间四叠半（一叠为一张榻榻米大小）的房间里举行茶事，同时全面使用日本本土产的陶瓷作为茶道用具，在简朴之中，感受禅意，以感恩之心品茶。这种茶风，由于其简单与深远，满足了大多数人所需，一时间流行于全日本，受到平民与中下层武士的推崇。

天正十三年（1585），秀吉以千宗易为茶头，在皇宫向正亲町天皇奉茶，当时天皇赐给千宗易“利休居士”的称号，借以表示“一品茶汤，名利之争皆可休矣”之意。此后千宗易也被称作“千利休”。

千利休的一些弟子也都是一些名震一方的武将，其中号称“利休七哲”的知名者为：细川忠兴、古田重然、蒲生氏乡、高山重友、荒木村重、织田有乐斋、金森长近。加上另外三人芝山宗纲、濑田正忠、牧村利贞，有时也称“利休十哲”。

除了向天皇奉茶以外，茶道也成为秀吉的一种重大仪式。天正十一年（1583）迁居大坂城、天正十三年（1585）大德寺织田信长三年祭之前，秀吉都举办了大茶会。

千利休还按照秀吉的指示，建造了一座只有三叠大小的“黄金茶室”。这间茶室虽然是“草庵茶”茶室的规格样式，但是墙壁、天井、立柱全部以黄金装点，地面铺以猩猩皮，台座、橱格也皆是黄金打造，而且能够随时拆卸下来跟着秀吉搬往各地。将最简朴的“草庵茶”以黄金来装点，尽管是一种不伦不类的恶趣味，但在秀吉的至高权威面前，千利休也只能遵从。这座黄金茶室，同样也是秀吉那金碧辉煌时代的华丽写照。

后世复原的黄金茶室

天正十五年（1587）七月底，为了庆贺九州平定与聚乐第的完成，同时向朝廷与民众显示自己的权威，丰臣秀吉向大名、公卿与京都、大坂、堺町的茶人传达自己将在十月上旬召开茶会的通知。七月二十八日又正式在京都的闹市中央竖立告示：

北野大茶会的会场

·十月一日至十月十日将在京郊的北野召开为期十日的大茶会，秀吉自己将携带收集的各种名物，与茶头参会。

·只要是茶道爱好者，不分武士、町人、百姓，只需携带釜一只、钓瓶一只、饮器一只，若无茶道用具，也可以携带形状类似的器物参会。

·茶会的地点设在北野的松原，每人只需带一叠或两叠的榻榻米作为坐处，服装、鞋物、席位一律不作限定。

·不仅是日本人，热心于茶道的唐国之人（中国人）也可参会。

·为方便远国之人到会，茶会将举办十日。

·考虑到即使这样，仍会有人难以到场，类似的茶会今后还会举办。

·只要对茶道有所心得，不问地点、出处，皆可直接向秀吉献茶。

同时，秀吉又向博多的豪商神屋宗湛等远国的友人发去书状邀请参会。

九月二十五日，秀吉以前田玄以、宫城赖久为奉行，在北野天满宫之经堂到松柏院的空地间，建起800座简单的茶亭。天满宫既供奉着京都最为崇敬的学问之神菅原道真，也是周边民众在参拜之余的游乐和聚会之所。

十月一日，从京都、大坂、堺、奈良和其他地方赶来的参会者，超过了1000人。

当时秀吉命人将黄金茶室安在天满宫拜殿的中间，中间供上大友宗麟献来的茶入“似茄子”。在黄金茶室内设下四个茶座，随后秀吉与千利休、今井宗久、津田宗及等八人分成四组，穿着肩衣与长袴入场，经过抽签，每一组各自选定一个茶座落座。参会的民众也在场外抽签，并按照抽到的座号，进入黄金茶室内，享受当座的茶头以名物茶器点茶。一日之内，1000多人全部都尝到了秀吉等八人奉上的点茶。中午之后，秀吉离座起身，在会场内四处巡视，为大家的欣喜与平和而大感满足。这次君主与庶民同乐的大茶会，成为一直被后世所称道的盛世之会。

不过北野的大茶会，仅开了十月一日一天，从十月二日往后就没有再开。仅有的这一天，已经满足了秀吉的展示欲。而当天傍晚传来的肥后国人暴动事件，据说让秀吉失去了再办茶会的心情。

第 46 章

肥后暴动

关于肥后的国人暴动，还是要从秀吉九州征伐后的配置说起。

九州的九个领国里面，萨摩、大隅，由旧领主岛津领有，丰后由旧主大友领有，肥前的配属基本是龙造寺政家、有马晴信未变，筑前的小早川隆景、筑后的立花宗茂两家在北九州一向有着深厚的根基，日向的伊东佑兵、秋月种实、高桥元种也都是九州本地豪族。唯有剩下的两国：肥后的佐佐成政与丰前的黑田官兵卫，乃是在九州毫无历史根基的空降诸侯。

肥后，是九州的第一大国，共 14 郡，后来统计总石高约 57 万石，分布着大大小小 50 多家豪族。

肥后南部的相良氏，一直依附岛津称雄一方。北部的阿苏氏，其家族乃是世袭的阿苏大宫司，当地有着至高的神官背景。肥后的国主，原为隈府城主菊池氏，不过菊池氏在 1544 年为大友宗麟所消灭，随后菊池旧臣隈部亲永占据隈府城，成为中肥后最大的领主。战国时代，肥后几大家族一直成割据状态。

天正十三年（1585）岛津氏攻入肥后，历经一年也没能攻落隈部家一座城池，最后转而与隈部家结成了同盟。有着如此强横的实力，在九州征伐时又及时归顺秀吉，隈部亲永自然认为秀吉将会按肥后原来的格局，将肥后分为北肥后阿苏、南肥后相良、中肥后隈部三部分，而新任命的中肥后国主，除了自己再无别人。谁知秀吉却派来了佐佐成政，而且还对肥后中部、北部的主要豪族进行了大幅减封。秀吉主要减封的布置如下：

隈部亲永，原领地 1900 町，减封为 800 町。

城久基，原领地 3000 町，减封为 800 町。

小代亲泰，原领地 1300 町，减封为 200 町。

大津山资冬，原领地 320 町，减封为 50 町。

阿苏惟光，原领地 8000 町，减封为 300 町。

相良氏由于岛津的协助而被保全了球磨郡 2 万石的领地。城久基一族多被留在隈本城充当人质。阿苏家的家主阿苏惟光时年 5 岁，丧失领地大部分却已无还手之力。而遭到巨幅减封，还能剩下一定领地的隈部亲永，成了对佐佐成政反抗的源头。

在秀吉的计划中，肥后是他今后在九州的阵地，负有向远国进军的“重要任务之国”。当他将肥后交给佐佐成政时，提出了五点要求：

一、按照秀吉的规定给予国人知行。

二、三年内不得进行检地。

三、体察百姓之疾苦。

四、小心施政，谨防发生国人暴动。

五、三年不用承担上方的工程劳役。

但是，秀吉在此之前已经把肥后主要港口与北部沿海平原地区划作直接归丰臣家的“藏入地”，而南部沿海平原则在相良家手中，留给佐佐成政的是极为有限的平原与大片的山地。由于要保障小豪族们的知行，从后来的动员力来看，实际由佐佐成政直接掌握的领地石高大概只有 10 万石左右，而佐佐成政还得养活大批从越中赶来的旧臣。

出于生计所迫，佐佐成政虽然按照秀吉的要求没有实施测量式的检地，但是却推行了织田信长时代的“指出检地”，即由各地的小豪族自行申报所领有的土地等级、面积、产米数量、人口数，今后如发现数字不实，便做惩罚式的处理。这种以个人信誉为赌注的申报，通常与实测检地的结果相差不大。

但肥后的国人豪族们则认为秀吉在减封他们领地之际已经保证不进行检地，现在成政要通过“指出”迫使他们交出隐报的土地，那就完全没有活路了。

同年七月，隈部亲永与其子隈部亲泰率先在隈府城揭竿而起。此时佐佐成政也做好了准备，迅速派出 5000 人出击，一举将隈府城攻落。隈部亲永旋即逃往城村城。在此期间，相继起来暴动的豪族越来越多，纷纷集结到城村城下，短时间内竟聚起了 15000 人，而佐佐成政本队仅有 5000 人，后来强拉小豪族们加入，勉强又凑出 5000 人。但是这后 5000 人里面，倒戈者在不断增加。

到了八月，阿苏家的重臣甲斐亲英也聚集阿苏、旧菊池等家臣，凑起一支近 3 万人的起义军，向佐佐成政的居城隈本城发起攻击。佐佐成政急速回军，以手中的阿苏惟光为要挟，将阿苏军予以分化击破。但是暴动已成燎原之势。到了十月，几乎整个肥后的豪族都参与了暴动。就连南方的相良长每也出兵阻止盟友岛津家进入肥后平乱。

战火烧遍肥后之际，由于兵力及粮草不足，佐佐成政向九州其余的诸家请求救援。立花宗茂、锅岛直茂、黑田官兵卫先后派出了援军。随着黑田官兵卫于九月出阵肥后之际，在他的丰前领内也发生了暴动。

在九州征伐之后，丰前的国人和肥后一样，大多也受到了减封处理，其中占有南半个丰前的名门城井镇房，不仅被移封到伊予，领地还被减得只剩下 200 町。城井家原来的居城城井谷，被封给了黑田官兵卫的黑田家。新获得丰前小仓 6 万石的秀吉家臣毛利胜信，对城井镇房的遭遇深感同情，一度向秀吉申请保全城井氏在城井谷的领地，却遭到秀吉的坚决拒绝。随后毛利胜信将自己领地田河郡赤乡中的白土、柿原、成光三个村借给城井镇房居住。

除了减封之外，秀吉又通过安国寺惠琼，向城井镇房索要他世代相传的家宝《小仓色纸》。

《小仓色纸》乃是镰仓初期的公卿兼和歌名人藤原定家（1162—1241）在宇都宫赖纲的小仓山庄内，以彩色纸书写的 100 名古代名人之和歌编成的和歌集，又称《百人一首》或《小仓山庄色纸和歌》。宇都宫赖纲即是城井镇房的先祖，

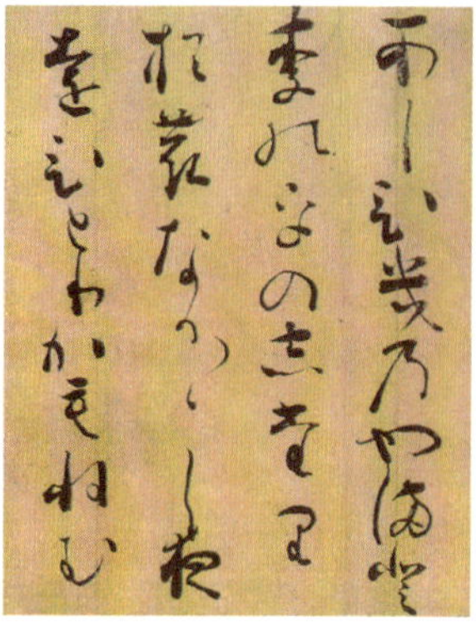

《小仓色纸》中的一首

《小仓色纸》已在城井家内传奉了300多年。如今秀吉不仅没收他的领地，还要横刀夺爱，更添城井镇房心头之痛。

在黑田官兵卫出兵肥后之际，黑田领内上毛郡的如法寺辉则、绪方维纲、日熊直次等豪族最先起兵响应肥后暴动。

到了十月，城井镇房从赤乡溜回筑城郡的城井谷，并奇袭夺回了居城大平城。在城井氏的号召下，丰前各地的大小豪族也相继起兵。黑田官兵卫得知后院起火后，急忙向秀吉做出报告，同时又向近邻的毛利胜信与西国的毛利辉元寻求支援。不久黑田军即在两家毛利的支援下讨平了各地的小豪族，但在进攻大平城时却被城井镇房利用地形击退。

十二月下旬，黑田官兵卫以恢复城井家的旧领、让嫡子黑田长政与城井镇房之女鹤姬联姻为条件，促使城井镇房开城降服。

第二年四月，黑田官兵卫受秀吉之命出阵肥后，临行前向黑田长政授以秘计。四月二十日，黑田长政邀请城井镇房到中津城内参加宴会，于席间将他谋杀，随后将包括鹤姬在内的城井一族全部处死。丰前的动荡不久即被黑田家全面平定。

与黑田官兵卫迅速平定丰前的动乱相比，佐佐成政对于肥后的暴动几乎束手无策。战火随后甚至蔓延到了小早川隆景的筑前与筑后，但是小早川隆景恩威并施，将领内的暴动控制在极小的范围内。而肥后却牵动了丰臣家在九州、四国的所有大名出兵，成为九州的动荡之源。直到当年年底，以隈部亲永为首的豪族，在黑田官兵卫等军的围逼下开城投降。

天正十六年（1588）正月二十日，秀吉派出蜂须贺家政、小西行长、加藤清正、福岛正则、户田胜隆、浅野长政等七将率领2万军势进入九州，扫荡筑前、筑后的暴动。这支大军于二月进入肥后，对于曾经参与作战的国人以及旁观的国人，全部予以清剿。肥后的52家豪族，被消灭了48家，总计约5700多人遭到屠杀。

在此同时，秀吉召佐佐成政前往大坂。佐佐成政于四月三日到达摄津尼崎后，又接到秀吉新的指示，不得进入大坂城，直接前往尼崎法圆寺蛰居等待处分。四月十四日，佐佐成政被秀吉勒令切腹。

佐佐成政被配置在肥后，起因应该是秀吉的一片好意。但是佐佐成政却不像黑田官兵卫那样有着灵活的政治手腕，而是在一片新领地上推行极为僵硬的政策，点起战火之后又无法及时平息，酿成了影响整个九州的大动荡。事后秀吉勒令成政自杀，虽然是将事件的起因全部推到成政身上，但也掩盖不了自己用人不明的过错。

重新平定肥后之后，秀吉将肥后划为南北两部分，小西行长获得南肥后宇土、益城、八代 20 万石，以宇土城为居城。加藤清正获得北肥后 195000 石，新筑熊本城作为居城。与加藤清正齐名的福岛正则，则在九州征伐之后，即已获得伊予、今治 11 万石。

天正十六年（1588）八月二十九日，作为对肥后国人暴动的反省，秀吉颁布了《刀狩令》：

· 百姓禁止持有刀、胁差、弓、枪、铁炮，不得因舞刀弄枪而荒怠年贡，若不从官役之言引起暴动，必受严惩。

· 收缴上来的武器，将全部用来铸造方广寺的大钟、钉、楔子，为百姓祈求今世之福。

· 如果安心拿起农具耕作，那么子孙世世代代都可以在平安中度过。秀吉是因为体贴百姓，才收缴武器，鼓励大家耕种。

第 47 章

太平白发多

天正十六年（1588）正月，流亡的将军足利义昭在秀吉的允许下回到畿内，向天皇奏请辞去了名存实亡的正一位征夷大将军之职，并在大坂城下落发为僧，法号“昌山道久”。

对于昌山表现出的与世无争态度，秀吉十分满意，并于正月十三日携昌山参见天皇，为他奏请获得了“准三宫”称号（皇族待遇）。秀吉还给予昌山山城国稹岛 1 万石的领地，将他列入陪自己聊天的“御伽众”。

除了酷爱把名门武士收入御伽众之外，秀吉还有一个爱好，就是将出身名门的女子纳为侧室，这也是他因为卑贱出身而产生的报复心所致。此前被他纳为侧室的女子包括：

山名丰国之女，阿茜，称南之局。

京极高吉之女，龙子，称松之丸殿。

前田利家之女，摩阿，称加贺殿，天正十三年（1585）被秀吉纳为侧室。

蒲生贤秀之女，阿虎，称三条殿。

织田信长第六女，称三之丸殿，以蒲生氏乡养女的身份被秀吉纳为侧室，其母据说为织田信忠的乳母。

织田信包之女，称姬路殿。

另外秀吉的知名侧室还有，生下第一个儿子羽柴秀胜的南殿，以及宇喜多秀家的母亲法鲜尼等等。

秀吉的好色由来已久，此事也惹得正室祢祢不快。早在安土时代，两人因为纳妾之事便产生过争吵，织田信长还特地写信劝祢祢以堂堂夫人之尊严，不要随便生出妒忌之心。而祢祢一直没有亲生子嗣，到了后来对秀吉的纳妾行为也就不再干涉了。

天正十六年，年届 52 岁的丰臣秀吉又纳了一名侧室，她就是阿市与浅井长政的长女茶茶。在阿市夫人随柴田胜家自杀以后，茶茶三姐妹受到安土城的舅舅织田有乐斋长益的保护，后转由聚乐第的姑母京极玛利亚抚养，京极玛利亚是浅井长政的姐姐，嫁给京极高吉为妻，也是京极龙子、京极高次、高知姐弟的母亲。因此，茶茶姐妹也算是秀吉侧室京极龙子的表妹。

秀吉在早年暗恋着茶茶的母亲阿市的说法，一直在世间流传，加上他这种最爱收集名门贵女的爱好，已经不是公开的秘密，所以阿市夫人与柴田胜家一起自杀，肯定令秀吉痛心不已。一次偶然，秀吉在聚乐第的京极龙子身边见到 17 岁的茶茶，刹那之间仿佛在她身上又看到了阿市的影子，立刻下定决心，不择手段将茶茶纳为了侧室。

茶茶的两个妹妹在此前已经出嫁，二妹阿初嫁给了表兄京极高次，三妹阿江最先嫁给尾张的佐治一成，后来秀吉勒令两人离婚，把阿江嫁给了自己的养子丰臣秀胜（秀次之弟）。

茶茶成为秀吉的侧室后，常常居住在山城国的淀城，因此在丰臣家内被称为“淀夫人”。织田信长的夫人归蝶与丰臣秀吉的正室祢祢、侧室淀，在历史上是被称作“战国三夫人”的日本战国时代最显赫女子。

淀夫人画像

天正十七年（1589）五月二十七

日，茶茶在淀城为秀吉顺利生下一个儿子。

在第一个亲生儿子石松丸秀胜天正四年（1576）夭折之后，事隔 14 年秀吉才又得到一个亲生子嗣，其狂喜更甚于当年。在婴儿出生的当天，秀吉便下令正式把淀城赐给茶茶，并为儿子取名为“鹤松”。另外还借鉴中国的习俗，为鹤松取了一个异名“弃儿”，以避免神佛把孩子抢去。鹤松出生四个月后，秀吉即抱着他登上大坂城的天守阁，向俯首在自己脚下的天下诸侯指明：“这，就是我的继承人。”

八月二十日，陆奥的大名南部信直在北陆总管前田利家的陪同下到达京都，于聚乐第参见了秀吉。

此时放眼全日本，只有关东与陆奥、出羽还未被正式纳入丰臣政权的统治之下。而南部氏，正是甲斐武田之同族、陆奥北部的名门。在一代名君南部晴政（1517—1582）的手上，南部家的领地如同新月变成满月一样得到了迅速扩充，最盛时曾领有北陆奥十郡之地。南部晴政死后，其嫡子南部晴继在葬礼的当天被人谋杀，南部信直事前作为养子已被晴政疏远，因为这个变故才得以登上南部家家主的宝座。不过信直的正统性，遭到了同族九户政实抵制，南部家就此分裂为两派。而另一个重臣大浦为信则幡然独立，窃居了南部领北方的津轻三郡。在内忧外患之中，原本从属于南部家的小大名户泽盛安也脱离南部独立。另外，南陆奥的伊达政宗与芦名义广，也还在争战不休。当日本中部、西部已经步入太平之时，东北部的陆奥与出羽，正处于战国激突的高潮之中。

与战乱相对的是，在天正十六年（1588）前后，丰臣秀吉已经以旧幕府重臣金山宗洗为使者，前往关东以及东北的越后庄内、出羽及陆奥，宣示平息干戈的“关东・奥羽总无事令”。而南部信直刚好在天正十六年七月消灭了南邻的大名斯波诠元，取得紫波郡之地。为了保住刚抢到手的地盘，南部信直不惜亲自上京，求取秀吉的领土保全朱印状。除此之外，南部信直还向秀吉介绍了陆奥出羽的战乱情况，并邀请秀吉出兵消灭还在与自己对抗的秋田实季。对此，秀吉回答：“现在已经入秋，待来年春天，定会亲自出马，完成陆奥出羽之平定。”前田利家也在旁边承诺：“到时我定会悉率北国之人为先锋，向秋田进击。”

同年十月的一场突发事件，推迟了丰臣秀吉出阵陆奥的计划。

十月二十三日，在关东的上野国，北条家的沼田城主猪俣邦宪施计诱骗真田家的名胡桃城主铃木重则出城，随即抢占了名胡桃城，铃木重则愤恨之下切腹自杀。

此前北条家与秀吉的外交关系一直由盟友德川家康作为中介协调。天正十六年四月十四日，后阳成天皇行幸聚乐第之际，丰臣秀吉借着天皇的名义，向列席的各地诸侯索取了效忠的誓书。当时秀吉也邀请了北条氏政、北条氏直出席，不过这父子两人却拒绝到场。事后一度传出秀吉将讨伐北条的传闻，德川家康急忙出面调停，并向秀吉做出几点承诺：

一、家康不相信北条父子谋逆的传言，北条氏只希望保全领国。

二、本月之中即会让北条家派遣兄弟辈的人物上京。

三、北条家如若拒绝臣服丰臣家，家康将勒令督姬与北条氏直离婚。

在家康的催促下，同月，北条氏政派出五弟北条氏规作为代表上京参见秀吉，缓和了剑拔弩张的形势。

但是，北条家与真田家上野沼田的领地问题也一直没有解决。

按照北条与德川的盟约，上野被全部划归北条氏，而沼田又是真田家的祖坟所在，将沼田划给任何一方面，在另一方心中都会产生憾恨。为此，北条方面曾派出重臣板部冈江雪斋上京，邀请秀吉解决沼田问题。天正十七年（1589）二月，秀吉也做出了较为公平的裁断：包括沼田城在内的三分之二沼田领划归北条家，包括名胡桃城在内的三分之一划归真田家。此外秀吉再次邀请北条氏政在年底上京，不过氏政仍然以各种理由拖延。

名胡桃夺城事件的发生，是对秀吉裁断的公然挑衅。在秀吉逐渐失去耐心的时候，这个事件也给予他极好的行动借口。

事发之后，丰臣秀吉迅速召德川家康与上杉景胜上京，向各地大名传达了来年春天将讨伐北条氏的计划。另一方面，秀吉又派津田盛月与富田一白前往关东小田原，向北条氏政做出最后的通告：不上京就得接受讨伐。

在北条家内，就此产生了争论。尽管北条氏政已将家主之位让给了嫡子氏直，但实际上还是把持着家政。北条氏政还有三个有力的兄弟，武藏方面大将北条氏照、上野方面大将北条氏邦与伊豆方面大将北条氏规。其中北条氏规以稳健

北条氏政画像

为主，主张联合德川，服从秀吉。而北条氏政、氏照、氏邦三兄弟则主张坚持抗战。因为北条家五代以来纵横关东，凭借着天下名城小田原，先后抵抗住了越后之龙上杉谦信与甲斐之虎武田信玄的进攻。出于这种自信，北条氏直给秀吉的答复是："如果秀吉把母亲大政所送来做人质，氏直也会让父亲氏政上京。"

同年十一月二十四日，丰臣秀吉正式向北条家发出了宣战布告。

第48章

风云小田原

收到宣战通告后，北条氏政一方面加紧修理整备小田原城与八王子、山中、韮山等支城，征缴领内寺院的铜钟用来铸造大炮、刀枪，又将领内15岁到70岁的男子全部动员起来，总共聚集了56000人的兵力。此外北条还寻求与关东、陆奥的佐竹义宣、结城晴朝、伊达政宗结成同盟，互为声援。

而秀吉编成了总计超过22万人的大军：

主力：丰臣秀吉、丰臣秀次、德川家康、织田信雄、蒲生氏乡、黑田如水、丰臣秀胜、宇喜多秀家、织田信包、细川忠兴、小早川隆景、吉川广家、堀秀政、池田辉政、浅野长政、石田三成、长束正家、长谷川秀一、大谷吉隆、石川数正、增田长盛、金森长近、筒井定次、生驹亲正、蜂须贺家政、大友吉统、岛津久保，约17万人。

北陆方面军：前田利家、前田利长、上杉景胜、真田昌幸、依田康国，约35000人。

水军：长宗我部元亲、加藤嘉明、九鬼嘉隆、胁坂安治，约1万人。

各家按石高自行负担军粮之余，秀吉让长束正家征集了 20 万石大米与谷物做备用兵粮，接着又以 1 万枚金币筹备了 50 万石大米。从大坂、京都到德川家的三河、远江、骏河，所有的街道全部被整备起来，作为行军通道。各地的商人均承担了购粮与运输任务。借着这种方式，东海道的三国也被纳入了丰臣家的经济与交通统一体系。

天正十八年（1590）二月一日，前田利家与上杉景胜的北陆方面军作为先锋最先出发。二月七日，德川家康的 3 万人出动，紧接着濑户内、纪伊、伊势的水军出动。

三月一日，丰臣秀吉参拜天皇，获得了征讨逆臣的“节刀”，并在当天率领 32000 人离开聚乐第，向关东进发。在前进过程中，各地的诸侯纷纷前来会合，不久秀吉的身边就达到了 14 万人。

当时北条家以相模的小田原城为中心，据有关东七国。为了紧密团结领内的重臣与豪族，北条独创了一项制度，每个月召开两次评定，共同商议家中事务，这种会议被专称为“小田原评定”。在丰臣军袭来之际，小田原城内再度召开评定，以讨论应敌计划。

这次评定中，北条氏政的三弟北条氏邦主张凭借相模西端的箱根山天险进行野战——在历史上，室町幕府的开足利尊氏曾在箱根山以少胜多击破朝廷的讨伐军。而老臣松田宪秀则援引击退武田信玄与上杉谦信的前例，主张在小田原城守城。

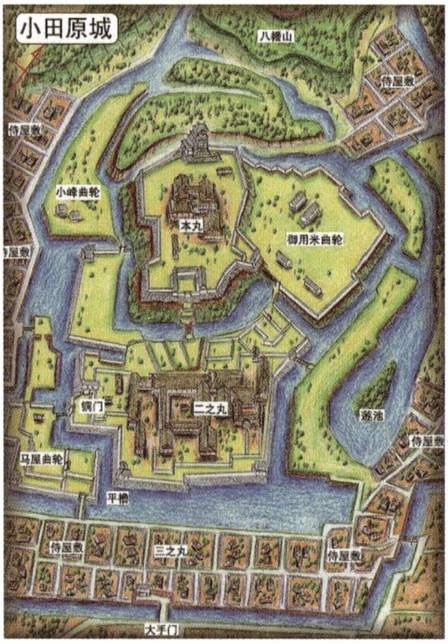

小田原城图

小田原城地处箱根山要道，南望大海，经过北条家五代 100 年的整备，已形成方圆 9 公里，有着本丸、二之丸、三之丸、外围总构的全日本第一大城，其规模早就超过了秀吉的大坂城。越后之龙上杉谦信出阵关东时，以 11 万人的兵力，包围小田原一个月之久，后因为补给线被北条军袭击，只能悻悻退走。

最终北条家内的讨论结果是，遵循战国以来的前例，以“守城＋截断粮道”的战术迎战丰臣的大军，同时又将最精锐的兵力抽调出来，驻守箱根山附近的足柄、山中、韮山三城。此外，小田原城内长期储备着供几万人吃三年的粮草。

以前上杉谦信进攻的情况是：上杉军主要由关东的国人豪族组成，小田原城牵制了其中的主要兵力，使得谦信无力进攻八王子、韮山等同样坚固的支城，时间一长，支城北条氏照干扰上杉军粮道，上杉军内的关东豪族也开始动摇，谦信才不得不退走。这一次当德川家康作为先锋进军到黄濑川之际，北条家也采取了坚壁清野策略，将沿途的百姓全部收入小田原城内，兵粮全部烧毁，使德川军一度要靠打猎来维持口粮。三月二十七日，丰臣秀吉的本队到达骏河沼津，随后德川军得到了补给。

三月二十九日，十余万丰臣军对山中城发起进攻，仅用了两个时辰便将城池攻落，北条方守城大将松田康下以下 2000 余人战死，副将北条氏胜带着残部逃往居城玉绳城，但是秀吉的部将一柳直末在此战中流弹身亡。四月二日，足柄城陷落。在南面的韮山城，由于城将北条氏规与 3600 名城兵的死守，战斗变成了持久战。但此时北条家的足柄—山中—韮山防线已经瓦解。

秀吉留下部分兵力围攻韮山城，自己率领主力继续东进，沿路攻取鹰巢城、久野祢砦、深川砦之后通过了箱根山，于四月六日在小田原城西郊的早云寺立下本阵，接下来从水陆两面完成了对小田原城的包围。

在北面，前田利家与上杉景胜于三月由信浓攻入上野，一开始受阻于松井田城下。松井田城将大道寺政繁最初出阵迎击遭遇败战，便抱着必死的觉悟守城。但是攻城军在攻落松井田的外城之后，便停止了正面猛攻，让大道寺政繁壮烈阵亡的心愿落了空。丰臣军中的真田昌幸奇计百出，一时截断守城方的水源，一时派忍者入城烧毁兵粮，一时又以尾巴被点燃的火牛冲击城门，搅得大道寺政繁时刻紧张万分，但是偏偏又没有敌兵上前。到了四月二十日，政繁因受不了精神上的折磨终于开城投降。北陆方面军以大道寺政繁为向导，兵不血刃就劝开了厩桥城、箕轮城的城门，不久南下攻入武藏。

为了加快占领北条领地的速度，秀吉从包围小田原城的兵力中抽出部分德川军东进武藏，同时让长束正家、石田三成、浅野长政等文职奉行加入别动队前去抢功。这支队伍由小田原城东下，连续攻落武藏的玉绳城（四月二十一日）、江户城（四月二十七日）。五月初，浅野长政分出一军，突入北条家的下总，次第攻落小金城（五月五日）、臼井城（五月十日）、本佐仓城（五月十八日）。石田三成则率领另一军攻落河越城（五月三日），北上与真田昌幸部会合，包围了武藏与上野交界处的忍城与馆林城。

五月二十二日，石田三成队 2 万余人攻落馆林城，紧接着包围了武藏成田家的忍城。

石田三成看到忍城附近有一片名为丸墓山的高地，城下又有利根川经过，突发奇想要仿效秀吉以前的高松、太田战例进行水攻。但是忍城乃是关东七名城之一的大城，石田三成之后强行建起来的堤坝，足有 28 公里长，远长于高松大坝。 六月十八日天降暴雨，将堤坝的西侧冲毁，淹死石田军 200 多人，三成的水攻计划就此泡汤。石田三成接着对忍城发动正面进攻，遭到城将的奋勇还击。

当时忍城城主成田氏长留在了小田原城，守城的是其弟成田泰季，然而泰季在围城期间病死。最后的城将，竟是成田氏长 19 岁的女儿甲斐姬。石田三成攻城之际，甲斐姬带领 3000 农民兵冲出城外，一举将石田军击破，还亲手斩杀了丰臣军部将三宅高繁。最后石田三成的 2 万人在忍城下一直被拖到了七月。开城之后，秀吉将这名奇女子纳为侧室。

当关东各地都陷入纷飞的战火之时，在小田原城下的阵中，秀吉特地从京都接来了淀夫人与千利休，每天不分早晚地举行茶会和连歌会。攻守双方仅有几次小规模的夜袭战，更多的是远远地互射铁炮而已。唯一一个不幸的插曲是，五月二十七日，丰臣家名将堀秀政在阵中病殁。

围城期间，常陆的佐竹义重、下野的宇都宫国纲、下总的结城晴朝为代表的关东地方诸侯大多加入了丰臣方阵营，剩下一些拿不定主意的小豪族也都选择按兵不动。北条家的外援策略全面失败。同时，陆奥的领主户泽盛安、津轻为信、最上义光、南部信直、八户政荣长途跋涉，争先恐后赶往小田原城下参见秀吉。

六月五日，南陆奥的霸主伊达政宗，穿着切腹的装束，到达了小田原。

伊达政宗，是陆奥名门伊达家第 16 代家主伊达辉宗嫡子，4 岁时因患天花而导致右眼失明。但是父亲伊达辉宗却在他身上看到了名君的资质，并在天正十二年（1584）将家业传给了18岁的政宗。

天正十三年（1585）十月，小豪族二本松义继向伊达政宗降服。因政宗提出的条件过于苛刻，二本松义继转而去与温厚的伊达辉宗商量。因言语不合，义继愤然拿刀将伊达辉宗绑架，并退往自己的居城二本松城。不久，义继一行人在阿武隈川畔被伊达政宗的军队追上。在伊达辉宗的鼓励下，伊达政宗命令铁炮队射击，将父亲与敌人一起打死。同年十一月，伊达政宗在人取桥合战击破赶来救援二本松的佐竹、芦名、岩城、白河、石川诸家共3万联军，奥州的“独眼龙政宗”之名响震天下。

人取桥合战之后，伊达政宗逐渐向佐竹与芦名的领地侵攻。丰臣秀吉于1588年对陆奥发布“总无事令”之后，伊达政宗不予理会，继续发起战争。天正十七年（1589）七月，伊达军在摺上原与芦名义广展开决战，一举消灭了芦名家主力，占领了会津。此后在陆奥54郡、出羽12郡总计66郡之中，伊达家独占了30余郡，领地约150万石，这一年伊达政宗仅23岁。事后秀吉立即派出使者前往陆奥责问，并要求伊达政宗上京解释，对此政宗仍然不予回应。

秀吉正在攻打的北条氏政，自政宗的父亲伊达辉宗时起，便是伊达家的盟友，所以秀吉进攻小田原时，伊达政宗迟迟不肯响应秀吉的出兵号召。而被伊达政宗消灭的芦名义广，其亲生父亲是常陆的大名佐竹义重，已经在小田原加入丰臣家旗下。对于伊达家无视“总无事令”，吞并芦名领地的行为，佐竹义重已先后向秀吉投诉多次。

伊达政宗铜像

到了天正十八年（1590）四月，随着关东北条家覆灭的形势逐渐明显，伊达政宗才正式决定前往小田原参见秀吉，此时他已做好了接受秀吉处罚的准备。

伊达政宗于六月五日到达小田原，但是并没有马上受到秀吉的接见，而是被秀吉留在了箱根山的底仓。

六月六日到八日，连续三天，秀吉以前田利家、浅野长政、施药院全宗等五人为使者，每天诘问政宗“为何这么迟才赶来参阵”“为何违反总无事令而与芦名氏交战”等事项。对于以上问题，伊达政宗全都根据当时家内的形势一一做出了解释。不过这也只是秀吉向天下人做出的一个样子而已。事实上负责诘问的浅野长政与施药院全宗等人，此前一直负责对伊达家的交涉，并与政宗多有酬答。对此，秀吉自然也是知道的。

六月九日，秀吉在茶会上召见了伊达政宗，当时政宗穿着切腹用的白衣，匍匐在席前表示降服，并说道：“政宗我已经做好了自尽的准备。”秀吉当着众多大名的面，拿着手杖敲打他的头：“今天心情不错，过去一概不再追究，不过你要是再迟来一步，那这颗头就保不住了。”说罢，扶起政宗一起品茶。

但是事后，秀吉仍然做出了裁断：没收伊达政宗在天正十七年攻下的芦名旧领会津、仙道之地，仅给政宗保全了战前的 72 万石，并对政宗说道：“你若不满，可以马上回国备战，等我消灭北条之后，便会赶去讨平陆奥。”

政宗极为惶恐地回答：“在下只是匹夫一个，尚未参透死生。殿下之命，不敢不从，所有会津、仙道之地，当如数奉上。”对于他的回答，秀吉极为满意，当下便赏给政宗一件阵羽织，又拉着他登上山头，指点介绍布在小田原城下的阵地。

六月二十五日，秀吉让伊达政宗先行回国，准备领地交割事宜。事后有人认为这是放虎归山之举，秀吉却说道：“我正是要激政宗起兵，再拿下他的全部领地。”不过此后这伊达政宗却极为小心谨慎，再没有显示出与秀吉对抗之心。

尽管围城时间越来越长，但是丰臣方攻势与兵粮仍没有枯竭的迹象，随着远方的城池一个个陷落，小田原城内逐渐也出现了动摇情绪。

六月初，城中的成田氏长一度通过连歌师里村绍巴与秀吉暗通款曲，准备约为内应，不过终因害怕形迹败露而中止。

六月十六日，北条重臣松田宪秀的长子笠原政尧集合数名北条重臣，准备与丰臣军联络，引细川忠兴、池田辉政等部入城。但遭到同伙中的板部冈江雪斋告发，最后笠原政尧被北条氏直处死，其父松田宪秀则被收押。

六月二十三日，前田利家、上杉景胜、真田昌幸联军 15000 人将小田原城北面的八王子城攻落。此城乃是北条氏政二弟北条氏照的居城，当时氏照留在了小田原城内。落城之际，包括北条氏照的正室比佐在内，守城的1000余人被屠杀。随后丰臣军将斩下的首级全部摆到小田原城下，进一步打击了北条方的士气。

六月二十六日，在小田原城西南的笠悬山山顶，一夜之间出现了一座城池，让小田原城的守军对秀吉的实力更加感到恐慌。实际上秀吉动员了三四万人，花了80天左右，一直在山顶秘密建造这座城池。由于山顶全是林木，故而小田原城内一时无法察觉，等到城池完成之际，秀吉再让人于一夜之间，将山顶的树木全部砍去，一座一夜城就这样出现了。由于这座城大量采用了石垣，因而被称为“石垣山城”。

本来以小田原城的规模与准备，即使再守个一年半年也不难，但是恐惧心一旦产生，就会干扰人的正常判断和既定计划。而丰臣秀吉的“一夜城”战术几乎屡试不爽，不久前即在筑前打垮了秋月种实的斗志。这一次北条一族与重臣们的斗志也在突然出现的石垣山城面前瓦解。

六月底，北条氏规所守的韮山城与北条氏邦所守的钵形城、太田氏房（北条氏政第三子）所守的岩规城已经先后向丰臣军降服。七月初，秀吉以太田氏房与北条氏规为使者，向小田原城劝降。

七月五日，北条氏直前往岳父德川家康阵中，提出以自己切腹换取城兵性命，随后家康将氏直带到秀吉面前确定最后的开城条件。

七月七日，片桐且元、胁坂安治与德川家武将神原康政作为接收使进入小田原城。

七月十一日，在神原康政的监视下，由北条氏规担任介错，北条氏政与北条氏照两兄弟，作为主要战犯，在小田原城下的番所内切腹自杀。同时被勒令自杀的还有松田宪秀以及北条家的叛徒大道寺政繁。

由于德川家康的求情，北条氏直与太田氏房两兄弟以及北条氏规等北条同族被放逐到纪伊的高野山，唯有北条氏邦被前田利家收为家臣。一度统领关东七国的霸主北条氏就此灭亡。

第49章

天下统一

天正十八年（1590）七月十三日，丰臣秀吉进入小田原城。同一天他做出决定：将北条氏旧领的武藏、伊豆、相模、上野、上总、下总六国合计250万石封给德川家康，以换取家康领有的骏河、远江、三河、甲斐、信浓五国150万石之地。

这次100万石的加封，堪称是秀吉时代独一无二的大手笔，相似的事，此前也只有佐佐成政骤然获得肥后57万石可以与之相提并论。用这块刚刚征服的北条之地换取家康苦心经营数十载的老根据地，很难说秀吉是安了什么好心。不过德川家康为人温厚圆滑，与北条氏关系一直良好，加上手中强悍的三河兵，很快以江户城为居城，在关东扎下根来。

七月二十六日，秀吉进入下野宇都宫城。八月九日，北上进入会津黑川城。在这里他召集伊达政宗、最上义光、南部信直、佐竹义宣、岩成常隆等关东、奥羽诸侯，完成了对关东与奥羽领地的重新分割。

首先是处罚：大崎义隆、葛西晴信、和贺忠亲、田村宗显、石川昭光、白河义亲等大名，因为未前往小田原城参阵，而全部被没收了领地；伊达政宗由 150 万石减封为陆奥出羽 13 郡，72 万石。

津轻为信画像

凡是降伏者，领地都得到了保全：最上义光、相马义胤、秋田实季、户泽光盛、南部信直、津轻为信，因为参阵小田原而全部被保全了领地。

南部信直曾向秀吉投诉过津轻为信的叛逆之事，但是此前津轻为信多次向秀吉献上飞鹰骏马，秀吉出阵小田原之际，津轻为信又赶在南部信直之前，跑到骏河的沼津迎接，百般讨好秀吉之余，还自叙谱系：津轻家族乃是五摄家之一近卫尚通的后代，而秀吉曾当过近卫前久的养子。有着这层关系，秀吉对南部信直申诉津轻家侵占土地就视而不见不予处理了。最后南部家仅被保全了 7 郡 10 万石之地，而津轻为信的 3 郡共计 45000 石也得到保全。

有功者获得新增封地：蒲生氏乡，由伊势松岛 12 万石移封为会津黑川 42 万石。木村吉清，获得葛西与大崎氏旧领 30 万石。

蒲生所获得的会津，乃是与上杉景胜、伊达政宗、最上义光领地交汇的要点，同时也是关东通往奥羽的大门。秀吉将蒲生氏乡封到会津，正是为了监视上杉、伊达以及关东的德川家康。而蒲生氏乡得到大额增封之后反而暗自流下了眼泪，他对亲信表示：“虽然得到大领地，不过处在奥羽这种乡下，终难有所作为；反而即使是小领地，只要离京都近，还是能够实现天下人之梦的。”秀吉也正是因为明白这一点，才不可能将氏乡留在京都。因为织田信长在世的兄弟子侄辈大多暗弱无能，唯有蒲生氏乡这个女婿，堪称文武全才、器量非凡。若将氏乡留在畿内，保不准哪天他会联合旧的织田系诸侯引发动摇丰臣家的大乱来。

木村吉清乃是明智光秀的家臣，在山崎合战之后投向秀吉，既没有强大的家族与家臣团，在丰臣家中也素无威望，陡然将他任命为 30 万石的领主，而且是刚刚遭到清理的葛西、大崎之地，不过是秀吉为奥羽这个火药桶安插的一根引线罢了。

八月十日，秀吉留下蒲生氏乡、浅野长政继续处理奥州事务，自己先行返回京都。

同年十月，在木村吉清的领内发生了葛西、大崎旧臣暴动。木村吉清父子仅有 200 人的兵力，却遭到 46000 人的暴动军围攻。由于伊达政宗与蒲生氏乡，以及驻军白河的浅野长政联合镇压，才在第二年将暴动平定。

事后秀吉将木村吉清的 30 万石全部没收，以换地的形式，换取了伊达政宗手中的伊达、长井、信夫、刈田、二本松、盐松、田村七郡，实际上是将伊达的领地由 72 万石减封到 58 万石。而蒲生氏乡则被加增为 92 万石。

文禄十九年（1591），秀吉以丰臣秀次为总大将，出兵协助南部信直平定了割据一方的叛臣九户政实。这一战的结束，标志着日本自应仁之乱（1467 年）以来的分裂状态全面终结，在丰臣秀吉手上，实现了全日本的统一。

在关东方面，真田昌幸获得了上野沼田 27000 石，秀吉还特地任命昌幸之子真田信幸为沼田城主。佐竹义宣被保全了常陆 54 万石。其余的一些小豪族，也多获得保全。

德川家康原来领有的甲斐，被授予丰臣秀胜，信浓则由真田昌幸、石川数正等小大名分别领有。德川家原有的东海道骏河、远江、三河三个领国，被长年以来跟随秀吉的重臣平分：

池田辉政，由美浓大垣转封三河吉田 152000 石。

田中吉政，获三河冈崎 57400 石。

堀尾吉晴，获得远江滨松 12 万石。

山内一丰，获得远江挂川 51000 石。

中村一氏，获得骏河 14 万石。

田中吉政、堀尾吉晴、山内一丰、中村一氏四人，全部是秀吉配给养子丰臣秀次的家老。在鹤松丸出生以前，秀次乃是秀吉第一顺位的继承人，故而秀吉为秀次配备了自己重臣中的中坚人物作为辅佐，基于这个缘故，秀吉最开始故意压低这四人的领地，准备等到秀次继任时，由秀次亲手进行加封报答。然而鹤松丸的出生，使得秀次的继承人地位发生改变，这个时候秀吉就不再抑制四位家老的领地了，毕竟和他们几个资望相当的生驹亲正、加藤光泰、增田长盛都已成了 10 万石级别的大名。

在将德川家康移往关东之后，据说秀吉最初是要将织田信雄移封到东海道，但是织田信雄却不愿舍弃祖祖辈辈传下来的领地尾张。结果秀吉一怒之下，没收了织田信雄的全部领地，将他流放到下野的乌山，直到文禄元年（1592）才又把他召为御伽众，给予大和 18000 石的扶持地。一流放一召回，信雄的尾张、北伊势近 100 万石的领地，全部名正言顺地落到了秀吉手中。秀吉把这 100 万石领地封给了丰臣秀次，以作为秀次让出继承人地位的补偿。

通过把德川家康、蒲生氏乡移往关东，处罚织田信雄，丰臣秀吉将伊势、尾张、三河、远江、骏河，以及甲斐、信浓都变成了自己的嫡系领地。伊势与尾张属于畿内的近边，三河—远江—骏河与甲斐—信浓是由关东前往畿内的两条要道，配置在这两条要道上的重臣，也充当了防御关东或奥羽诸侯向京都进攻的屏障。

由于丰臣秀吉的权威，很多降服是靠外交而非战争获得的，旗下有心与丰臣家为敌者大有人在。所以在向远方扩张之际，秀吉把潜在的敌人与隐患全都移封远国，以京都—大坂为核心，将靠近核心的领国全部交由嫡系重臣来控制。这种配置，使得在丰臣政权的畿内核心地区之外，仍然存在着非嫡系的强大大名。而奥羽仕置的结束，标志着日本在形式上已经完成了统一。此后秀吉再难以通过对内战争去征服新的领国，再将相邻且仍保有一定独立性的毛利、上杉、德川移往更偏远的地区。

小田原合战期间，有两个不和谐的男子也曾出现在战场上，其中一个是在户次川合战败逃而被流放的仙石秀久。在德川家康的斡旋协助下，本来被流放到高野山的仙石秀久，带着一小队人马，以“阵借”的形式出现在战场上。所谓“阵借”，也可称借阵，即尽管参加了战斗，但不被列入正规军，不享受武器与兵粮补给，战后不能按正规军的标准获得恩赏，更直接地说就是强卖战斗力，只有立下了大功的阵借者，才会得到恩赏。因此这种形式通常被受过处罚的武将用作回归主家的手段。

仙石秀久以阵借的方式，参加了山中城攻城战和小田原城早川口进攻战，据说每次战斗时他都带着“糟尾兜”，将绘有膏药旗的白练扎在阵羽织上，并在阵羽织的一面缝上铃铛。每当仙石秀久舞起十文字枪，身上就叮当作响，引起全军的瞩目。据说正是靠着这种方式，仙石秀久在小田原一役立下了非凡的武功。战后秀吉允许秀久回归丰臣家，并封以信浓小诸 5 万石之地，让他又重新当上了大名。

在日向根白坂合战因为过度小心谨慎而获罪的尾藤知定，一直潜伏在伊势的朝熊山，当他听说秀吉已经原谅仙石秀久之后，也急急忙忙地赶往小田原，不过等他到达的时候，小田原已经开城了。随后尾藤知定仍然剃光了头发、穿上墨衣，拜伏在秀吉面前请求宽恕。然而从此前的案例来看，只要是前往小田原迟到了的人，都受到了处罚。这一次秀吉命人将尾藤知定流放下野国，并在半路上将他处死。

第 50 章

丰臣家的阴云

天正十九年（1591）正月二十二日，大和的大纳言丰臣秀长在自己的居城郡山城去世，享年 52 岁。

作为秀吉唯一的弟弟，丰臣秀长在播磨征伐、贱岳合战、四国及九州征伐中都有高水准的表现。贱岳合战之时，正是秀长的稳健，让秀吉能够放心丢下阵地前往美浓，征讨倒戈的织田信孝。在九州，秀长的正确判断与及时救援，将根白坂合战引向了胜利。

除此之外，秀长同时也在其他诸侯与秀吉的交涉间充当了润滑剂。身为天下人的秀吉，同时也是一个激情澎湃的豪杰，有时难免会意气用事而做出无可救药的决断，每当出现这种情况，众人便会在事前通过性格温厚的秀长来纠正秀吉的思路。故此秀长以自己的温厚笃实，得到了前田利家、德川家康等诸侯的尊重。然而这根丰臣政权的重要支柱，在天正十九年年初就此坍塌了。

秀长没有亲生子嗣，他收养了姐姐阿友与三好吉房（木下弥助）的第三子（秀次、秀胜之弟）为养嗣子，取名为丰臣秀保，秀长死后，秀保继承了大和、纪伊、和泉百万石之地。

丰臣秀长画像

当年大友宗麟到大坂参见秀吉时，秀吉曾对他说过一句话："内之仪可托付宗易（千利休），公之仪可托付宰相（丰臣秀长）。"也就是对秀吉个人的人际交往可以以千利休为中介，涉及国家之公事应该先与秀长商议。当时千利休的茶道政治确实充当了秀吉与地方大名及重臣交流的媒介，后来伊达政宗前往小田原参阵，秀吉也是在千利休主持的茶会上招待政宗以缓和气氛。不过随着外总管丰臣秀长的去世，千利休所处的位置失去了参照物，在众人眼中就显得格外突兀。这时，秀吉才发现自己给予利休太多的权力，而且利休也知道了自己太多的秘密。

在秀长死后仅一个月，秀吉便将千利休驱逐出聚乐第，让他在堺町蛰居，其理由据说有以下几点：

·在主持改修大德寺的三门（金毛阁）之时，利休将自己的木像安到楼门上，让秀吉从其下通过，是为不敬。

·将古代天皇皇陵的石材移作洗手池或庭石。

·秀吉曾希望纳利休之女为妾，却被利休拒绝。

另外，千利休与秀吉在茶道上也有着对立。秀吉的风格，是收集天下的名品"唐物"茶器，举办豪华茶会，向天下夸耀自己权威的"书院茶"。而千利休则是主张简朴自然之美的"草庵茶"，由于"草庵茶"的盛行，使得秀吉的茶道价值观有遭到世人鄙视和摒弃的危险。

在茶道的问题上，千利休还给秀吉留下了一个把柄。利休在提倡使用本土陶瓷器皿之际，指导陶艺师长次郎烧制出一套号称"长次郎七种"（又称利休七品）的陶器，并借助利休自己的名人效应，在茶会广为宣传，使得长次郎窑口出产的陶器身价直追"唐物"。而长次郎又是千家的专用陶艺师，他的窑口产品，主要都提供给了千利休。所以此后千利休不用通过高风险高投入的海外贸易去购买"唐物"，只需要将长次郎的产品转卖，便可获去百倍千倍的利润。

千利休画像

既提倡简朴，又牟取暴利，这种表里不一的乖张，招致了秀吉的不满。不过对于以上诸事秀吉都长期隐忍了下来，等到要把利休清除出丰臣政权核心时，才全部抛出来，作为治罪的借口。

尽管前田利家、细川忠兴、古田重然等大名前后奔走，为千利休乞命，秀吉还是下令让利休在聚乐第内切腹。那一天是二月二十八日，为了防止利休的弟子进来抢人，秀吉派出军队将利休的房间围得水泄不通。在屋内，这位一代茶道宗师，吟下一首绝命诗：“人生七十，力围希咄，吾这宝剑，佛祖共杀。”然后举刀切腹而死，时年 70 岁。秀吉并没有就此罢休，又命人将利休的首级放到京都的一条之戾桥上示众。

在千利休临死之前，为了最后的茶会，曾削制过一把竹茶勺，命名为“泪”。这把茶勺后由利休的弟子古田重然收藏。以后每次举办茶会，古田重然都要先取出这把茶勺，当作利休的牌位来祭拜。另外，千利休跟随秀吉出阵小田原之际，曾经用伊豆韮山的竹子做了三只花瓶，一只命名为“圆城寺”，送给儿子千少庵；一只名为“夜长”，千利休自用；另一只名为“尺八”，献给了秀吉。在利休切腹之际，秀吉也一把将身边的“尺八”打烂。

丰臣秀长与千利休相继离世之后，秀吉将浅野长政、石田三成、增田长盛、长束正家、前田玄以提拔起来，负责行政及外交的中枢，后世称之为丰臣政权“五奉行”。其中浅野长政资历最深，又与秀吉有着亲戚关系，成为五奉行的首席。浅野长政的角色，与丰臣秀长的作用有些类似，不仅参与行政、对地方诸侯的联络与接待，还参与军事方面的指挥。这一年的大半时间，浅野长政一直负责协调伊达政宗、最上义光、南部信直，指挥镇压奥羽的暴动。而石田三成是自少年时便被秀吉提拔起来的侧近，一直深得秀吉的信任，在经过检地与小田原合战的历练之后，秀吉让他顶替千利休，负责大名对自己的个人交往事务。所以石田治部少辅三成，

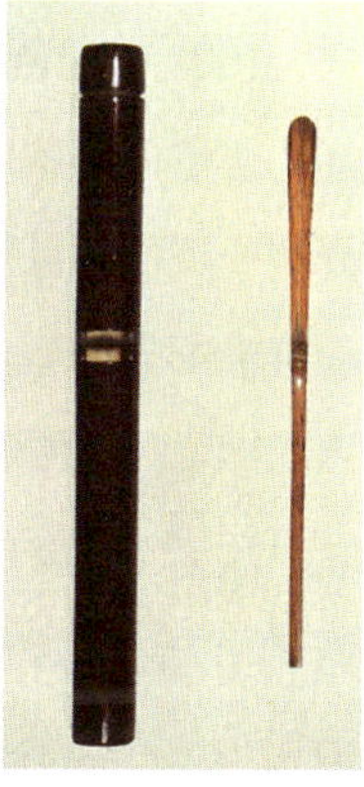
茶勺“泪”

虽然位阶不高，在丰臣政权中却有着极大的影响力。另外的增田长盛与长束正家，主要负责对各地直属于秀吉的“藏入地”进行管理。前田玄以，是京都的长官。以上五人，组成了直属于丰臣秀吉的新行政核心。

同年八月五日，又一桩不幸袭来。秀吉的儿子鹤松丸，因病百般医治无效，在大坂夭折，时年仅 3 岁。据说这个孩子生来就身体虚弱，曾在这一年的正月大病过一场，不过第二天便好了。等到第二次发病时，秀吉找来了曲直濑玄朔等名医，仍然束手无策，后来不惜从平户找来葡萄牙的医生医治，还是没能留住孩子的性命。

此时秀吉已经 55 岁，老来丧子，这种痛苦足以让他在一夜之间又苍老了 10 岁。身在天下的最顶端，一生劳苦创下的基业，到老却没有亲生子嗣继承，情绪由最亢奋的状态陡然掉落到无底深渊，这种落差带来的失落足以扭曲秀吉的心态。

在孩子夭折后的第二天，即天正十九年（1591）八月六日，丰臣秀吉对全日本的大名发出通告：“准备出征朝鲜！”

早在 1587 年九州征伐完成之后，秀吉就让对马岛的岛主宗义调劝朝鲜派使者来朝。对朝鲜的贸易是对马宗家的经济命脉，所以宗义调也不敢对朝鲜摆出强硬姿态，仅是派出家臣柚谷康广前去传达了一下秀吉的要求，理所当然地遭到朝鲜方面拒绝。柚谷康广回来之后，一族老小全部被秀吉下令处斩。

1588 年，宗义调去世，宗家的家主换成了宗义智。

1589 年秀吉又让宗义智向朝鲜索贡，宗义智害怕遭到与柚谷康广同样的下场，急忙带领重臣亲自前往朝鲜游说。在宗义智的再三恳求下，朝鲜朝廷答应派出一支使团前往日本建交，同时也提出了相应的条件：日本方面必须停止在朝鲜沿海的倭寇行动，同时交出朝鲜的叛民沙火洞。为回应这个要求，秀吉命人逮捕了几个倭寇首领与 160 名朝鲜叛民送往朝鲜。

1590 年三月，朝鲜的李氏王朝以黄允吉为正使、金诚一为副使出使日本。当是正值小田原征伐时期，为了让朝鲜使者见识自己的实力，秀吉故意用种种借口把两人滞留了 10 个月。1591 年正月，黄允吉与金诚一向秀吉祝贺日本完成统一，随后拿着秀吉的回书返回了朝鲜。这封回书之中，尽是秀吉自吹自擂

朝鲜对日本的通信使

之言，最后一句“希望朝鲜担当日本进攻明朝的先锋”，看得朝鲜国王李蚣目瞪口呆。不久李蚣正式回书：“明是独一无二的大国，也是朝鲜的宗主国，要让朝鲜背叛明朝，绝无可能。”

然而当李蚣就秀吉的意图询问两位使者时，得到的回答却大相径庭：正使黄允吉回答：“战争即将临近。”副使金诚一就偏偏说：“日本没有侵略之心。”实则当时朝鲜的朋党政治正值鼎盛时期，西人党与东人党两个官僚派系斗得水火不容，而黄允吉属于西人党，金诚一属于东人党，两人在答复上自然针锋相对。在混乱的派系斗争之中，朝鲜方面对日本是否真要出兵的意图判断，就完全被搁置了。

从九州平定的 1587 年到 1591 年四年之间，就秀吉而言，出兵朝鲜也好，进攻明朝也好，仅停留在说法上，还没有付诸任何行动。毕竟日本国内的战乱才刚刚平定。然而鹤松丸的去世，顿时使秀吉失去了人生的目标和乐趣。经过一夜的挣扎与思索，秀吉终于决定，将剩下的精力投注到对外战争上，而朝鲜的战争，正是他侵略扩张的第一步。号令一发出，秀吉的这种念头就越来越坚定，逐渐把日本人民与朝鲜人民引入了无穷无尽的灾难。

九月十六日，丰臣秀吉再次发布了出阵朝鲜的动员令，紧接着在十月十日，下令让加藤清正于肥前的名护屋筑城，作为进攻朝鲜的基地，同时停止大德寺、方广寺的营造工程，将材料运往各地建造兵船。

不过在正式出兵之前，秀吉对身后的事做了一些布置。十一月二十八日，丰臣秀次由权中纳言升为从二位权大纳言。十二月四日，又直接升为正二位内大臣。十二月二十八日，秀吉将“关白”的称号与聚乐第正式让给秀次，此后丰臣秀次称“关白内大臣”“丰氏长者”，也就是丰臣一族的家主，同时作为聚乐第的主人处理天下政务。而秀吉此时仍然保留着正一位太政大臣的官位，此后丰臣政权实行的是丰臣秀吉 + 丰臣秀次的双头政治。这也是秀吉将自己的家业传给秀次的最后过渡阶段。作为前任的关白，丰臣秀吉按照习惯又被称为“丰太阁”。“太阁”，是对前关白的尊称。

此外，秀吉又于第二年在京都附近的伏见筑起一座城池，作为自己的隐居所，这座伏见城内广种桃木，也被称为“桃山城”。秀吉以后余生的大半时间都在桃山城度过，后世遂将他开创的时代称为“桃山时代”，而此前织田信长的时代则称“安土时代”。

第 51 章

文禄之役

天正十九年（1591）年底，在所有九州大名的共同协力下，加藤清正督造的肥前名护屋城完工。这座城池的规模略小于大坂城，拥有本丸、二之丸、三之丸，本丸西北角建有一座五重七阶的天守，即使作为临时阵所，同样也在屋瓦上贴满了金箔，体现了秀吉倡导的豪华壮丽风格。在城郭周围，建好了各地大名的阵屋。

天正二十年（1592）年改元为文禄元年，这一年正月五日，丰臣秀吉在名护屋城集结了全日本各地的大名，宣布渡海日期定在三月一日，并编成了出征朝鲜的队列：

陆军总共分为九军：

第一军：小西行长 7000 人，宗义智 5000 人，松浦镇信 3000 人，有马晴信 2000 人，大村喜前 1000 人，五岛纯玄 700 人，总计 18700 人。

第二军：加藤清正 1 万人，锅岛直茂 12000 人，相良长每 800 人，总计 22800 人。

第三军：黑田长政 5000 人，大友吉统 6000 人，总计 11000 人。

第四军：毛利吉成（胜信）2000 人，岛津义弘 1 万人，高桥元种600人，秋月种长400人，伊东佑兵600人，岛津丰久400人，总计14000人。

第五军：福岛正则4800人，户田胜隆3900人，长宗我部元亲3000人，蜂须贺家政7200人，生驹亲正5500人，来岛通总700人，总计25100人。

第六军：小早川隆景1万人，小早川秀包1500人，立花宗茂2500人，高桥直次800人，筑紫广门900人，总计15700人。

第七军：毛利辉元3万人。

第八军：宇喜多秀家1万人。

第九军：丰臣秀胜8000人， 细川忠兴3500人，总计11500人。

陆军机动兵力：中川秀政3000人，宫部长熙2000人，南条元清1500人，稻叶贞通1400人，龟井兹矩1000人，木下重坚850人，斋村广英800人，明石则实800人，别所吉治500人，垣屋恒总400人，总计12250人。

奉行：石田三成2000人，大谷吉继1200人，增田长盛1000人，加藤光泰1000人，前野长康2000人，总计7200人。

以上总计178250人，以第九队的丰臣秀胜为侵朝的总大将。不过同年九月九日，丰臣秀胜在阵中病死，侵朝的总大将随后变更为秀吉的另一个养子宇喜多秀家。

水军：

九鬼嘉隆（志摩鸟羽），1500人。

藤堂高虎（纪伊粉河），2000人。

胁坂安治（淡路洲本），1500人。

加藤嘉明（伊予松崎），750人。

菅达长（淡路岩屋），250人。

桑山一晴（纪伊和歌山），1000人。

堀内氏善（纪伊新宫），850人。

杉若氏宗（纪伊田辺），650人。

以上总计8500人。

预备队：

羽柴秀俊、木下胜俊（以上两人皆为祢祢之兄木下家定子）、德川家康、前田利家、上杉景胜、蒲生氏乡、佐竹义宣、伊达政宗、最上义光、森忠政、丹羽长重等十余万人，全部随秀吉驻阵名护屋。另外，关白丰臣秀次，率兵2万留守京都。

日军进攻釜山港

四月十二日，小西行长的第一军在朝鲜南端釜山浦上陆，第二天仅用三小时就攻落了釜山港。

当时的李氏朝鲜建国已有200年。李氏王朝进入中期以后，提倡以儒教治国，文官逐渐压倒武将成为国家的核心，加上久无战事，导致武备松弛。而且朝鲜的铁矿稀少，所以到了李蚣的时代，一般的朝鲜士兵都没有铠甲，身上仅着一件象征性的马甲。在从战国乱世中冲杀出来的日本武士面前，毫无准备的朝鲜兵只是待宰的羔羊。

四月十七日，加藤清正的第二军、黑田长政的第三军在熊川登陆。加上小西行长的第一军，这三路势如破竹，历经东莱城之战（朝方宋象贤战死）、尚州之战（朝方李镒败走）、弹琴台之战（朝方申砬战死），直逼朝鲜的首都汉城。李蚣匆忙凑起一支8000人的军队应战，却在四月二十七日的忠州之战中，被小西行长与加藤清正联手击破。

四月三十日，李蚣放火烧毁景福宫、昌德宫、昌庆宫，将历代收集的财宝书籍化为灰烬，随后放弃汉城，逃往陪都平壤。五月一日，小西行长兵不血刃就占领了汉城。

五月中，日本军的其余八队陆续进入汉城，由丰臣秀胜主持，按照朝鲜的八道对日本八军的主攻方向做了分割：平安道，第一军小西行长；咸镜道，第二军加藤清正；黄海道，第三军黑田长政；江原道、第四军毛利吉成；忠清道，第五军福岛正则；全罗道，第六军小早川隆景；庆尚道，第七军毛利辉元；京畿道，第八军宇喜多秀家。随后日本诸将各自攻入指定给自己的州道。

驻阵于名护屋的秀吉，得知日军在朝鲜进军神速之后，又发布了更疯狂的计划：灭亡朝鲜之后，就向大陆进军，今后把天皇迎入北京，以周边 10 个国作为天皇的直辖地，所有公卿知行增加十倍；丰臣秀次作为大陆关白领有 100 国，羽柴秀保担任日本关白，宇喜多秀家担任朝鲜关白，秀吉自己在宁波建立居所；作为先锋的众大名此后再向天竺（印度）展开进攻。

天正九年（1581）秀吉最后一次见到织田信长时，信长曾问他："羽柴你真是日本无双的大胆者，是否有勇气为我去征伐天竺与震旦？"如今秀吉在日本的各种追求已经达到了极致，对血脉的延续失去了希望和热情，也已选定好家门与政权的后继者，剩下的，便只是将信长的这句话，当作余生的追逐目标而已。但是在不切实际的空想指导下，从发起这场战争时起，秀吉就已经失去了理智。

向平安道进军的小西行长，是商人出身，一向反对以武力形式解决问题，他的构想是把朝鲜的国王纳为日本的附庸。所以在进攻平壤之前，小西曾派出使者去劝李蚣投降，但是朝鲜夹在中国与日本之间，1000 年来深知双方实力对比的悬殊，所以李蚣紧守着依靠明朝光复家园的希望，他向使者再度表明："明朝是朝鲜的父母之国，绝不可能背弃明朝从属日本。"随着小西军再度展开进攻，李蚣又放弃了平壤，一直逃到朝鲜与中国交界的义州。而沿着咸镜道一直向北侵攻的加藤清正，一直打到了朝鲜与女真族交界的会宁城，俘虏了李蚣的两个王子临海君与顺和君。

在朝鲜八道的占领区内，增田长盛迫不及待地强制朝鲜人将名字改为日本名，发型服饰变为日本式，而安国寺惠琼则负责向朝鲜普及日语与日式教育。尽管如此，最初日军还是对朝鲜的下层百姓以抚慰为主，在占领汉城之际，还将皇宫中保管奴婢目录的掌隶院一把火烧毁，一时间得到了部分朝鲜百姓支持。不过语言的普遍不通始终阻碍了日本军与朝鲜百姓的交流，时间一长，潜伏在山间的百姓便开始四处暴动，冲击日军的统治。由于人民的流离失所，使得占领区内田地荒芜，加上日军的补给受到干扰，不得不就地掠夺百姓的粮食，双方的冲突逐渐加深。

尽管日军在陆地上取得了全面胜利，但是在海上却丝毫占不到朝鲜方面的便宜。

日本方面的补给，是以博多为兵粮聚集点，将粮草运到釜山港后，再由水军派出船队，沿朝鲜的海岸送到负责进攻的部队手中。但是在四月与五月，日本的补给船队两次遭到朝鲜方水军将领李舜臣的攻击。

李舜臣，字汝谐，朝鲜京畿道开丰郡德水人，生于 1545 年，传说自幼便勇武果敢，不过在学习上却十分失败，自 20 岁起参加武举，便屡次不合格。到 32 岁（1576 年）的时候，李舜臣才得到一个武举的丙科合格，后来被提拔为下级军官在朝鲜各地服役，又因得罪上司而遭到罢免，被剥去了官职，仅以白衣从军。

不过在文禄之役的前一年，也就是 1591 年，李舜臣幼年同村的好友柳成龙当上了朝鲜的右议政（副宰相），顺手就把没立过任何功绩的李舜臣越级提升为全罗左道水军节度使（简称全罗左水使）。这样一个凭着裙带关系往上爬的人物，自然遭到朝鲜水军中其他将领的鄙视，不过李舜臣却以不俗的战绩，颠覆了人们对他的看法。

由于补给船队屡次受到李舜臣的攻击，同年七月，日本方面以水军中的九鬼嘉隆、胁坂安治、加藤嘉明、藤堂高虎编成了战斗型船队，一度在巨济岛周围的海域取得优势。

李舜臣画像

七月九日，日本水军 70 余艘战船与朝鲜水军 60 艘战船在闲山冲海域遭遇。当时日军的战船全都是由运输船改装而成，尽管配有许多铁炮手，但却只有少量的大炮，而朝鲜水军则借鉴了中国传来的技术，制造出一种龟甲船，船顶覆以利刃，坚固的船身周围安有 14 门大炮，堪称当时朝鲜海域内最为强力的战船。加上朝鲜水军对周边的岛屿与水流地形的熟悉，一场海战下来，日方水军

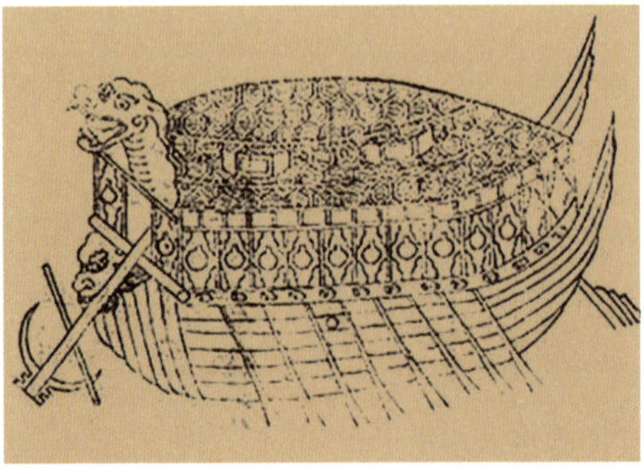
龟甲船

70 艘有 59 艘被击沉，其余四散而逃。此战之后，李舜臣牢牢控制住了制海权。

然而龟甲船的船体设计与操帆要求，按现代造船理论来讲根本无法协调，同时也没有保存下来的船体或设计图记录，可见在后来的朝鲜水军中应用不多，正式的文献中相关记载也极少，仅在《李舜臣行录》中有 200 字的描述而已。

闲山冲海战之后，李舜臣又在安骨浦击破了停在该地的加藤嘉明、九鬼嘉隆水军。秀吉由此意识到此前低估了朝鲜水军的实力，把西日本主要水军当作运输队使用是一种错误，但是匆匆再把运输船队整编成战斗船队，也无法在海战中占据优势。不久秀吉即改变战术，在沿海占领的城砦里筑起炮台，配置大筒和大铁炮，只进行陆地对海面的防御性作战。此后李舜臣袭击日本方占领的釜山浦、熊川时，受到沿岸炮台的攻击而造成巨大伤亡，出击的次数也随之开始减少。

第 52 章

王师东进

朝鲜国王李蚣在由平壤逃往义州之际，向明朝派遣使者请求救援。明朝收到救援信的是蓟辽总督蹇达。

蓟辽总督乃是负责整个辽东地区军务的总大将，此前 20 多年，一直由名将李成梁担任。1591 年，李成梁因为骄奢自傲加上纵容部下而遭弹劾去职，继任的蹇达，既无将才，同时又轻率冒进，在接到朝鲜的求援后，仅派出副总兵祖承训率兵 3000 前去救援，结果于七月十九日在平壤城下被小西行长击破，祖承训仅以身免。

不过看到明朝出兵，前方的小西行长也慌了手脚，急忙派出使者前往北京寻求和谈。而万历皇帝在十一月给出的回答是："日本须释放被俘的朝鲜王子，放弃占领的土地与城池撤军。"实际上当年八月，万历皇帝就以兵部右侍郎宋应昌为经略备倭，又下诏让天下督抚推举将才，下定决心与侵朝的日本部队决一死战。

同年十月，在宁夏，李成梁的长子李如松作为陕西提督讨灭了鞑靼叛党哱拜，由于如松能力瞩目，又能继承李成梁在辽东的影响力，于是成为援朝主将的不二人选。随即万历皇帝便任命李如松为"提督蓟、辽、保定、山东军务，充防海御倭总兵官”，简称“东征提督”，实际上就是统领山东、河北、辽东之兵，全面负责对日本作战的总大将。

十一月，李如松在北京的午门向皇帝献上宁夏之俘，随后便带着弟弟李如柏、李如梅一起赶赴辽东。

在八月的时候，明朝兵部尚书石星曾征集人选前往朝鲜查探情报，招募到的是一个嘉兴的市井无赖，名叫沈惟敬，此人曾在浙江沿海经过商，也粗通日语。沈惟敬前往平壤见到小西行长后，小西曾让他转告明朝方面：“只要天朝按兵不动，我方不久即会撤军。今后以大同江为界，平壤以西还是归朝鲜。”沈惟敬回到辽东之际，李如松正好到任，沈惟敬向他转达了小西的提案，李如松决定假装答应小西的分割计划，暗中奇袭朝鲜。

1592 年十二月二十三日，李如松以轻军在前，率领明军 43000 人进入朝鲜。1593 年正月四日到达肃宁馆的时候，小西行长派出 20 人来迎，如松命令部下将这些人全部活捉，结果仅抓到 3 人，其余的全部逃走。小西行长闻讯之后大为惊恐，派出家臣内藤如安北上询问，李如松又对内藤如安好言相慰，表示此前的冲突只是误会而已。小西行长身为商人出身，一方面深知明朝的富强，另一方面也希望维持对明贸易以获取巨利，故而根本没有与明军交战的决心。此时李如松再次申明是前来议和，钻到钱眼里的小西也深信不疑。

正月六日，小西行长派人洒扫道路，列队相候，准备迎接明朝使者入城。而李如松则部署好诸军，一起向平壤城前进，看到大军出现，小西行长才知是上了当，急忙下令闭门守城。由于日军一直极为轻视朝鲜兵，所以攻城战开始前，李如松让祖承训带领一队人马全都换上朝军衣装，配置在平壤城的西南角。等到攻城战开始时，日军对西南看似由朝鲜兵进攻的这一面极为松懈，结果祖承训部掀开外套露出衣甲，日军大惊之下急忙重新配置兵力，加强西南角的守备。在这个空隙中，李如松亲自督军猛攻，一举破了小西门，随后李如柏又突破大西门，当天明军斩获首级 1200 多个。小西行长先是退到城内的风月楼，接着又乘夜渡过大同江，退往龙山。

十九日，李如柏攻陷开城，数日之间明军连克黄海、平安两道，直逼汉城。

明军收复平壤城之际，不仅小西行长退走，作为援军的大友吉统也未战先退，顿时让日本方面陷入大混乱。日军开始将各地的兵力收束到汉城，准备与明军决战。

在汉城下，先后汇聚了立花宗茂、小早川隆景、黑田长政、石田三成、加藤光泰、宇喜多秀家、小西行长等部共计 55000 人。正月二十六日，有一群自汉城逃来的朝鲜人告知李如松，日军已经放弃汉城退走。由于连续获胜，李如松已经有了轻敌之心，而且想当然地认为这些朝鲜人会视日军如寇仇，故而对他们的话深信不疑。在兵力已经四散到朝鲜各地的情况下，李如松仅带着身边的 7000 人就开始向汉城进军。

当时双方参加决战的兵力如下：

日军先锋：第一阵立花宗茂 3000 人，第二阵小早川隆景 8000 人，第三阵小早川秀包 5000 人，第四阵吉川广家 4000 人；本队：第五阵黑田长政 5000 人，第六阵石田三成 5000 人，第七阵加藤光泰 3000，第八阵宇喜多秀家 8000 人；汉城守军：小西行长、大友吉统 14000 人。以上总计 55000 人。

明军先锋查大受 3000 人，左军李如梅 1000 人，右军张世爵 1000 人，中军李如柏 1000 人，大将李如松 1000 人，总计 7000 人。另有杨元部 5000 人作为援军正在赶赴战场。

二十六日上午，明军到达距离汉城 30 里的碧蹄馆，先锋查大受队 3000 人与日军先锋立花宗茂部 3000 人遭遇。一番激战之后，立花队被击退。

中午，李如松身边的 4000 人也开始进军，最初遭遇到日方小早川隆景队 8000 人。稍经战斗，小早川隆景便假装不敌，退往后方。

在仍然以为日军主力已撤离汉城的情况下，李如松奋起直追，结果遭到日军的包围伏击，鏖战之中，李如松本人一度陷入与立花宗茂部将十时连久（在明史中记作“金甲倭”）的单打独斗之中，形势危急，部下李有声拍马来救，也被十时连久杀死。最后还是李如梅一箭将十时连久射落马下，李如松才得以抽身出来。加上杨元及时赶到，李如松最终得以突围退走。

碧蹄馆一战，日军伤亡超过 7000 人，明军伤亡约 2500 人，实则日方是一场惨胜。论及战斗力与装备，明军确实还要胜于日军，因为此前戚继光、李成梁在北方练兵多年，早已训练出一支职业化的正规军。加上宁夏、辽东连连边患不断，大明军队的边军也久经战火的考验。不过经碧蹄馆一役，明军的锐气受到挫折，加上兵力不足，李如松暂时驻军开城，停止向前进击。

明朝的问题是，边患未宁，且认为日本是蕞尔小国，不足以起倾国之兵在境外作战。所以李如松所带的兵力，和在宁夏剿匪时的数量差不多。另一方面，日军各大名已经向家臣分发土地作为知行，上自武士下到底层的农民兵，武器铠甲全部自备，战争期间除了立功获赏或是抢掠之外，没有任何收入，丰臣秀吉只需向军队提供口粮。而明朝的正规军则统一由朝廷配备服装、兵器，按月发放饷银，不算物资，43000 人的饷银一个月就是白银 20 万两左右，事关全国的财政，从而也限制了出动兵力的数量。

文禄二年（1593）二月，宇喜多秀家进攻汉城与釜山之间的朝鲜方要点幸州城遇阻，此战与晋州城守城战文禄元年（1592）九月以及李舜臣指挥的闲山冲海战，被朝鲜方面称为对日战争“三大捷”。另一方面，朝鲜的义兵与流民频繁袭击日军补给线，日本方面尽管维持着本土到釜山的海路补给，但是由釜山向汉城的陆路治安却不断恶化。在粮草困难之际，日军又遭遇了朝鲜的冬天，只穿草鞋的下层日本士兵多半都被冻伤，脚趾脱落者数不胜数。在前线视察的石田三成、增田长盛、大谷吉继等奉行看到己方饥寒交迫的惨状，开始劝秀吉议和。文禄二年（1593）四月，日军放弃汉城，退到釜山周围进行休整。

在明朝方面，若要等到万历皇帝再度增兵遣将，也需要几个月的时间。而前方的经略备倭宋应昌急于建功，又让沈惟敬前去与日本方面交涉。

五月十五日，沈惟敬在小西行长、石田三成、增田长盛三奉行的陪伴下到达名护屋，秀吉对他进行盛情款待后，提出了七条和议条件：

一、明朝将皇女嫁给天皇作为后妃。

二、重新开展废滞已久的勘合贸易（日本对明在朝贡之余开展的贸易，由明朝向日方发放勘合符以区别于倭寇，1551 年起废止）。

三、日本与明朝的掌朝重臣互换誓书。

四、接受以上条目以后，日本让出北朝鲜四道。

五、朝鲜须派出王子与大臣一两人留在日本为人质。

六、日本送还去年俘虏的朝鲜王子临海君与顺和君。

七、朝鲜的掌朝重臣须立下世代不违的誓词。

随后秀吉派小西行长的家臣内藤如安随沈惟敬前往明朝交涉。由于内藤如安得到小西行长的信任而受赐了“小西”姓，官位为飞驒守，也被称为小西飞驒守，在《明史》中就被误记为“小西飞”。

沈惟敬当然不敢把这样的条件如实禀报朝廷。七月八日回到汉城之际，沈惟敬即向宋应昌与李如松宣称“日本已答应向大明朝贡，只是要向朝鲜借取朝贡的道路”，宋应昌也不怀疑，便派人护送沈惟敬与内藤如安前往北京。

在此之前，沈惟敬已经向小西行长交了底：“如果要讲和，必须要秀吉署名的降伏文书。”得到了前线军监石田三成的默许后，小西行长伪造了一封《关白降表》交由内藤如安带去。

沈惟敬与内藤如安八月离开汉城，沿途磨磨蹭蹭，到文禄三年（1594）一月才进入北京，此后的交涉持续了近一年。

在北京，内藤如安向万历皇帝献上《关白降表》，转达秀吉的和平条件，仅有一条，就是希望明朝重新恢复勘合贸易。而明朝方面提出了三点要求：

一、日军应全部撤离朝鲜。

二、日本可接受大明的册封，但是不恢复勘合贸易。

三、日本应立誓再不侵犯朝鲜。

对于这三点要求，明朝丝毫不给出让步的余地。为了无关战争痛痒的勘合贸易问题，内藤如安软磨硬泡了一年，最终在1594年底答应了明朝的全部要求。而明朝也同意在1595年日方全面撤军之后，对日本派出册封使节。

内藤如安回去后向丰臣秀吉复命时却声称：“明朝已经答应所有条件，不日将派遣使者前来递交国书。”

在沈惟敬前往名护屋交涉期间，明军在全罗道以北一直保持停战状态。而日本方面则认为交涉的结果会是把日方对朝鲜南面忠清、全罗、庆尚、江原的支配变成事实，所以在文禄二年（1593）六月，集中兵力再次进攻晋州城。

晋州城孤悬在日军的腹心区域庆尚道与全罗道之间，明军无力救援，当时晋州城内的朝鲜军又因为东人党与西人党之争产生了分裂：西人党一方的金千镒主张守城，东人党则主张弃城。最后城内仅集结起3000人。

六月十六日，日方以黑田长政、加藤清正、岛津义弘、锅岛直茂为首的93000人对晋州城发起进攻，朝鲜方面前来救援的平安巡边使李宾、全罗巡察使权慄、全罗兵使宣居怡均被击溃。六月二十九日，日军突破城壁攻入晋州城内，守城的朝军3000人及百姓6万人全部被屠杀。

七月沈惟敬自名护屋返回汉城之际，驻朝的日军随即放还了临海君与顺和君。而明军帮助朝鲜夺回了汉城、开城、平壤三都，但朝鲜方面却没有给明军提供任何补给。当时明军驻朝已近半年，所用军费超过白银百万两。

得到日本投降的消息后，经宋应昌奏请，万历帝在七月先撤回了驻朝的主力，仅留下四川参将刘綎及游击吴惟忠部7600人。十二月，刘、吴两军全部撤走。而日本方面在和谈中受到沈惟敬的蒙蔽，以为明朝会接受所有的条件，加上军中厌战情绪高涨，从八月起就陆续将侵朝的主力撤回。从这一年年底起，双方实际上进入了漫长的休战期，文禄之役也可以说暂时告一段落。

这场战争中，渡海前往朝鲜的18万日军，伤亡人数超过了5万。而日军给朝鲜人民带来的灾难却不知比这个数字多多少倍，这一切都是因为丰臣秀吉疯狂的梦想所致。尽管秀吉对日本而言是一个统一者，但是对朝鲜人民来说，却是毋庸置疑的战犯，他在世界史上留下了丑恶的一笔。

文禄元年（1592）七月二十二日，秀吉的母亲大政所（阿仲）于京都的聚乐第去世，享年80岁。时在肥前名护屋的秀吉闻讯当场昏倒。在秀吉决定出兵朝鲜之际，大政所知道这是一个可怕的梦想，特意给秀吉送去一个“貘枕”。貘，在中国神话中是可以吃掉人噩梦的神兽。尽管如此，秀吉那无限放大的野心也没有收回，最终使他失去了见到母亲最后一面的机会。

第 53 章

“杀生关白”之死

文禄二年（1593）八月三日，一个新生命的降生，暂时转移了丰臣秀吉对朝鲜的注意力。秀吉对自己血脉的传承已经心灰意冷之际，淀夫人又为他产下一个男孩。这一年秀吉已经 57 岁。

八月九日，秀吉在名护屋的阵中，得知了这个喜讯，狂喜之下将儿子命名为“拾丸”，也就是无意中拾来的孩子。五天之后，秀吉急速离开名护屋，返回大坂看望淀夫人母子。

丰臣秀次作为秀吉的继承人接掌丰臣政权，本来已经没有任何疑问，此时却又平添出变数。为了让秀次不要自疑，丰臣秀吉在十月，为拾丸与秀次的女儿订立了婚约，此后半年，双方也都相安无事。

文禄三年（1594）八月二十四日，京都的长官前田玄以在三条河原架起油锅，将 11 名盗贼放入锅中活活煮死，又把另外的 19 人处以磔刑。

这伙盗贼的首领，名叫石川五右卫门，据说此人师从伊贺忍者的首领百地三太夫，尽得伊贺流忍术真传。后来他与三太夫的妻子私通，杀死要告密的侍妾逃出了伊贺，此后一直在山城国周边劫富济贫，是出了名的义贼。

唐物“千鸟香炉”

这一次石川五右卫门进入伏见城的秀吉邸内偷窃时，触动了茶器“千鸟香炉”。结果香炉上的千鸟发出鸣叫，引来卫兵将他捉住。但是当时也有风闻说石川五右卫门是受到丰臣秀次的指使，前来伏见刺杀秀吉的。当时京都周边富得流油的大名、豪商数不胜数，石川却偏偏要在丰太阁头上动土，而且事后连带着 30 人被处死，说明这也不是一般的盗窃事件。

同年十一月，在黑田如水的建议下，丰臣秀吉把养子丰臣秀俊送到筑前的小早川家，做了小早川隆景的继承人。

丰臣秀俊是祢祢的兄弟木下家定之子，此前被秀吉收作了养子，本来秀吉准备把他过继给毛利辉元，但是却遭到小早川隆景的阻挠。尽管毛利辉元也没有子嗣，但是小早川隆景安排毛利元就第四子穗井田元清的儿子秀元做了辉元的养子，以保持毛利家嫡流由毛利家一族传承。同时为了应对秀吉的命令，小早川隆景主动提出让秀俊继承自己筑前 52 万石的小早川家，而隆景原来的养嗣子小早川秀包则放弃对小早川的继承权。得到秀吉的同意后，丰臣秀俊入继小早川家，改名为小早川秀秋。从此事上也可以看出秀吉有了亲生儿子，便开始将养子排斥出丰臣家继承体系的心态。

十二月底，丰臣秀吉向驻名护屋及朝鲜的诸将发出通知：来年春天，关白丰臣秀次将亲自出阵名护屋，督战朝鲜。这个通告即表示，原定由秀次维持的中央政权，又被移交给了在伏见弄儿的丰臣秀吉。文禄四年（1595）正月，秀吉还兴致勃勃地为秀次编成了出阵的近卫军团。

文禄四年二月到三月间，拾丸一度病倒，秀吉急忙把对朝鲜的战事放下，守在伏见城内寸步不离。到了四月初，孩子才告愈，而丰臣秀次前往名护屋之事就暂且被搁下了。由此判断，对于秀赖（拾丸）的病，大概秀吉也会怀疑是秀次派人投毒所致。

事情过去没多久，四月十六日，丰臣秀次仅存的一个弟弟丰臣秀保，在大和的十津川突然去世，年仅 17 岁。死因据说是：秀保在十津川游览时，身边的小姓抱着他从高处跳下致死。此事极有可能便是秀吉对秀次的报复。

同年七月三日，秀吉正式派出石田三成、增田长盛等四名奉行，前往聚乐第对秀次进行诘问。他们此行的目的，是向秀次追问谋反之事，实就是询问秀次“是否有对秀赖投毒”。尽管秀次与身边的重臣百般辩解，但这只是一场灾难的开场仪式。

七月八日，秀吉将秀次召到伏见城再度进行责问。反正秀吉已经咬定秀次有罪，那么再怎么辩解都没有用了。尽管川并众出身的老臣前野长康四处奔走求告，动员了一批重臣向秀吉求情，但秀吉还是剥夺了秀次的关白称号与左大臣之职，强行将他流放到高野山出家。

七月十五日，福岛正则前往高野山拜访秀次，同时向他传达了秀吉勒令其切腹的命令。当天丰臣秀次以近臣雀部重政为介错，切腹自杀，时年 28 岁。福岛正则按照秀吉的指示，把秀次的首级送到京都三条河原示众。

八月二日，秀次的四子一女以及正室、侧室、侍女总计 39 人，全部被押到三条河原处刑，他们的尸体被埋到一起，建成一座“畜生冢”。

在此同时，秀次的重臣或与他关系密切的人物也遭到了清洗：

被赐死的包括：前野长康、前野景定、木村重兹、木村志摩守、羽田正亲、服部一忠、渡濑繁诠、明石则实、一柳可游、粟野秀用、白江成定、熊谷直澄。其中前野长康、木村重兹都是跟随秀吉多年的老臣。

丰臣秀次石像

遭到其他处罚的有：三好吉房（秀次之父），流放；菊亭晴季（秀次岳父），流放；前野忠康，除名；六角义乡，没收领地；泷川雄利，没收领地；木下吉隆，流放；荒木元清，放逐；土御门有修，流放；里村绍巴，蛰居；浅野幸长（浅野长政之子），流放，后被赦免回归。

另外，秀次的四位家老田中吉政、山内一丰、中村一氏、堀尾吉晴由于已经封到东海道而得以脱罪。

关于丰臣秀次的为人，后世有传言说他平

庸无能、沉迷酒色，喜爱滥杀无辜，故而冠之以“杀生关白”的称号。

但是在弗罗伊斯的《日本史》中著者却称丰臣秀次“行事稳重、思虑深远”。另外秀次与众多公卿有着文学上的交往，当时的公卿日记中称他为“当代一流的教养人”。除此之外，秀次在政治与军事上也不是全然没有作为：虽然曾在小牧长久手战败，但是在后来的平定纪伊、四国征伐、小田原征伐，以及奥州平定中，作为重要大将，秀次都没有再出现过错误。而他最初获封近江八幡 43 万石之后，也将八幡城治理得井井有条，到现在八幡仍然是日本滋贺县（原近江国）最繁华的商业中心。为了纪念秀次的贡献，八幡的人们还为他立了铜像。所以“杀生关白”实际上应该是后世的舆论所杜撰出来的称号。

秀吉清理秀次一系的原因很明显，只是为了给拾丸继承家业扫除绊脚石。当时秀次一系隐然已经形成了十分完善的人员体系：前野长康为辅佐人，山内一丰等四家老为重臣，同时一批名为“若江八人众”（八人众为大场土佐、大山伯耆、高野越中、藤堂玄蕃、前野忠康、牧野成里、森九兵卫、安井喜内）的年轻武士，则像秀吉的“贱岳七本枪”一样，成为将来秀次政权下的军事中坚储备干部。在朝廷方面，秀次有岳父菊亭晴季为外援。以上人员，全部都是丰臣秀吉自己多年来精心为秀次配备的，准备的就是万一秀吉在某天遭遇不测，秀次集团可以顺理成章地接手整个政权。

然而秀吉为了自己的一点私心，到最后又把已经完善的秀次集团全部清洗出局，此举不仅让丰臣家失去了大量忠心耿耿的重臣与支持者，大伤了内部的元气，也让天下人对秀吉的喜怒无常寒心。

当时丰臣家嫡系的创业重臣中，蜂须贺正胜已经去世，前野长康被赐死，黑田如水得不到秀吉的信任，浅野长政在秀次事件中遭到牵连，其余的贱岳七本枪、石田三成、小西行长等人则年纪尚轻、资望还浅，竟然一时从中找不到名声与资历为天下所景仰、可以担当拾丸辅佐的重臣。

八月三日，丰臣秀吉任命德川家康、宇喜多秀家、前田利家、毛利辉元、小早川隆景为“五大老”，负责充当拾丸的辅佐人，参与中央的政务。按照秀吉的指示，五大老联名发出一个《御掟》，作为天下诸侯的行事规范：

一、未经上方许可，诸大名之间不得擅自联姻。

二、诸大名之间，不得结定同盟关系。

三、不可口诛笔伐、互相攻击。

四、若有无真凭实据的举报，则要召见双方当事人当面核对，查明真相。

五、乘物（主要指牛车，为公卿专用）除经许可，否则不得使用。

以上《御掟》的核心思想是：天下的大名互相不得有亲密往来，须独立地服从丰臣家，向丰臣家效忠，同时遵守丰臣家之下的等级规定。不久之后又追加了四条补充，称为《御掟追加》，但这五条核心仍然没有改变。这一次的声明，是秀吉为丰臣家长久统治日本而拟定的政治秩序规范，也可以看作是秀吉开始向五大老交托后事，希望五大老以身作则，带头遵守。

第 54 章

庆长之役

1596 年，是庆长元年。这一年从正月起，秀吉就连续发病，甚至被迫将诸大名的参谒延期。

二月十日，病况有所好转，秀吉便由大坂城移住到伏见进行调理。结果在同年闰七月又遭遇了一场京都大地震，连伏见城本丸的天守也被震倒，滚落的石垣砸死 500 多人，秀吉由于及时逃到庭院之中，才幸免于难。

在六月十五日，明朝的册封使杨方亨终于到达釜山，转由釜山前往日本。而副使沈惟敬已经先行一步，于六月二十七日到伏见城谒见秀吉，并私自向秀吉献上自行筹办来的蟒袍玉带、翼善冠、地图、武经、良马，谎称是大明的赠礼。地震发生后，为了不让明朝使者看到京都与伏见的狼藉，秀吉决定在大坂接见明朝的正式使团。

八月二十九日，明朝正使杨方亨到达大坂，九月一日，丰臣秀吉在大坂城内正式接见了使者。

初次见面，杨方亨先向秀吉呈上大明皇帝的国书、封王的金印以及冠服。

第二天，秀吉穿上明朝送来的王冠和大红袍服在大坂城内款待使者一行。宴罢，秀吉让懂中文的临济宗顾问僧西笑承兑宣读明朝国书。西笑承兑洋洋洒洒一大篇读下来，没有一句是有关秀吉提出的七条件，最后一句：“特封尔为日本国王。”

在事前，小西行长便笼络过西笑承兑，让他把“日本国王”换成“朝鲜国王”或“朝鲜皇帝”。谁知关键时候，西笑承兑还是照着原句读出来了，而且还特意向秀吉解释，赤色的官服是由皇帝低一级的国王穿着。秀吉闻言勃然变色，立刻将明朝使者赶出大坂，又要责问负责和谈的小西行长。不过小西乃是秀吉的心腹爱将，又有同样参与作假的石田三成等人援护，所谓的责罚也就不了了之。不过日本对朝鲜的再次出兵已经无法避免了。

庆长二年（1597）二月二十一日，丰臣秀吉对第二次侵朝的队列进行了编成：

第一军：加藤清正，1 万人。

第二军：小西行长，14700 人。

第三军：黑田长政、毛利吉成、岛津丰久、高桥元种、伊东佑兵、相良赖房 1 万人。

第四军：锅岛直茂、锅岛胜茂 12000 人。

第五军：岛津义弘 1 万人。

第六军：长宗我部元亲、加藤嘉明、藤堂高虎、池田秀氏、来岛通总、中川秀成、菅达长 13200 人。

第七军：蜂须贺家政、生驹一正、胁坂安治 11100 人。

第八军：毛利秀元、宇喜多秀家 4 万人。

加上仍驻扎在朝鲜的兵力，总计为 141500 人。

由于小西行长在文禄之役表现出了厌战情绪，所以丰臣秀吉把先锋换成了勇猛的加藤清正。而加藤清正在文禄之役中对朝鲜人民大肆屠杀，又在攻陷晋州城的过程中充当了主力，是朝鲜朝野最为仇视的日军将领。所以小西行长故意将加藤前往朝鲜备战的消息泄露出去，以让朝鲜方面主动挑起战端，同时给加藤一个下马威。

朝鲜朝廷得到线报后，让李舜臣水军前去截击。李舜臣却认为这是日本方面布下的陷阱，拒绝出战。随后朝鲜朝廷中与李舜臣敌对的西人党以抗命为由，将李舜臣弹劾下狱。经过连番拷问，才免去他的死罪，但是也剥去了他的官职，仅让李舜臣以普通兵卒从军。而李舜臣的政敌元均则代理他接任为三道水军统治使（庆尚、全罗、忠清三道）。

在日本方面，丰臣秀吉已经吸取第一次朝战的教训，单独将第六军编制为水军，以加强海上的战力。

1597年七月十五日夜，元均的朝鲜水军主力停泊在巨济岛与漆川岛之间的漆川梁，日方得到情报后，以藤堂高虎率领水军全面出击，是为拉开庆长之役序幕的漆川梁海战。此役朝鲜水军200艘战船几乎全军覆没，主将元均、李亿祺、崔湖战死。事后李舜臣被复任为朝鲜水军统制使，但是留给他的仅有12艘板屋船。

取得制海权之后，日军分左右两路展开全面进击，两个月内席卷庆尚道、全罗道、忠清道，直逼汉城，同时又在重要的据点筑起日式城堡，以图步步为营。

这一次，日军在沿途所到之处，全部毫不留情地展开了杀戮、掠夺、破坏、放火。当时随行的日本医僧在日记中写道："（我方）杀人取物，劫财放火之事，触目皆是，惨不忍睹。""上至城池，下至山野，尽被烧为白地。""黄昏时分，登上城头眺望，大路两旁尽是死人。"日军在文禄之役受到明朝的打击，加上在朝鲜作战多年，仍然见不到胜利的曙光，最初征服新领地的激情，已经化作了对战争的厌烦，士气与战斗力也随之开始下降。日方的各路大名或许是明白这一点，才鼓励日军做出种种暴行，以兽性的暴虐来维持仅存的破坏力与战斗力。

作为侵朝日军的首领，留在本土的丰臣秀吉则更为疯狂，战前他鼓励日军以割下朝鲜军民的鼻子或耳朵，代替首级来请功。于是渡海的诸将每天想的便是如何增加送往日本的鼻子与耳朵的数目，最后不论男女老幼，连刚出生的婴儿都不放过。这些耳朵与鼻子，全被装在桶内，用盐腌好送往日本。秀吉则在京都设立了专门的耳冢与鼻冢，用来

耳冢

存放这些罪恶的见证。或许从秀吉抛弃亲情、处死丰臣秀次那一刻起，他就逐渐失去了人性。

再说被丰臣秀吉赶出大坂的两个遣日使臣杨方亨与沈惟敬。这两人在 1597 年初回到了北京。

杨方亨向朝廷的答复是："秀吉已经在大坂接受册封，不过由于责备朝鲜方面礼数不周，仍然留兵釜山，道谢的贡书稍后才发。"随后沈惟敬送上一封由小西行长代为伪造的贡书表文。但这封表文被大明礼部查明印章系伪造，而且未奉明朝正朔（历法），实是一封伪书。加上前方的副总兵马栋送来日方正在备战的报告，万历皇帝终于确定杨方亨与沈惟敬两人捣鬼。经过审问，沈惟敬与其后台兵部尚书石星被逮捕下狱。随后明朝也开始援朝总动员。

这一时期，李如松正在辽东征讨土蛮。万历帝遂以兵部尚书邢玠为大将，名将麻贵与右佥都御史杨镐为副，再次出兵救援朝鲜。五月，麻贵以 17000 人先发。

九月十四日，李舜臣在鸣梁海战以大船 13 艘击破日方中型船 30 艘，取得一场局部胜利。而比较让日方受打击的是伊予水军的头领之一来岛通总在此役座船受伏战死，这是日本方面第一个战死在朝鲜战场上的大名。

随着冬季的到来，为了避开明军的锋芒与朝鲜的冬天，日军将主要的兵力全部收束到庆尚道与全罗道沿岸的日式城池之中。

十一月，邢玠征集各地兵力计 12 万人出阵。此后日本方面厌战情绪高涨，再没有发起主动的攻势。而明军虽然在十二月二十一日的蔚山城攻城战中受到挫折，但此后的半年时间里，仍然把握着战局的主动。日方征朝的几支军队，等待的仅是丰臣秀吉的一纸撤军令而已。

第55章

梦中之梦

庆长三年（1598）三月十五日，正是春花烂漫之际，丰臣秀吉在京都南郊的醍醐寺三宝院举行了一次赏樱大会，后世称之为“醍醐之花见”。

正如此前的“北野大茶会”一样，为了举办这次赏花会，丰臣秀吉此前也是大费周章、务求华丽。从二月初起，秀吉连续派人增筑醍醐源的殿舍、建造园林、整备道路，还从河内、近江、大和、山城四国移植来樱树700株。

三月十四日起，醍醐院周边50町以内围满丰臣家的弓队、枪队、铁炮队、小姓众、马廻众。醍醐寺外墙之外设下数重木栅，寺内增田长盛、京极高次、福岛正则、蜂须贺家政等人分区担任警护奉行。

花会的当天，秀吉抱着爱子秀赖（拾丸）最先出场，紧跟其后的第一座乘舆上坐的是秀吉的正妻北政所（祢祢），第二座是秀赖的生母淀夫人，第三座是松之丸殿（京极龙子），第四座三之丸殿（信长之女），第五座加贺殿（前田摩阿），众多妻妾侍女依次出场，秀吉的侧近与众多大名也跟在后列。前田利家的正室阿松，作为秀吉与北政所的挚友，也列席了这次花会。众人各自穿着最华丽的织物，加上除了秀吉之外多是俊男美女，从花雨下穿行而过，宛如极乐世界中的神仙队列。

当时日军在朝鲜连连受挫，秀吉的身体状况也不断恶化，举办这次花会，不外乎是为了向世人展示丰臣政权依旧隆盛强大、秀吉的家族依然拥有着全日本最美好的人物和最高的权威。然而，这也是秀吉人生最后的花见。

四月底，秀吉开始发病，病因有胃癌、脑梅毒、痢疾，到现在仍然众说不一，不过伴有小便失禁的现象。到了六月中，病况进一步恶化。在此期间，秀吉还处死了四名不听从秀赖命令的侍女，而秀赖当时仅有 6 岁。

七月十五日，按照秀吉的指示，以毛利辉元、德川家康、前田利家为首的诸大名，在秀吉的病榻前向秀赖递交了发誓效忠的起请文。

八月五日，秀吉进入弥留阶段。他将德川家康、前田利家、毛利辉元、上杉景胜、宇喜多秀家五位大老召到床边进行一一嘱托。前一年，五大老中的小早川隆景已经去世，小早川家的位置由上杉景胜顶替。秀吉将秀赖托付给这五人，然后又安排：德川家康三年内留在伏见主持政事，奉行众中的石田三成、增田长盛、浅野长政中选一人留守伏见，两人留守大坂，让丰臣秀赖移住到大坂城。接下来的几天，秀吉又把德川家康与前田利家拉到榻前再次托付秀赖的未来，为秀赖与德川家康的孙女千姬订下婚约，又让前田利家担任秀赖的后见役（监护人）。

庆长三年（1598）八月十八日，在战国乱世中奋斗一生的劳苦人丰臣秀吉，于伏见城的寝所内去世，享年 62 岁。秀吉的辞世遗句是：“如朝露般降临，如朝露般消逝，大坂城的荣华往事，如同梦中之梦。”

秀吉去世后第十天，德川家康等五大老、石田三成为首的五奉行联合向朝鲜驻军发出停战、撤退的命令。

驻朝的日军在撤回日本过程中，受到明朝、朝鲜联军的追击。庆长三年十一月十八日，爆发露梁海战，结果日军惨败，但是水军掩护小西行长部撤军成功。明朝与朝鲜虽然获胜，但是明将郑子龙、朝鲜的李舜臣战死于此役。十一月二十日，岛津义弘军离开巨济岛返回对马，标志着日军从朝鲜全部撤离。

庆长四年（1599）闰三月三日，距秀吉去世还不到一年，秀赖的监护人前田利家病重去世，享年 61 岁。此后德川家康垄断了丰臣政权的中央政务。而丰臣家内部则因对朝战争时积压的矛盾分化为以石田三成为首的文治派与以加藤清正、福岛正则、黑田长政等为首的武功派。

庆长五年（1600）九月十五日，德川家康笼络武功派诸大名，在美浓的关原决战击败以石田三成为大将的西军，战后石田三成被斩首，宇喜多秀家与众多跟随三成的丰臣嫡系大名被没收领地，五大老中的毛利、上杉遭到巨幅减封，丰臣家的直属地由秀吉时代的 222 万石减封为摄津、河内、和泉 65 万石。

庆长六年（1601），德川家康就任为正一位征夷大将军，开创了以江户为中心的德川幕府。

庆长十九年（1614）、元和元年（1615），德川家康连续发起大坂冬之阵和大坂夏之阵，在元和元年五月七日攻入大坂城内。

元和元年五月八日，丰臣秀赖与生母淀夫人一起在大坂城的谷仓中自杀，丰臣秀赖时年 23 岁。秀吉开创的丰臣家就此灭亡。

从大坂夏之阵结束起，进入了统治日本 264 年的德川幕府时代（江户时代）。

尽管丰臣秀吉和他的丰臣家，全都像朝露一样消逝在太平时代黎明的朝阳中，但是丰臣秀吉的人生，让我们看到了一个农民出身的男子，是如何在乱世的洪流中奋力挣扎，白手起家直至成为天下人的传奇。在前进的过程中，秀吉使尽浑身解数所创造出的奇迹、抓住人生机遇的决断与面对强敌的灵活手腕，成为后世日本政治家、企业家学习的经典案例。作为一衣带水的中国人，如果参看一下丰臣秀吉的历程，也可以从中增加不少属于自己的人生与事业感悟。当然，日本战国时代的那些杀戮，与丰臣秀吉侵朝时犯下的种种暴行，也是我们要正视和摒弃的。

丰臣秀吉

丰臣秀吉